メーザー 郷土愛の夢

Patriotische Phantasien

近代社会思想コレクション 02

肥前榮一 *Eiichi Hizen*
山崎 彰 *Akira Yamazaki*
原田哲史 *Tetsushi Harada*
柴田英樹 *Hideki Shibata*
訳

京都大学学術出版会

凡　例

○　本書は、ユストゥス・メーザー『郷土愛の夢』全四巻（Justus Möser, Patriotische Phantasien, Bd. 1, 1774 ; Bd. 2, 1775 ; Bd. 3, 1778 ; Bd. 4, 1786）、ならびにそれに付随する手稿から選び出した、「編集者の序言」、メーザーの一九点の論説集、関連する三つの付論からなる。

○　底本としてメーザーの全集版（新全集）を用いた。

Justus Mösers Sämtliche Werke. Historisch-kritische Ausgabe in 14 Bänden. Mit Unterstützung des Landes Niedersachsen und der Stadt Osnabrück herausgegeben von der Akademie der Wissenschaften zu Göttingen, Oldenburg / Berlin / Hamburg / Osnabrück, 1943–1990

○　本書の各作品と全集版との対応は以下の通りである。

「本文」――序（Bd.4, S. 9）、一（Bd. 4, Nr. 14）、二（Bd. 4, Nr. 15）、三（Bd. 4, Nr. 16）、四（Bd. 4, Nr. 17）、五（Bd. 4, Nr. 23）、六（Bd. 4, Nr. 42）、七（Bd. 4, Nr. 64）、八（Bd. 5, Nr. 1）、九（Bd. 5, Nr. 2）、一〇（Bd. 5, Nr. 18）、一一（Bd. 5, Nr. 26）、一二（Bd. 5, Nr. 37）、一三（Bd. 6, Nr. 20）、一四（Bd. 6, Nr. 62）、一五（Bd. 6, Nr. 63）、一六（Bd. 7, Nr. 43）、一七（Bd. 7, Nr. 52）、一八（Bd. 10, Nr. 85）、一九（Bd. 10, Nr. 87）

「付論」――一（Bd. 12, 2, S.91–92）、二（Bd. 13, S.45–49）（一と二は『オスナブリュック史』［Osnabrückishe Geschichte, 2. Ausgabe, Teil 1, 1780, §24ならびに Vorrede zum zweiten Teil］より採録）、三（左記参照）

○(1) 各作品の冒頭に＊を付けて、作品の末尾にその特徴ないし意義について略記した。

(2) 原文の隔字体（ゲシュペルト）は訳文では傍点で示してある。

(3) 原註は底本では主として脚註となっているものである。訳註は（１）（２）……で示した。

(4) 訳文中の（　）や［　］は訳者による補訳である。
(5) 各作品の末尾に底本のもととなった原本の収録箇所と発表年次また翻訳担当者名を明記した。

○「付論」三は、ヴィルヘルム・ロッシャー『ドイツ経済学史』に収められたユストゥス・メーザー論（Wilhelm Roscher, Geschichte der National-Oekonomik in Deutschland, München 1874, 22.Kapitel. Die geschichtlich-conservative Reaction gegen die Ideen des 18. Jahrhunderts, S. 500–529）である。この論文ははじめ W. Roscher, Justus Möser als Nationalökonom. In : Zeitschrift für die gesammte Staatswissenschaft, Bd. 21, 1865, S. 546–578. として発表されたもの（原論文）であり、若干の加筆、削除、修正の後、『ドイツ経済学史』に収められた。訳出にあたっては、『ドイツ経済学史』を底本とし、原論文から削除された部分を〔　〕で囲って復元した。

　また、原論文のタイトルを主題として採用し、『ドイツ経済学史』第二二章のタイトルを副題とした。また『ドイツ経済学史』の節番号は収録にあたって適宜変更した。

　メーザーからの引用にさいして、ロッシャーはアベケン版の全集（Justus Möser's sämmtliche Werke. Neu geordnet und aus dem Nachlasse desselben gemehrt durch B. R. Abeken. 10 Bde., Berlin 1842–1843.）によっているが、訳出にあたっては、セミコロンの後に新全集をも併記した（例、III, 25 ; Bd. 6. 25）。また、本訳書に収められたメーザー作品についてはさらにセミコロンの後にそれを付記した（例、II, 1 ; Bd, 5, 1 ; 作品八）。第一、三、四節は肥前が、第二、五、六、七節は原田が担当した。

目次

付　論

度量衡表

重要用語解説

人名索引・事項地名索引

郷土愛の夢

序　編集者の序言*

『郷土愛の夢』という表題のもとにここに編集された作品は、その大部分がすでに『オスナブリュック週報・付録』に、一七六八年から一七六九年にかけて発表されたものである。それに先立って他の公共紙のために書かれたものも、いくつか含まれている。私がそれらを編集し、それによって出版社から何がしかを受け取ったら、それを郷土のためになるように使いたいと思っている、と父に打明けた時、父はこう答えた。「やってご覧。けれども、オスナブリュックという地方の劇場ではそこそこの成功を収めた作品も、ドイツという大舞台ではそれほど喜ばれないのではないかと心配だ。多くのことが地方のことに偏り過ぎており、一部は成功し、一部は失敗に終わった［オスナブリュック］国内の改革に関する話なのだから。わが郷国人たちは政治には何よりも道義が大切であると考えている。そうした聴衆の注意を惹くために、しばしば私は自らの流儀に反してやや大げさな言い方をしたり、あるいは周知の真実をもったいぶって講じなければならなかったのだ。だから他地方の人々には、多くのことが、わが郷土特有の土の香りを放っており、あるいは押し付けがましいと感じられることだろう。またこうした週刊新聞のための書き物はどうしても締め切りに追われての仕事になるから、書き足りないことが沢山あるし、少なくとも広い世界が当然にも要求するような仕上がりになっていない。この言い訳を伝えてくれれば、お世辞の言葉は一切いらないよ」と。

愛する父よ。貴方の意向にそうよう努めよう。けれども本書の読者すべてに私をではなく本書をほめてもらえるよう力を尽くし、良き意図をもって多くの購買者を獲得しようと願ったとしても、それほど悪いことではなかろう。もし読者に役立つのであれば、本書に引き続きさらに第二巻、第三巻を刊行する予定である。(1)

オスナブリュック、一七七四年四月二〇日

J・W・J・フォン・フォークツ（旧姓メーザー）

『郷土愛の夢』第一巻、冒頭（肥前訳）

＊　メーザーの娘である編集者フォークツ夫人の序言。メーザーのパトリオティスムスが、日本語の語感でいう祖国愛あるいは愛国よりはむしろ、より狭い空間である北西ドイツの小領邦国家オスナブリュック司教領に関わる郷土愛を意味することを端的に示した文章。本書タイトルの英訳として **Visions of Local Virtue** が提案されている。解説（肥前）二八〇頁註（3）参照。

（1）　本書は第四巻まで出た。解説（肥前）二七九頁。

一　オスナブリュックの臣民の活発なオランダ渡りは許されるべきであるのか」という問いに対する偏見にとらわれない回答*

上記の問いについての私の考えを述べるために、数年前神様に導かれて私が赴いた土地のことを、主として語ろう。この小教区は毎年オランダ人に少なくとも六〇人の労働者を提供しているが、これらの労働者を一様のものと見てはならない。なぜなら、彼らのすべてが同じ時期にオランダ人のもとへ行くわけでも、同じ時期に帰郷するわけでもないからである。ある者は一七ないし一八歳でオランダへ行き、一〇から二〇年も帰郷しなかったり、あるいはそのまま生涯そこに留まったりしている。またある者、ほぼ半分の者たちは、聖燭節［二月二日］の直後に出立し、万聖節［一一月一日］ないし聖マルティーニ祭［一一月一一日］の頃に帰郷する。これは、オランダ人がその庭園(1)で必要とする労働力である。最後に、聖霊降臨祭［復活祭後の第七日曜日］の直後に出立し、収穫期に帰郷する者がいる。これは、草刈り労働に従事する者たちである。

最初の者たちは君主に対して不誠実な臣民であり、概して両親に対してきわめて恩知らずの子供でもある。彼らは祖国の人口を減らし、その力を他国民のために消耗させる。その力を彼らは自分たちの生来の君主のために、全財産と生命とをもって捧げる責任を負っているはずなのだ。この恩知らずたちはこの間にも(1)

異郷へ立ち去り、しかも両親も彼らに許可を与えている。神は数年後にはその父を召され、母は悲嘆にくれる寡婦になり、小さな子供たちは父無し子になる。母はオランダにいる息子に手紙を書き、帰郷して母の労働を手伝うように促す。しかし、馬の耳に念仏である。息子からの知らせは、「妻をめとったので戻ることができません。それに、子供もいるので、お金を援助することもできません」というものである。これが、絶望的状況にある母に息子が示す感謝のしるしであり、母は悲痛、苦悩、過重な労働のために、非常に早い時期に墓に入ることになるのである。

次にこの種の人々のうちの第二の類型のものを扱おう。この人々は一年のうちの四分の三をオランダで過ごす。彼らは、われわれの祖国に多大の損害をもたらす最も欺瞞的なともがらであり、そのことを私は読者の方々に明確にお示ししたい。有名なビュッシング博士[2]が新しい地誌のなかで、われわれの司教領に関してこの地の臣民は毎年多額の貨幣をオランダからもたらしており、それに関しては「いかなる武器をもってしても、誰が抵抗できようか」と言わざるを得ない、と述べているが、この事実はおそらく輝かしい利点ではあろう。しかし、しかし輝くものすべてが金というわけではない。きわめて正確な調査によれば、勤勉で倹約的な人は、四〇週間郷里を離れて働きに出ることによって、一〇〇グルデンを持ち帰るが、これは現金で稼げる金額の最高水準に当たる。全額を純益とすることができれば、その人は非常に幸福であろう。しかしその金額からかなりの減額を行なう必要がある。その種の労働者は、毎年、豚を一匹購入し、自分の土地で肥育する。森林肥育を一年中行なうことはできないからである。ベーコンとハムに手をつけてはならない。豚肉のこの最上の部分は家長がオランダへ持っていかなければならないのである。家庭で製造されるバターのすべてが取り置きされ、ベーコンのお供をする。冬の間に紡がれた糸は織布に使われ、家長にシャツ、ズボン、上っぱりなどにして渡されなければならない。それにもかかわらず、こうしたものの一切合切が計算に入れられていないのである。けだし飲食は不可欠であり、身体には衣類が不可欠なはずである。しかし残念ながら妻と子供とはこうした最上の食料を奪われることによって衰弱し、果ては病気になることすら稀ではない！　しかし私の思考の道筋は、この種の人々に関するはるかに重要な別の考察に向う。この人々のうちの既婚者は少なくとも八ないし一〇シェッフェル分の播種地を耕作している。この人々は聖マルティーニ祭の頃、したがってまじめな農耕者なら冬作物の播種をとっくに終えている時期に帰郷する。帰宅した家長は八ないし一四日間休息を取り、それから自分の土地の耕作を開始し、新年を過ぎてから、しばしば聖燭節の頃にライ麦の播種を終える。本来のよい穀物収穫を得る代わりに、彼は牧草と藁と、彼が勤勉にまた適切な時期に農耕に従事する場合に確実に得られるものよりも一シェッフェルの播種地当たり少なくとも三シェッフェル少ないライ麦を収穫するに留まる。出立の時期が再びやってくる。彼は荷造りをして出発し、妻には元気づけの言葉を残していく。「耕地、家畜、家政、子供の管理がうまく行くように心がけなさい」。なんということであろう。カラス麦や蕎麦を実らせるために、車や犂を確保しようと、哀れな妻はどれほど駆けずり回らなければならないことか。小さな子供たちは畜群の周囲や雌牛の後にいて、家畜の番をしている。彼らはパンを求めて大声で母親を呼ぶ。しかし、母親はそんなところにはいない。母親は子供たちのそばと耕地との両方に同時にいることはできないからである。母親は、子供が家畜の番を上手にこなすことができさえすれば、家の中が無秩序を極めているとしてもそれを甘受しなければならない。けれども、たいていの農民が、子供は家畜のためだけにこの世に生まれてきたのだと考えなければならないのだとすれば、何とひどいことであろうか。不在の夫は、自分が外国にいることによって生じる損失、その不在中に家政に生じる損失を、その勤勉によって埋め合わせることができるのであろうか。この全（損失）項目を私は以下のように評価する。

携行ないし送付されるベーコンおよびバターによる損失	一五グルデン
不在と不適切な耕作で八シェッフェル分の播種地に与える損害	二四グルデン
衣服が傷むことによる損失	一〇グルデン
家政の放置による損失	一〇グルデン
家に留まっている場合、彼が九ヵ月間の紡績労働と日賃金労働で稼げたであろう最低金額	三〇グルデン
合計	八九グルデン

この公正な比較から、正当にも、次のような問いが生じる。これほど消耗しきっている男が、骨折り、労働、長旅の報酬としてどれほどのものを得ているというのか。実際は、体のいい詐欺でしかない。なぜなら、抜け目ないオランダ人は人に自分の仕事をさせておいて、利益は自分のものにしてしまうからである。それでもなお残るほぼ一一グルデンは家長を納得させるには十分であり、その結果として家長が子供たちを無責任に怠惰に任せたり、神への信仰や学校から引き離したりし、また自分の家政を荒れ放題に放置しておいてもいいというのであろうか。

さらに言おう。自分の力をこのように酷使する人間は、早死も稀ではない。自分の屋敷内にそのような死亡者が［間借り人として］住んでいた農民は、あとに残された孤児を引き受ける。彼はこの子供を牧童にし、馬の扱い方を教え、彼の下僕にする。しかしそれによって彼は何を得るであろうか。彼は後々、自分が獅子身中の虫を養っていたのだということを知ることになるだけである。下僕は日曜学校を終えるとすぐ、雇主に対して反抗的になっていく。彼は語気を強めてこう言う。「私に毎年二〇ないし二四ターラーの賃金、靴一足と十分な亜麻布・羊毛布ををくださる気がないのでしたら、お別れです旦那様。私はオランダへ行きます」。この地の農民のもとでは、よそ者の下僕が雇われると、彼は高い賃金を要求し、さらに毎年のオランダ行きを留保条件として明示する。私がこの文章を書いているまさしくこの時に、農民は下僕を自宅のために確保することができず、下僕はオランダで草刈りをしているのである。下婢もまさしく同じことを始めている。彼女たちは一〇ないし一二ターラー以上の賃金を得られないと、また毎年播種した亜麻に見合うだけの亜麻布を獲得できないと、オランダの漂白所や製塩所に行ってしまう。

道楽者の若者も、欲情を満たすためにオランダへ行く。彼は自分の生まれ故郷でも若い女の子や若い未亡人を見つけられないわけではないが、身なりがそれほど立派ではなく、境遇がぱっとしないので、自分が目をつけた女性たちと釣り合いが取れないのである。彼はお金の山［オランダ］に行き、全力で働く。しかし、彼の稼ぎはすべて身を飾るために使われる。彼は伊達男になって戻ってくる。オランダ製の生地で作られた流行の柄の服を身にまとい、楽に（ふつうのものの）三つ分くらいの大きさがある大きな銀製の留金を靴に付けている。このような見事な服装で、彼はかの愛しい女性のもとを訪れ、求婚を繰り返し、運がよければ勝利するのである。この時、彼女の両親や親族たちは彼の服装と財布を見て、金持ちのオランダ人を見る思いがし、結婚を認める。ああ、だがその結末といったら！　だまされた妻は自分の愚かしさを悔やむが、聞き入れられないで、最後には傷心のあまり死んでしまう。怠惰のせいで柔弱になった夫はひどい貧困に陥り、不幸な子供たちは救貧院に移されて教区の負担になるのである。

まだある。われわれがここまで見てきたような人々は、怠惰で贅沢な農民を生み、この農民はその君主や領主を裏切り、その相続人を恒久的な債務超過状態に置くのである。現在の享楽的な時世にあって、農民は、すべての厳格な法律を軽視して、都市の高貴な御仁なみにコーヒーやお茶を飲むことを覚えてしまった。彼が保有地に八ないし一二マルテルの播種地を持っているなら、それは彼の金鉱である。彼がそれをとんでもないやり方で利用しようとしさえしなければ、それは確かに金鉱であるだろう。自分の土地を勤勉に耕作する代わりに、彼はそれをむしろ一シェッフェル、また一シェッフェルと担保に入れることを好む。債権者がやってくると、彼は万聖節までに債権者を満足させると約束し、債務がそれほど大きくない場合には、彼は債権者に猶予を請うためのニワトリを与え、それ以外の場合には豚を一匹持っていかせる。彼のオランダ渡りのホイアーマンは［出稼ぎで］ほとんど家にいないので、農民はホイアーマンの収入をあてにして、四シェッフェルの播種地を担保として提供し、八〇グルデンを借金する。これによって農民は今度は自分の享楽目的の債務を支払うが、こうした行為によって彼の保有地はますます小さくなり、価値も低下する。最終的に彼は六ないし一二年間の支払い猶予にすがることになり、自分と相続人と子供たちをきわめて悲惨な状況におくことになるが、この状況は彼の子孫が一世紀間いくら懸命に汗を流しても改善できるものではない。農民が自分の破滅のこのような原因を認識しているなら、彼は確実にちゃんとした生活を送り、仕事を怠らず、適切に勤めを果し、その結果、自分自身と自分の保有地に幸福をもたらすであろう。

しかし、一年の四分の一しか在郷しない臣民はその家で何を始めるのであろうか。彼は体力を消耗して疲労を感じ、健康状態は不安定になり、稼いだシュトューバー貨幣を薬剤師、あるいは、こちらの方がよくあることなのだが、もぐりの医師に手渡さなければならず、しかもその際にぼったくられるのである。彼は持ち帰ったコーヒーやお茶をのんびりと飲むが、どうしても必要がない限りはもはや働かないし、自分の子供たちの幸福などはほとんど気にもかけない。なぜなら、子供たちは父親のものではなく、母親一人のものだからである。彼は不機嫌で無愛想になる。彼は男盛りの年代のはずだが、とっくに白髪の老人になってしまっている。彼は若死にして墓に入り、後には多くの子供を抱えてため息ばかりついている若い未亡人が残されるが、この子供たちが教区の重い負担になることも多い。彼が当地に留まり、まじめに暮らしを立てていたなら、こんなことが起こったであろうか。われわれがそのような人々の子供たちのなかに、それほどひどいキリスト教徒やひどい理解力の持ち主を見出すということ、また、われわれがこれほどひどく荒れ果てた耕地を見出すということは、いったい何に原因があるのであろうか。農民がその甘やかされた下僕の労働を多額の貨幣であがなわなければならなかったり、あるいは、そもそも一人もそのような下僕を調達できなかったりするということは、何に由来するのであろうか。われらの祖国の亜麻織物業が繁栄するどころか、ひどく衰退している原因は何なのであろうか。誰が農民ホーフに重い債務を負わせているのであろうか。ここで挙げた悪徳、そしてその他の多くの悪徳のすべてに関して、オランダへ行く臣民たちこそが、最も重要な根本的原因である。

最後の労働者類型は草刈り人である。草刈り人は、家事労働や農業労働を当地で行なってしまってから、オランダへ行く。彼らは二ヵ月間の不在期間のために、ベーコン、パン、バターを準備する。聖ヤコブ祭［七月二五日］の後に帰宅するが、ポケットにはせいぜい三〇グルデンばかりが入っているだけである。少なくともそのうち五グルデンを、彼は食料に使ってしまい、三グルデンを衣類に使っている。この類型の男性は帰郷したときには、すでに三日間墓場に横たわっていたかのように見える。そして、そうなる以外にどうしようがあろうか。彼らのなかの貪欲な者は、途方もない量の仕事で全精力を使い果たした。ベーコンとパンを食べるときにはオランダの乳精をバケツで飲むようにがぶ飲みし、夜は戸外で干草の山をベッドにした。夜が白みかけるやいなや、すぐに草刈り用大鎌を持って朝露の残る中を歩きながら作業し、汗を流す。これらの人々は概して生涯不幸なままである。彼らが帰宅すると、再び両手にあまる仕事が待っている。当地での収穫作業が彼らに苦痛を与えようと待ちかまえているからである。しかし彼らは疲労困憊していて、力仕事にはもはや従事できない。健康な状態で出発するが、四肢に障害を得たり、非常に頻繁に肺結核や水腫あるいは狭心症にかかったり、また慢性的な震えないし潜行性の悪寒を特徴とするいわゆるオランダ・ピップを得て帰ってくる。われわれの教区が非常に人口過剰であり、当地のあちらこちらにしばしば致命的な病気が存在し、彼ら自身が非常に多くの不健康な子供をもうけ、しかもその多くが成人する前に死んでしまうというのに、この事態に対してこれらの人々には何の責任もないのであろうか。

したがってこれらの真なる現実認識から、すでに誰もが次の問いに答えることができる。「大量のオランダ行きは、われわれの教区にとって有益であろうか、有害であろうか」。

この有害なオランダ渡りに対して救援策が採られるならば、既述の理由によって私も自分の利益を毀損され、私のもともと少ない収入の少なくとも三分の一を失うことになるであろうが、それでも私は、我が君主がこの損失を別の方法で十分に補填してくださると確信している。真の郷土愛は私を元気づけてくれる。そして私はわれわれの領邦の支柱たちが、このますます破壊的になる悪徳を、賢明にして有効な諸立法によって慈悲深く抑止してくださることだけを望んでいる。(3)

『郷土愛の夢』第一巻第一四番、一七六七年(柴田訳)

* この文章は註3に示したように、別の著者(P・ギルデハウゼン)によって書かれたものであるが、関連性があるためにここに掲載される。

(1) 庭園(Lustgarten)は果樹園・菜園などの実用園(Nutzgarten)と対比される概念であるが、ここでは草刈り労働に並ぶオランダ渡りの代表的な職場であり、解題との関連でもおそらく泥炭採取等の過酷な職場を実際には指しているものと考えられ、それを「庭園」と呼ぶことは一種の皮肉と思われる。

(2) ビュッシング博士とは地理学者・神学者のアントン-フリードリヒ・ビュッシング Anton Friedrich Busching(1724—1793)のことであり、著書に『新地誌』全11巻(Neue Erdbeschreibung(Hamburg 1754—92))がある。

(3) もともとは、メーザーがオスナブリュック週報で募集した「非常に多くの人々が今年もオランダに向かっている。そこでこの移動が有益であるのか損害であるのかは、きわめて重要な問題である。賛否のいずれかの立場に立って競い合う論拠を明確に示し、評価し、この新聞に公表してくれる方を募集している」(一七六七年五月二三日)という課題に対する応募論文のひとつとして投稿された文章である。

二 「臣民が毎年オランダへ行くのはよいことか」という問いに然りと答える。*

すべては、その事柄を考える際の視点しだいである。フェイディアスはあやうくアテネ人たちによって投石処刑されそうになった。彼があらゆる技巧を尽くして完成させたミネルヴァ像は、高い祭壇の前に置くよう定められていたのだが、アテネ人たちがそれをしかるべき畏敬の念を抱きつつ距離をおき、ひざまづいて鑑賞するのではなく間近で鑑賞し［像のあらを発見し］たからである。

同様に、大標本での計算結果を小標本の抽出で検証することが容易ではないということも真実である。大量事例を扱う場合には、個々の事例がそれ自体としては適正ではないにもかかわらず、全体から引き出される結論はきわめて正確であるということもありえる。例えば、所与の一定の人口のうち毎年何人死亡するかということは知られている。また、非常に好ましいことに、男児と女児は相互にほぼ同じ比率で出生するということも知られている。しかし主婦たちに登場願えば、彼女たちはみな、自分の経験から、神は男児と女児とを不均等にお授けになられたと証言するかもしれない。また、墓堀人はみな、自分たちの村落共同体で、かの一般則から死亡するはずであった数よりも多いあるいは少ない数の人間を葬ったと証言するかもしれない。しかしこのようなことは大標本での計算結果を損なうものではまったくない。大、標、本、で成立する法則は、それが個別事例に適用した時に妥当しないとしても、真であり続ける。

この簡単な前置きに照らして、私はこの司教領［オスナブリュック司教領］からのオランダ渡りに反対して持ち出されているあらゆる議論を容認しようと思う。しかし私は、この問題を考える際の視点が彫像にあまりにも近づき過ぎていて、あれこれの教区からの個々の事例だけでは、それに基づいて大標本での計算を行なうには不十分すぎるということをも示すつもりである。しかしさらにあらかじめもうひとつ言い添えるべきことがある。

毎年二万人以上のフランス人が、スペイン人の収穫の手伝いをするためにスペインへ行っている。同じくらい多数のブラバント人が同じ目的でフランスに行っている。少なからぬ数のヴェストファーレン人がオランダ人とブラバント人の手伝いに行っている。また他方では、シュヴァーベン人・テューリンゲン人・バイエルン人が、われわれの石垣を造るためにヴェストファーレンへやって来る。イタリア人はわれわれの教会を白塗りし、またわれわれにねずみ捕りを販売する。ティロル人はわれわれの貯水池の清掃を行なう。スイス人はパリへ行ってフランス人のために門番をしたり、靴磨きをしたりする。このようにある国民は他国民のために移動し、他国民のもとで夏の間にパン代を稼ぎ、冬の間郷里でそれを糧としている。このように見てくると当然次のような問いが生じる。なぜどの国民も、外国人の手を煩わさなければならないような仕事があるにもかかわらず、郷里に留まっていないのか。なぜヴェストファーレン人は自分たちの貯水池を自分で清掃しないのか。なぜヴェストファーレン人は自分の教会を自分で白塗りしたり、自分の家を囲む石垣を自分で造ったりしないのか。オランダで泥炭を採取したりイングランドで鯨油を煮沸したりするよりも、郷里で気圧計を作ることの方がはるかに容易で得なのではなかろうか。しかし、ある事柄だけに集中し、自分の子供にも幼い頃から教育を受けさせられるような農村住民は、高度の技術と技能を身につけ、他の人が倍の対価をとって行なうよりも多くの作業を半分の対価で成し遂げられるほどになるということも自明である。ありふれた作業の場合、単純化の利益というものがあり、一層繊細な技術がそこから発展するということも非常にはっきりしている。例えばある者がゼンマイを作り、他の者が歯車を作り、第三の者が指針を作り、時計職人が組み立てるだけという場合がそうである。また最後に、しばしば地域全体においてある手工業が父から息子へ、隣人から隣人へと最も好ましい仕方で広がり、いわば国民性に融合するということも確かである。

ある国の住民がその先祖の範例、日々の鍛錬、その他の利点によって高度な技能をありふれた作業において身につけることに成功したとする。その場合、その住民たちは洗練された手工業者たちのように一箇所に居住することはできず、移動しなければならない。なぜなら、もっぱら石工から構成されている国民は、自分の国では橋を作ることができず、さりとて郵便でそれを送ることもできないからである。彼らはさらに二倍の利益を得なければならないし、自分達のやり方で喜んで働かなければならない。なぜなら、彼らはその技術と技能によって他の人よりもはるかに先んじているからである。そして実際、次のような場合を考えることもできよう。すなわち、ティロル人がヴェストファーレンで水路の浚渫を行ない、反対にヴェストファーレン人がティロルで泥炭採取を行ない、両者ともに、自分の仕事をそれぞれの郷里で行なう場合よりも、より大きな利益を遠方への旅行から引き出すという場合である。そのようなことがありえるのは、神経、背骨、体のあらゆる部分が、若い頃から習得し、日々目にし、実行している作業に、最も完全に動員され、またほんの些細な利益までも見逃されないで利用されるためである。この点に関していかなる国民にもこれと違った考えをもたせようと敢えてする者がいるであろうか。三〇歳、四〇歳、ないし五〇歳にもなった成人を改宗させることはほとんど不可能であり、常に危険ですらある。しかし、また両親の家にいて、その監督と指導を受けている子供を完全に改造するためにも、簡単には実行できないと考えられるほど［多くの］準備が必要である。このように、人々に慣れ親しんだ道を閉ざし、不確実なまま不慣れなことを行なわせようとするのは非常に憂慮すべきことである。

　オランダやイングランドへ出稼ぎに行く人々が、通常の農作業や家事で自分の力を酷使しない人々よりも早く年をとり不具になりやすいというのは本当である。なぜなら、これらの人々がいくらかなりとも稼ごうというのであれば、これらの人々はあらゆる機会を利用しなければならないし、休息をとっていてはならないからである。利益は彼らの欲望を強め、欲望にかられて彼らは短期間に大きな力を出す。しかし、ホイアーロイテ階層に属する人間の増殖力が、土地所有者のそれよりも三分の一だけ大きいことも、同様に真実である。後者の場合には相続権者は、父親の死去ないし引退まで一般に待たなければならない。それ以前には、若い嫁には家の中でいかなる場所も与えられていない。一般に、義父母の後見期間は、相続人が三〇歳に達するまでの長きにわたる。したがって、三〇歳は土地所有者が結婚する通常の年齢である。またタキトゥスは、ドイツ人が二五歳以前には結婚しない理由をドイツ人の節制に帰しているが[1]、その場合彼は、早婚が、市民やホイアーロイテのように商工業で生計を立てている者の場合にだけ可能であり、彼が叙述したドイツ国民が市民やホイアーロイテではなく、土地所有者から構成されている点を考慮していない。当地のホイアーロイテは二〇歳で結婚しており、農場相続人よりも一〇年も早くなっている。ホイアーロイテが五〇歳で老衰したり、教区民全体がその最上の者の死を経験したり、一人の男性が自分の兄弟や親戚がすべて死亡してしまうことを経験したりするというなら、教会堂墓地付近に居住する者や、この［人間］損失を頻繁に目の当たりにする者が、不幸なオランダ渡りを嘆くのは当然であろう。しかし国勢の大標本調査を行なう場合には嘆くべきことは何もない。この点では、オランダ渡り人の状況は鉱夫の状況と変わらない。鉱夫も高齢に達することはなく、早い時期に衰える。しかしこれによって鉱夫の数が減少するわけではない。十分な仕事が存在すれば、鉱夫の数は倍増もするであろう。

さらに、このようにして外地に赴く人々のうち、毎年一〇〇人に一〇人がもはや帰郷しないのも事実である。中にはニシン漁や捕鯨に行く者もいれば、水夫になって東インドや西インドを目指す者もいる。当司教領出身の住民がキュラソーにはたくさんいるのではないか。鯨油石鹸製造所で働くためにイングランドに、そして各種の仕事を求めてオランダに向かう多くの人々は、郷里に妻を残していない場合には、躊躇なくその地に留まり続けるよう誘惑されやすい。他方で外地での収入がなくなったら、多数のホイアーロイテを失うというのも真実である。そのような場合にはわれわれは、現在当地にいるホイアーロイテの一〇分の一も確保できないであろう。したがって、目下の［人間］損失は、われわれが反対の場合に被ると考えられる喪失に比べれば何でもないのである。虫の付いたリンゴをたくさん落としてしまうリンゴの木は、一般にそのようなリンゴをまったく落とさない木よりも実りが多いのである。地面ばかりを見て上を見ない者は、容易に誤った判断に陥り、前者が後者よりも多くの実をつけることが分からないであろう。

今世紀中にこの司教領に四〇〇〇人以上の新農民が定住したと言うことはおそらく証明できるであろうし、ヨーロッパの他のいかなる地域よりも高くなっている、信じられないような当地の土地価格はこの推測を裏づけてくれる。当地の最良の耕地でも、他の国との比較では中程度の土地ですらないのだが、その土地五六平方ルーテからあちらこちらで毎年四ターラー以上のホイアー金［借地料］が徴収され、菜園地では耕地の二倍である。いわゆる大経営は全司教領中にもはやひとつも存在しない。なぜなら、いかなる小作人も土地に対してホイアーロイテが支払っているほど多くの小作料を支払っていないし、いかなる土地所有者もそれほど高額で土地を貸し出すことはできないからだ。ホイアーロイテは公的負担の面では賢明にも寛大に扱われ、徴兵義務を免れ、多くの市町村で燃料用材と放牧地を安価に与えられているので、土地所有者は自分の土地からだけではなく、寛容な政府の下での自由で高貴な空気から、軍隊・国内消費税・官房学者の存在しない国が授けてくれるあらゆる利点から利益を得ている。ここで利点とは荒野と湿原とが与えてくれる利点、好ましい国制が有益な正義と領邦君主権力をそれによって維持している公的信用とである。これらの利点のすべては、われわれが多数のホイアーロイテを維持していなければ享受できないものであり、またそのホイアーロイテたちが当地の荒野・砂地・湿原からその糧を得なければならないならば、このホイアーロイテたちは消滅してしまうであろう。

多くの高貴な人々は正当にも自分たちの土地を最も高い借地料を払う人々に貸し出すよう最大限の注意を

払っている。また下層の寄留民たちは、いったんそこに住むと、隣接する国々では同じ利益を享受できないと理解するため、それを回避できない。そこで、いくつかの教区の聖職者たちは説教壇の上で、罪を戒めると同じように、最も高い借地料を支払う人々への土地貸付にそれは罪であるとして反対している。しかし、この種のことが罪とされる国がどこにあるというのか。たしかに家政を可能な限りあらゆる側面からしっかりと考察した、『家父の書』の高貴な著者である郡長閣下フォン・ミュンヒハウゼン[2]は、もし自分がこの司教領に自分の農場をもっていれば、その農場は自分に現在の倍の収益をもたらしたであろうと告白している。彼の農場は、毎年一回のホイアー金の支払いの時以外に、ホイアー金を捜し回らなくとも、その分の収益をあげたであろうと彼は言う。その理由は、ミュンヒハウゼンがそれについて述べているとおり、かのホイアーロイテのおかげで有利な収入源になった住民に求められる。

この人口がある意味で土地所有者の負担になるのはたしかであり、それ故かつて領邦議会が新農民の増加に関して持ち出した多数の苦情も当時としては根拠のないものではなかった。我がフィリップ・ジギスムント司教の領邦君主条例のなかでは新しい家の設立が一〇金グルデンの罰金で禁止されている。また一六〇八年の領邦議会決議は、以前二つのかまどが付属していた完全エルベ地と半エルベ地については経営用建物と隠居所の建設だけを認め、以前かまどがまったく付属していなかった小屋住み地については新しい建物の建設をまったく認めず、各かまどにつき一世帯しか認めないという、厳格な内容をもっていた。しかし、領邦政府の下でこの条例の原則が変更され、人口増加が異なる観点の下で考慮されるようになってから、土地所有者がもはや自分の家畜や穀物だけでは間に合わなくなり、むしろ貨幣をも必要とするようになってから、領邦君主がその現物貢租を貨幣貢租に転換し貴族がこの事例に倣うようになってから、そして最後に、以前には支払わずに済んでいた福祉および快適性にかかわる多額の奨励金を他所者に現金で支払わなければならなくなってから、この条例の原則は、これまでの条例が馬鹿馬鹿しく思えてくるほど大幅に変更された。いまや、小屋には一世帯ではなく四世帯が居住し、この小屋は対角線に沿って仕切られ、各々の一隅を各世帯が利用しているのである。それでもなお、ホイアーロイテは共同放牧地の利用に関して苦情を言い、木材を盗み、乞食や泥棒を生み出すと主張する人がいるかもしれない。しかし土地価格の上昇が全体としては、すべてが金しだいであった時代がもたらした利点である限りでは、かの偶然的事例は、きらびやかな高みから目を向ける必要のまったくない汚点であり、条例によって除去されるものである(3)。

しかし、織糸と亜麻布は最も考慮に値する。人が紡績で食べていくのは困難である。紡績は最も惨めな仕事であり、世帯のなかであまっている時間を利用して行なわれる場合にだけ有利であり得る。夏にオランダへ行く人が誰もいなくなれば、冬に紡績を行なえる人もいなくなるであろう。彼らの妻や子供たちが紡績車のそばで働いているのを見られなくなるであろう。したがって、おそらく、今この司教領で生産されている亜麻布の半分も生産されなくなるであろう。

オランダ渡りに反対して持ち出されている抗議のなかで最も目立つのは、奉公人の賃金の高騰である。私はこの抗議について論じるつもりであるが、そのために一六〇八年に領邦議会提案のなかで提起された抗議の言葉を引用しておく。それは、この一六〇年間で状況が悪化したというわけではないことを想起するためにである。さてフィリップ・ジギスムント司教は以下のように意見を述べた。

そして第四に、余のところには、ほとんどすべてのアムトにおいて、卑しい奉公人〈下僕・下婢・若い衆〉、それに卑しい労働者と日雇い労働者がはびこり、彼らの放縦や犯罪に関する訴えがもたらされている。それによれば神が数年前から徐々に穀物やその他の作物の豊作年を恵みたまい、ほとんどすべての奉公人がそのために反抗的になり、農村地域では村落でも、小町でも、都市でも、パン焼き小屋、納屋、居住小屋、物置小屋その他の建物どこにでも居住し自立して、誰の下でも奉公しようとせず、そのうえ、世襲的に定住している農民・市民など、彼らの労働力を必要とする人々に甚だしく多くの賃金を要求し、それが得られないと独身の人々は勝手気ままにあちらこちらに移動し、他の地に行き、あるいはまた他の人々のもとで雇われて働き、さらにはまた、フリースラントやその他の司教領外の教区の外に出て行く。なぜならそこでは短い期間に多くの賃金が得られるからである。その後は再び勝手気ままに帰郷し、丸一年間司教領内に留まっていることもある。労働者や日雇い労働者がいかに多すぎる収入を得ていることか。これに関して余はまったく疑う余地がない。領邦議会の参加者たちにはすべてこのことに関して十分な証拠を提供できる。それによってあらゆる事態の悪化に対処できるように、既存の警察条例が利用できないかどうか真剣な検討がなされている。……

したがって当時は人々が、フリースラント［この言葉は今日のヴェストフリースラントとオランダとを意味する］に行き、冬に帰還し、その安さが嘆かれている穀物を自分が稼いできた金を対価に消費する足しにしていたことを国土にとって不利と考えていた。結婚の困難化、耕作者の減少、賃金の制限によって、安価な奉公人を維持しようとしていた。しかし今では、高価格を維持するために穀物を一緒に消費してくれる人、高い土地価格の維持のために多くのホイアーロイテ、容易に奉公人を得られるように人口増加が望まれている。この二つの命題にもかかわらず、土地が、定住しないホイアーロイテをその中にためておき、好きなときに振り出すことができる袋ではないということは、残念なことである。以前、ハノーファー選帝侯〔一六九二年から〕エルンスト・アウグスト一世閣下(4)がオランダ渡りを、徴兵を確保するために制限したとき、司教領議会は一六七一年二月一九日に以下のように苦情を申し立てた。

オランダ渡り人はこの司教領に多くの貨幣をもたらすが、彼らのせいでこの地域からは非常に多くの人々が流出している。彼らはまずアムト役所に自ら出頭して申告する義務があるのにである。彼らは徴兵強制がある場合には、つかまえられるのではないかと恐れているのである。

この時オランダ渡りは一旦規制された。しかしまだ十分ではなかった。昔の苦情はともかく現在のそれよりも根拠があった。今日では人間一般にとってどうかが問題であるが、当時は土地所有者にとってどうかが問題であった。今日の人間一般は、すべての星と動物が自分のためだけに創造されたと考えている。土地所有者は、おそらく間違いではないと思うが、自分のためにこそ、君主と国家とが創造されたと主張したのであった。しかし今では、すべての人間は君主のためにこの世に存在する。君主にとって人口の大きさがその偉大さの要素であるので、国土に一〇〇〇の裕福な家族がいるよりも一万の貧しい家族がいる方が望ましいのである。以前は逆のことが言われていた。

ここで苦情に戻ることにする。依然としてそもそも、手労働賃金が高い方が望ましいのか、低い方が望ましいのかは大きな問題である。富者の都合のためにはおそらく低い賃金が最良である。しかし立法家を養い、したがって立法家にもっぱら考慮されている下層大衆は、別の意見を述べるであろう。また、手労働が安価である国では、住民数が非常に少なく、手労働が高くつく国では、最も住民が多いということだけはいつの時代にも確かである。この命題は経験によっても理性によっても根拠づけられる。さらに、後者で稼がれる手賃金は、国家の外へ逃れたりはしないのも確かである。地主は、小作人がその耕地をもっぱら安価な労働者によって耕作し得る場合には、小作人からより多くの金を手に入れることができる。しかし、地主がより多く手に入れたものは、おそらくブドウ酒を購入するために国土から流出し、小作人がより多く稼いだものは、国内に留まって、穀物に支出されるのである。結局、手労働賃金は、穀物と国土したがって地価が下落しない場合には、低くはならないということも明らかである。したがって、下僕をできるだけ安い賃金で雇い、同時に自分の土地の価格をできるだけ高くしたいと望む人は、矛盾することを要求していることになる。ホイアーマンは、自分が賃借する土地にそれほど多くを支払わなければならない場合に、どうして自分の息子を年間八～一〇ターラーの賃金で地主のもとに就労させたりできようか。ホイアーマンは、自分とその多数の子供のためにこのように惨めな賃金しか見込めない場合には、定住せず、結婚せず、イタリアやフランスで貴族が家族農場の維持のために行っているように、一人の息子しかもうけないであろう。人手が少ないか、あるいは賃金が非常に低く、一人の下僕を一年間五ターラーで雇える場合には、農場領主はその小作人からすべて現物で小作料支払いを受け、そしてそれを現在の価格の半分で販売しなければならないであろう。私は実際にそのような事情のもとにある諸国の事例を持ち出すことができるが、そこでは、誰もオランダには行かず、この地域の昨年のライ麦一マルターの価格は例年の半額であり、奉公人の不足が嘆かれていたのである。

しかし豊かな国と貧しい国とが隣接していて、両者のうち豊かな国が手労働に常に倍額を支払う場合に、貧しい国ではその国民が最終的に完全に枯渇してしまわないであろうか。一見それは起こり得るように見える！　しかしそんなことはありえない。ヒュームがこの政治的問題を、そうした事態はあり得ると考える人々を支持するように解決した重要な根拠には触れないでおく。[5]だが、毎年現在よりもさらに一〇〇〇人多くの人々がオランダへ行くとしても、これらの人々が元の国の中で、自由と生活の糧を享受することができるなら人口増加が現在と同じ比率で生じると私は思う。私は、貧しい国は豊かな国へ出かけるそのホイアーロイテを豊かな国よりもその郷里に引きつけておくことができると考えている。なぜなら、どのホイアーロイテも自分の村や自分の隣人の前に錦を飾ることを好み、また自分が稼いだ金を、それが最も価値をもつところで支出したいと考えるからである。私は結局、われわれが想定しているような人々は、豊かな国に留まれるほど多くを稼ぐことはできないので、繰り返し郷里に帰還しなければならないのであると結論づける。そしてこのような判断はすべて経験に合致しているのである。もし上記の命題が正しいのであれば、ヴェストファーレンはとっくの昔にオランダによって搾取され尽くしたはずであり、オランダへ誰も出かけない州は人口が最も多かったはずである。しかし実際には両方に関して反対のことが起こっている。

一般には次のようなことも嘆かれている。すなわち、オランダ渡り人は農民よりもうわてであり、農民に無思慮かつ必要以上に金を貸してやり、彼らの最良の土地を取り上げ、それにもかかわらず公的負担についてはほとんど何も支払わず、農民が契約取り消し請求を行なおうとしても妨害するというのである。この苦情は、花嫁が美しすぎると言う苦情が許されるなら少しは根拠があるといえるかもしれない。しかし、近年、農奴に、さらには自由人にまで、債権者による適切な調査や承認なしには行なわれるべきではないような返済猶予が、ほとんど恣意的に認められ、それ以外にも軽率な債権者の行動に制限を加えるように配慮されることによって、農民からあらゆる信用受信の機会を失わせようと画策されているが、その結果、これらの苦情は今後五〇年間は持ち出されなくなり、また農場領主も、農奴が多額の借金を負い、ホイアーロイテがこのもうかる業務に引き入れられる前には獲得できた不定期貢納の四分の一も獲得できなくなるであろう。今日誰が農奴に金をなお貸すであろうか。一〇ターラーのために彼は担保を設定し、破産させられなければならないのに。土地の貸し出しがちゃんと行なわれ、強制立退の根拠が明確にされさえするならば、自信をもって、そのような苦情は二度と再び持ち出されなくなるであろうと言える。そうなれば、世間はますます改良され、賢明になるからである。

しかし、ホイアーロイテが公的負担においてこれほど寛大に取り扱われている原因は、たしかにきわめて適切な政策に沿ったものである。われわれはホイアーロイテよりも優れた農奴層への給源をもっていない。ホイアーロイテだけが、その子供たちに相当の財産を分与したり、あるいは欠員になったエルベ地を気前よく購入することができる。そして、自分の身分に属する子女を、非定住自由民に嫁がせることを農奴である農民は非常に不面目なこととかつては思っていたが、最近ではそれは見苦しくないものになってきているのである。その入り口がひとたび作られたのであるから、農場領主が農奴身分をますます抑圧し、その地位を低くし、侮辱し続けるならば、早晩、自由なホイアーロイテは自分自身ないしその子供がエルベ地を獲得することを、遠慮申し上げようと考えるようになるであろう。しかしホイアーロイテの財産の第一の原因は何であろうか。確実にオランダ渡りである。なぜなら、それによってホイアーロイテは将来への見通し、将来への計画、将来の行動を獲得するからである。どれほど、多くの財産、多くの相続財産がオランダや東インドからこの司教領へ流れ込んで来たことであろうか。オランダに定住している成功者の多くが、そこからその貧しい親族を支援したり、あるいは親族に資金や財産獲得の道をどれほど供給していることであろうか。

この司教領において一般的に農耕が放置されているということを私は信じないし、オランダ渡りが農耕放置に責任があるなどということは一層信じられない。他所者たちは、よい農業者であるこの地の住民に関して良好な農耕を行っていると証言している。そして土地には最高の価格がつけられているのだから、もっとよい推量が行なわれるべきである。私は五六平方ルーテの土地に喜んで一〇〇ターラーが支払われるのを見た。それは耕作可能にするために、まず第一に数百フーダーの芝土を調達しなければならない土地である。そして芝土をマルク仲間は最高値をつけた競売参加人にではなく、彼らの下に居住する少数のケッターに共同地から販売したのである。それゆえ私は彼らのが勤勉に対して好意的態度を抱いており、怠惰と雑草を繁茂させている悪しき経営があるからと言って、判断を惑うものではない。農民自身がオランダへ行く場合には、農耕にとって害となるかもしれない。しかしこのようなことはこの司教領では起こっていない。ただし、農民が、自分の借金の負担から逃れるために、自分のエルベ地を最高価格をつけた人に貸し与え、その代わりに、自分の近隣者に仕えないですむように、自分が他所の土地で手労働を探す場合は別である。奉公人の不足と賃金高騰に対する苦情はおそらくまた、楽しげに歌を歌ってダンスをするかのような軽やかな足取りでオランダへ出かけ、愉快な冒険を求めて道を誤ったりもするホイアーロイテに対する農民のねたみに原因があるのかもしれない。彼らは帰還すると、ちょっとした外国風を見せびらかし、派手な飲み方をしたりするのである。少なくとも奉公人の賃金の高騰に関する苦情は、私が厳格に調べた限りでは、多くの主張者がそれをわれわれに納得させようとしているほどには根拠のあるものではない。また私は、オランダへ誰も行かない他の国におけるこの高騰に関する苦情の方がわれわれの下における苦情よりも一層深刻であると言うことを知っている。

祖国に対する忠誠心の喪失の責任をオランダ渡り人に負わせることは正当ではない。自分の好きなところに出かける自由は、オランダ渡り人がわれわれの下に定住し、また結婚する際の第一の前提条件であった。この自由は彼らを非常に忠実にしたので、彼らは帰還するのである。そして彼らに土地が遺産として分与されるのではなく、現金を対価に貸与されるだけの土地に留まることを彼らに強制することは、不公正であると同時に有害でもあろう。最も厳格な国家でも、忠誠心のない臣民からその相続分を取りあげる以上の強制は行なわれていない。本来この取り上げは、不動産のうち所有者が防衛できなければ退去すると言う条件で受け取った相続分に限定される。しかし同じ相続分を祖国はかの移動民（ホイアーロイテ）には認めてこなかったのである。

オランダ渡り人が牧草や乏しい穀物以外のものを自分の小作地からまったく収穫していないという抗議は、地代の高いことに矛盾しているであろう。このような抗議が正当であるなら、これらの人々は耕作のために土地を借りるよりむしろ穀物を購入するであろう。一般的に、自分に利益のない仕事を行なう人は誰もいないという結論の方は常に正しい。ちなみに、ここで農村から穀物が都市や市場にもたらされていないということは注目に値する。その原因は、誰もが自分の穀物を郷里で直接販売できるということである。夏の間オランダにいて、冬にはその食料を郷里で購入する人々のおかげで、農民が享受している利便である。一〇マイル離れたところからその穀物をわれわれの下へ運んでくるヴェーザー河畔のわれわれの隣人たちは、数千人のオランダ渡り人が彼らの下で越冬してくれるなら、喜んで遠距離の旅程を省略するであろう。そうすれば、彼らはオランダ渡り人を気ままな渡り鳥ではなく、名誉ある渡り鳥として扱うであろう。

オランダ渡り人がもって行くもの、旅行によって失わせるもの、目的地で義務を怠るものに関する計算は、私には誇張であるように思われ、少なくとも一層詳しい調査を必要としているように思われるので、私は経験のある農業者に尋ねてみるつもりである。しかしあらかじめ私は、その父親がハム・ベーコン・糸・毛織布・亜麻布をオランダや旅程で消費する家族は最高の顧客であり、その商品を最高の価格で販売できると信じている。私の考えでは、われわれの亜麻布のすべてが幸運に販売されればいいことであると思う。オランダ渡りのおかげで、ホイアーロイテがわれわれの下に定住しているのでなかったなら、彼らの豚は肥育されず、糸も紡績されないであろう。他の国々では日賃金を稼ぐホイアーロイテが仮小屋に住まい、自分の雌牛ないし豚を飼育できるほどには豊かにはけっしてならない。その妻と子供は流行色の衣服や幅広の靴の留金を着用したりしていない。酸敗した羊の乳が彼らの食料であり、彼らの顔色は当地のホイアーリングほども赤くない。農業者がその下僕に、下僕が要求する賃金を提供しなければ、下僕は他国では兵士になるが、当地ではオランダへ行くだけである。

ところで、すべての農村居住者が郷里に留まり、そこで出稼ぎに行くのと同じくらいの、あるいはそれにさほど劣らないくらいの稼ぎがあれば、その方が望ましいというのは、常に永遠の真実である。しかし人々に稼ぎのためのこうした手段が調達されるようになるまでは、人々を邪魔しないのが最も安全である。家に屋根と藁とパンとミルクがありさえすれば、オランダにいるのと同じだけ稼ぐことができるのであれば、誰もオランダの青空天井の干草の山の上で眠ったり、黒パンを乳精で食べたりするほど無思慮なことはしないのである。彼らはこれほど苦労して健康と生命を賭しているのであるから、これらの人々の動機はきわめて強烈なものであるにちがいない。立法者は、よりよい生活を保障してやるということ以外の方法で、彼らを呼び戻せるのであろうか。

『郷土愛の夢』第一巻第一五番、一七六七年（柴田訳）

＊　ギルデハイゼンのオランダ渡り批判に対する反論の一部であり、特に両者の人口に関する見解の相違が際だっている。

（1）　このメーザーの記述にもかかわらず、タキトゥス、一九七九年に古代ゲルマン人の結婚年齢に関する具体的記述はないし、現代の人口史研究・歴史人口学においてもタキトゥス、一九七九年の統計資料としての価値は否定されている（ヘイナル、二〇〇三年、三七九—三八〇頁および註二五・二六参照）。西ヨーロッパにおける晩婚化傾向は早くとも中世後期以降の現象と考えられ、例えばシュピースの研究によれば中世後期における伯・フライヘル身分の子弟の平均結婚年齢は20台半ばであり（Spiess (1993), S. 416, Graphik 38.）、ようやくメーザーの記述している年齢に対応するものとなる。

(2) フォン・ミュンヒハウゼンとは農学者・植物学者のオットー・フライヘル・フォン・ミュンヒハウゼン Otto II. Freiherr von Münchhausen（1716—1774）のことであり、シュテムベルク Stemberg とハルブルク Harburg の郡長を務め、また著書に『家父の書』全六巻（Der Hausvater（1764—1773））がある。

(3) ここで扱われている一七世紀のオスナブリュック司教領における農村下層民の状況については平井、二〇〇七年、第一章参照。

(4) エルンスト・アウグスト（在位1661—98）は、ヴェストファーレンの和約によって新旧の司教が交替で在位することが決められてからの最初のプロテスタント司教で、1679年に実家ブラウンシュヴァイク・カレンベルク・ゲッティンゲン公を継ぎ、さらに1692年には選帝侯位を得て、ハノーファー選帝侯を称した。

(5) ヒュームは「貨幣（正貨）の自動配分論」を主張した。その要点は、金銀の増加→物価上昇→輸出品の競争力低下→貿易収支悪化→貨幣流出→物価下落→競争力上昇→貿易黒字→金銀の増加……という循環が繰り返すというもので、これは金銀の増加を国富の増加と同一視する重商主義政策への根底的な批判になっていた（ヒューム、一九八二年、九五頁以下参照）。この立場からすれば、賃金格差はただちに労働力の移動を帰結することになる。

三　道徳の観点について*

あなたがたは、顕微鏡で観察しても肉眼で見たのと同様の美しさを保っているような物を、この物理世界の中からひとつでも私に提示することができるであろうか。非常に美しく見える肌にすら隆起や皺があり、非常に肌理が細かそうに見える頬にすらぞっとするようなシミがあり、薔薇もまったく異質の色を含んでいるのではないであろうか。どんなものにも、そこから眺めた場合にだけ美しく見える観点というものがある。そして、観点を変えるやいなや、解剖学用のメスで内臓に切り込むやいなや、観点の変更とともに、もとの美しさはどこかに行ってしまう。拡大鏡で見ると粗野な物、ぞっとするようなかさぶた、醜い微粒子として見えてくるものが、肉眼には愛らしい形象に映るのである。間近に見る山は穴ぼこだらけであり、［カッセルの］ヴァイセンシュタインのヘラクレス像も大きいだけの作り物でしかない。しかし、下方から見上げるなら——遠方から見るなら——いずれもとても立派に見えるのではないであろうか。

物理世界において上記の議論が真であるのであるから、われわれがこの類比を道徳世界に転用しても過ちを犯したといえるであろうか。英雄を針の先端に取って、道徳という顕微鏡の下でその挙動を観察してみよう。彼らが邪悪で、冷酷で、貪欲で、その兄弟にすら不誠実であるように見えてくるであろう。——しかし、離れて見てみると、今度は偉大で、驚嘆に値するようには見えてこないであろうか。

この偉大な印象を与える美しさを、そのように見えさせるように作用する諸部分が厳密に観察すると非常に醜いものであるからといって、否定する人がいるであろうか。多くの場合、冷酷性は真の勇気の構成要素であり、それは煤が灰色の構成要素であるのと同様ではないであろうか。倹約的な家長になるためには、家長の性格に吝嗇ということがほんの少しでも入り込む必要はないのであろうか。不信には欺瞞が、注意には不信の感情が必要なのではないであろうか。

人間の美徳の欺瞞性について書く人々は、腐敗を伴わない芳香、閃光を伴わない火を常に求めているのである。そのような人々は、冷酷性は単に厳格性であり、吝嗇は単に意志の強靭性であり、腐敗は自然に起こる分解現象であると言うかもしれない。しかしながら、彼らが狼の間で流行するペストを自分たちの羊の防衛手段にするからといって、それが事柄の本質を変えるわけではない。したがって、われわれは素直にものを見るようにし、美徳を有用性ないし個々の事物の内在的長所としか見なさないようにしようと思う。そうすれば、馬にも、鉄にも美徳があることが分かる。英雄も同じで、英雄とは強靭な意志、非情性、冷酷性、激情性をしかるべく身に備えた人のことなのである。応用の仕方が功績を規定するべきなのであり、人間がその応用から引き出す効果の量がその功績の大きさを規定するべきなのである。

『郷土愛の夢』第一巻、第一六番一七六七年（柴田訳）

＊ ギルデハウゼンの議論に対する反論の一部であるが、視点の違いで異なる結論が導かれるという、方法論的一般論

の形をとっている。

四　オランダ渡り人に関する司祭ギルデハウゼン氏（原註1）への回答

貴殿の計算では、オランダ渡り人は

携行されるベーコン	一五グルデン
土地への損害に	二四グルデン
家政の放置による損害に	一〇グルデン
衣服への支出に	一〇グルデン
家に居れば稼げた金額	三〇グルデン
合計	八九グルデン

というような損失計算がなされるにしてもなお、四〇週間に一一グルデンの剰余金を得ることになろう。

さてしかし肥育した豚をその愛しい妻と一緒に自宅で消費してしまうようなホイアーマンの生計がどのようになっているか見てみよう。ホイアーマンが、ちょうど同じ期間に二〇週間紡績作業を行ない、二〇週間日賃金労働を行なうと仮定してみよう。彼は日に少なくとも三回食事をとり、毎回一シュトューバーかかる

とすると、

二〇週間の食費は　二一グルデン〇シュトューバー

残りの二〇週間に、彼は食費を一緒に稼ぐことになるが、日曜日と祝祭日にはこれまで同様、三シュトューバー支出する。合計で　五グルデン

日賃金で、特に木材や石材の切りだし作業に従事する場合、彼はオランダの遊歩庭園で働いている場合よりも多く支出する。余分の支出として　一〇グルデン

次に、彼が紡績賃金と日賃金を完全に取得するものと考えると、彼は他方で家政を放置しなければならない。それによる損失　一〇グルデン

以上から、彼が当地に留まることで生じる費用は合計で　四六グルデン〇シュトューバー

これに対して彼が家で稼ぐものを見てみよう。紡績作業に優れている者は、日に一と二分の一シュトユックの原料糸、または四分の七紡車で三七と二分のゲビンデの糸、あるいは三シュトユックのいわゆるメルトン糸を生産する。メルトン糸は一シュトユック＝二シュトューバーと換算して約六シュトューバーになる。これに必要な亜麻は正確に計算して三シュトューバーかかるので、二〇週間の作業によって純益として残るのは、三二休業日も考慮に入れて、　一六グルデン三シュトューバー

一〇八労働日に相当する残りの二〇週間に、必要な費用を控除すると毎日彼の手元に残る金額は三シュトューバーなので、合計で　一六グルデン三シュトューバー

合計　三二グルデン六シュトューバー

したがって、先に言われたような一一グルデンの黒字ではなく、一三グルデン一四シュトューバーの赤字になるのである。

皆さんは私にこうおっしゃるかもしれない。ホイアーマンは糸を原料として販売するのではなく、亜麻布に加工すべきであると。しかし、糸の煮沸、漂白、乾燥、鎚打ち、巻き取り、選別、織布にどれくらいの日数がかかるか、どれくらいの量の灰分や炭酸カリが必要か、紡車で作業している女工の食事時間がどれほど遅くなるのかを知っている者は、糸から亜麻布を生産するより糸を原料として販売した方が目下のところは有利であり、織布してからの販売を選択する者は、単に糸を原料として販売する機会がないためか、あるいは亜麻布で一度に大儲けできる機会があったか、あるいは女性たちに一冬の間、紡績作業に従事してもらうほどの亜麻をもっておらず、したがって必要な食費をいくらかでも賄うために、彼女たちに織布作業を行なわせなければならないかの、いずれかの理由でそうしているにすぎないということを知っているのである。多くの者はまた織布をよりよく知っているわけではなく、伝統に従うか、あるいはわずかな亜麻屑をよりよく活用するくらいのことしか思いつかない。

ところで、これはさしあたりの損益計算であろう。しかし、当地での損害のためにあなたがオランダ渡り人の所得から減額している二四グルデンをいまやどうお考えになるであろうか。勤勉なホイアーマンが自宅で四〇週間、紡績ないし日賃金仕事に従事するなら、彼はいずれにせよ自分の耕地で働くことはできない。この分の所得があなたの計算から脱落する。あるいは、われわれは、その分オランダ渡り人の項目に付け足さなければならない。われわれはあなたの計算の方式を採用しようと思うが、そうするとオランダ渡り人には三五グルデンの余剰が生じ、自宅に留まっているホイアーマンには一三グルデン一四シュトューバーの損失が残る。

しかし、そもそもオランダ渡り人が耕地に与えるとされる二四グルデンという損害の見積もりは大きすぎる。オランダ渡り人は馬をもっていないし、自宅に留まっているホイアーマンも同様である。したがって両者は、農民が耕耘を終えるまで、自分の土地の耕耘を待っていなければならない。ホイアーマンが紡績に従事していようと、オランダにいようと、耕地にとってはどちらでもよいことである。ホイアーマンは一箇所にいることしかできない。耕耘作業はいずれにせよ進む。おそらく農民は、彼がその財布を当てにしているオランダ渡り人の方を、一三グルデン一四シュトューバーの赤字しかないホイアーマンよりもよく面倒みるであろう。それに、自宅に留まっているホイアーマンはどれほどの労役を農民に対して収穫期やその他の時期に行なわなければならないことか。しかも、報酬は農民からの心からの謝意だけである。

したがって、オランダ渡り人に対する自宅に留まっているホイアーマンの唯一の利点は、その妻の与えてくれる慰め、健康、よりよい子育てくらいであろう。第一の利点についてとやかく言うつもりはない。それに関する私のコメントは皮肉っぽいものになるであろう。他の利点をわれわれは未決定のままにするか、あるいは大規模な国家レベルでの利害計算に任せたい。家ではもっぱら水を飲み暮らしが成り立たないホイアーマンはおそらく自分の境遇を死ぬほど呪っているであろうが、その一方、オランダ渡り人は死ぬほど働き、したがって名誉のベッドで亡くなる。だが子育てについては同様であり、両者ともに非難されるほどではない。夏には、両者の子供たちは、棒を持ち上げられるようになると、雌牛を追い回すようになる。そして、そのような時期が過ぎると、母親は子供たちを学校へ追いやるか、あるいは、炉端で働かせる。大きな子が小さな子の守りをする。母親は菜園地や畑で働かなければならない。父親は日賃金仕事に従事する。オランダ渡り人あるいは地元に留まっている日賃金労働者の子供たちがパンを求めてわめくと、自然と泣き止むか、あるいは母親に黙らせられるかするまでそれは続くのである。

『郷土愛の夢』第一巻第一七番、一七六七年（柴田訳）

＊ ギルデハウゼンに対する反論の一部で、オランダ渡りの収支が黒字になることを証明しようとしている。

（原註1） 作品一（第四巻第一四番）の著者であるギルデハウゼンのこと。

五　臣民の過剰債務を防止する施策について*

国家の公課負担義務を負う人間が、所有権をもつことが正当かという問題は大変重要である。ペテルブルクではそれへの回答を募り、賞金を出した。ロシア国民の間ではどうも今のところ、否定的回答が優位に立っているようである。(1)

この問題の重要性を完全に理解するためには、二つの対極的立場に身を置いてみなければならない。もし納税義務を負う臣民が、無制限の所有権を有するとしよう。この臣民は農奴となって領主に身を委ね、賃租や小作料、賦役を負うことでその農場を疲弊させ、その結果、人格と財産いずれにおいても輪番衆の地位より完全に脱落してしまう可能性がある。

逆に、もし臣民が自らの人格についても土地についても所有権をもたないとしよう。この臣民は貧しく資産を欠くばかりではなく信用もないため、困窮した場合に公課負担を担うこともできない。

したがって立法者が配慮すべきは以下の一点である。国家の臣民は、通常の起こりうるあらゆる事態において自らを救済するのに必要な財産はもつべきだが、しかし自らを輪番衆の地位から脱落させ、農場を破産させ、公課の分担分を他の人間に転嫁させるほど多くの財産はもつべきではない。[2] 自衛のために多数の人間が力を合わせる場合、ただちに彼らの力は公共のためのものとなるのであって、彼らのなかの誰一人として兵役忌避のために自らの親指を傷つけ、安全な場所に身を置くことは許されていない、というのが立法者の要求なのである。

両極論の中間の道を見出し、両者の間を障害にぶつかることなく通り抜けるのは至難の技であるが、死すべき人間のなかで、モーセほどこの点で豊富な知恵と慎重さをもって事にあたった人間はいない。したがって、彼の構想を一瞥することは苦労のし甲斐があるというものである。

たいていのよく知られた古代民族においては、農場や竈の数によって戦士の数を決めたが、しかしこれに対しモーセは、戦力となりうる者は全員が戦士となることを要求した。[3] このため前者においては、防衛のための公課は地租であったが、イスラエル人においては、戦力を最大限にするために人頭税が課された。前者がその財産を防衛したのに対し、後者はただ一族の名誉を防衛した。アブラハムの子孫であることの権利が、兵役の生ずる理由であった。どの子弟が戦力となりうる年齢に達しており、どの父親が兵役年齢を超えたかが、一目で見て取れる一族台帳が、同民族の最初の租税台帳となったのである。

一族の名誉ないし市民権を保持しようと欲する限り、この制度によってイスラエル人は、下僕として身を売ることができなくなった。なんとなれば、下僕となることで彼らは戦士台帳より脱落するかもしれないからである。したがって、イスラエル人は自らの人格に所有権を有していなかったのである。

しかしながら他面において、自らの健康な身体以外に何の財産ももたないとすると、その者は何か資本を求めるにしても、まったく信用をもたないことになる。ここから生じうる弊害を防止するためモーセは、各々のイスラエル人に対して、自らの市民としての名誉を損なわないならば、六年を限度に自分の身を売ることを認め、また同じことだが、六年間の内に弁済しうる限りにおいて、自分の身を抵当に金を借り入れてもよいとした。しかし借入の乱用を防止する目的で、また一人としてイスラエル人が、浪費、怠惰、臆病が原因で何年にもわたり台帳から脱落することがないように、モーセは同時に、六年を超えて下僕の身分にある場合、その者は公の場で儀式において耳に穴をあけられ、永久に下僕であると見なされるべし、と命じたのである。(4) この者は、これによって同時に相続権を失ったことは疑いないことであり、その名前は一族台帳より抹消されることになった。このことは鋭敏な一民族が、自らの人格を軽率に浪費することを一方で防止し、他方で公的な兵役よりも安穏として隷属を優先するような怠惰や卑劣がはびこらないよう監視するための、強力な動機となった。

モーセはこのようにして幸いにも、各自が自然状態において自分の人格に対して有していた権利を、信用を損なうことなしに公的な自由と国の防衛のために制限した。同じほど幸いであったのは、各自に割り当てられた土地に対してイスラエル人がもつべき所有権をもまた彼が制限したことである。

彼の第一の原則とは、土地は主のものであるということであったが、われわれならばそれを、国土全体は君主に属し、領邦の臣民はただ君主によって彼らに許された限りでの土地管理権をもつ、ということもできる。イスラエル人はそれゆえその農地に対してはなんら完全なる所有権をもたず、ただそれの世襲用益権を有していたにすぎない。モーセはさらに進んで、各自はまたその持ち分ないし世襲用益権を恒久的な封あるいは世襲財産としてのみ保有すべきであると命じた。[5] レビびとは、各々に割り当てられた全耕地についての台帳を作成せねばならなかったが、一族台帳には、誰が封ないし世襲財産の次の相続人であるかが常に明示されていた。[6] このため誰一人として土地を売ろうとしなかっただろうし、このような方法で信用を得ることもなかった。何故ならモーセは、彼の最高計画に従って恒常的に多数の自由民と所有権者とを確保するためにあらゆる利子を禁じ、このようにして、貧しい者を圧迫するためにその金を利用せんとする第一の誘惑を富裕な者から奪ったのである（彼のこのような努力がなければ、何百年もの間に、民族のなかの富裕者に対して自由民と所有権者が奉仕し服従する立場に陥るのは不可避であった）。

しかし他方で彼は、イスラエル人達に必要な信用を調達してやるために、彼らの土地の利用権を一定年限に定めて売却することを彼らに許可し、すべての抵当、譲渡証書、先取特権、その他言い逃れの破棄によって、各自が再び相続分を取り戻すべき特定の年を定めた。その年になるとイスラエル人は皆、自由で喜ばしき所有権者として再生し、その際にレビびとは、全相続分と一族全員を公的に登記し、これによってあらゆる訴訟を防止した。土地のいかなる隠匿も、長期利用によるいかなる権利の取得も、また真の所有者や封相続人についてのどんな争いも、事態を紛糾させることはありえなくなった。そしてこの年の到来はラッパによって告げられ、民族全体でお祝いされなければならなかったから、これによって、内密の契約によって自分の権利を損なったり、あるいはこの債務解放年に反する判決を裁判官に期待することは誰にもできないということが告示され、知らしめられたのである。

こうしてこの偉大な立法者は、必要不可欠の信用の確保とともに民族の富の確保についても心を砕いた。

彼の計画に従ったことによって、アブラハムの一族においては恒久的な体僕も、世襲小作人や世襲賃租農民も、また家臣と封建領主もまったく生じなかったし、また生ずるべきでないとされた。自由所有権者の君主に対する直属性を何らかの危険な方法で遮断したり、公的兵士を私的奉仕者に変え、イスラエルの神権政治を貴族制に転化させうるようなものは何一つとして生じえなかったし、生ずるべきでないとされた。また誰一人として、たとえ二つといえども相続分を恒久的に併合することも、そこに城を建てることも、隣人の相続分を公園や動物園に改造することもできなければ、あるいは沢山の相続分に世襲小作人や世襲賃租農民を入植させることもできなかった。

モーセは、すべての市民的体制はついには、多数の人間が少数の強者の犠牲となることに帰結すると予言した。そしてわれわれは、彼の考えをいまや再び検討できる立場にある。このような有害ではあるが、しかし抵抗しがたい傾向に対し彼は債務解放年というその偉大な構想によって対処した。彼は現在に至るまで、あらゆる立法者のなかでこの偉大な理想を計画化した唯一の人である。ローマ市民は二度にわたって同市より逃亡し、蜂起することで債務解放年を勝ち得た(7)。だが一人の立法者も、熟慮と秩序をもって債務解放年という構想を自らの政策手段に用い、これによって自由と所有権を安定させ、もともとの体制をそのつど再建するため、一種の祝祭期間を導入しようとすることはなかった。

しかし今この偉大な債務解放年構想に従って、すべての封を世襲農民農場とし、すべての世襲小作農場や世襲賃租農場に所有権を与え、続いて各々の農奴を自由民に変えなければならなくなったとすると、これは驚くべき出来事となろう。しかしわれわれはそのようなことはけっして願うべきではない。何故ならば、イスラエルのこのような制度は別として、もし君主と多数の零細所有権者の間に何ら独立した中間権力が国家において存在しないならば、恐るべき奴隷制度こそがそこから生じうるからである。それでもやはりこの構想は、最大限の自由と所有権を含んでいるゆえ、それはいつであっても称賛に値するし、もし人間の力によって維持できるものならば、他の何よりも優先されるに値する。

さていまや、納税義務を負う臣民の過剰債務をどのように防止できるか、その方法の考察に立ち戻るべきときである。私がこのために提案しなければならない最も主要なものは、やはり債務解放年なのである。いま少し詳しく述べるならば、「債権者によって破産が提起されるにせよ、あるいは農奴であれ自由な世襲小作人であれ自ら破産を提起するようにしむけられるにせよ、そうなり次第、領主の承認なしに借り入れた債務ならば、彼らはすべてのそれらから八年以内には完全に解放されるべきである」というのがそれである。

八年間は、債権者は債務者の農場からの余剰を互いの間で分配し、支払いを受けうるものとする。しかしこの期間が過ぎたならば債務者は再び自由になり、過去の債務について法の名の下に訴えられることはないとすべきである。破産が成立し次第、領主の承認なしに貸し与えた債権者に対しては、地所を八年以内に完全に解放するという内容の債務免除が指示されなければならない。正直かつ完璧に債権放棄を行ない、これを妨げるようなどんな私的協定も債務者との間で結んだことはないと最大限の明確さをもって認めないうちは、どんな債権者であっても彼の貸し金を回収することはできない。しかし債務者が、債務免除期間が終了した後、かつてのなにがしかの債務弁済のために借入を行った場合、容赦なく世襲小作権を失うとすべきである。

私にとって右の計画が大変適切であると思われるのは、以下のような理由による。

一、世襲小作人はこれによってかなりの信用を得ることになるからである。しかも彼らは完全な所有者に戻れる範囲で借り入れることができる。

二、債権者は、自分が信用を与えている人間のことをよく知っていなければならないからである。すなわち小作人に対しては領主の承認なしで農場を担保に貸し与えることは本来できないはずなのだから、この農場から程々にでも返済されさえすれば、それで満足できるというものである。

三、債権者の利益と債務者のそれが一致することになるからである。双方は、農場の八年にわたる管理が可能な限り経費節減をもって行なわれることを目指すであろうから。

四、現在のわれわれの債務清算のために結ばれたホイアーリング契約［寄留民への小作契約］では、(8)一般に契約終了期間についての明確な規定がなく、これは債務者にとってと同様、債権者にもあまり有益ではない。これに対して不運な債務者であっても、最後には彼の困窮にも終わりがあると分かれば、彼も新たな気持ちで努力するよう奮起するにちがいないからである。

五、国家が、各々の農民農場に適切な保有者がおかれることを要求するのは当然のことだからである。しかし、実際には債務清算のためにホイアーリング［寄留民］に貸し出されることで、農民農場の保有状態は良好ではない。債務を負った農民農場に対して生じた負担をすべて支払うようにと求め、それと引きかえに報酬は［ホイアーリングとの間で］長期にわたって自由に決めてよいと、輪番衆に要求するのは酷というものである。

六、農場領主はどちらにせよ、以下によって十分損失を被るからである。つまり、八年間その農民農場が見も知らぬ者の手に渡り、この間特別な収入があっても全て奪われるのに甘んじなければならない。しかも〔通常の収入である〕賦役や貢租も貨幣で受け取らなければならなかったり、あるいは誠実な農業経営者ではなく腹に一物をもつ経営者から受け取らなければならないのである。

七、ヴェストファーレン全土の課税対象となる農地は、自由な帝国領ないしは御領地であると、ヴェストファーレンの農地法では理解されているのであるが、これらの法律では、自由な身分であろうと農奴身分であろうといかなる保有者も、せいぜい三年か四年の債権者管理下で返済しうる以上に、自分の農場に債務を負うべきではないとはっきり規定されているからである。ところで領邦高権が帝国より各々の国家性をいわば切り取ってきたのであるが、それ以前に帝国領といわれていたものは現在では領邦国家領となっている。この領邦国家もまた、今日に至るもなお、農場領主に対して、課税対象となりうる農場に新しく賦役や義務を課して重荷を負わすことを許していないのであり、また同じように領邦国家は、この土地の自由な保有者や農奴の保有者だれに対してであっても、通常の起こりうるあらゆる事態において、その農場を守ることができなかったり、隣人と同じことができないような状態に自ら陥ることを許してはいないのである。

しかし債務解放年を経た後、債務者が何の資産ももつことなく再び農民農場を取り戻したとするならば、このような債務解放年は、債務者にとっては十分に有益なものとはならないだろう。彼は、必要不可欠の家畜や農具を入手するために、すぐに新しい債務を負わねばならないだろうし、また彼の以前の没落の記憶がまだ鮮明であるので、それらの調達のために必要な信用を得るのも困難だろうから、この結果、不適切な救済手段に頼らざるをえなくなるだろう。そこで続いてなお四年の間はホイアーリング契約を延長し、そこから入ってくる貨幣収入を、家や農場の備えのために再び役立てるべきである。

私はここで再度モーセの構想をたどることにする。この偉大な立法者の心配は、六年の後、市民権を取り戻したたいていのイスラエル人が、困窮が原因で、また新たな投資のための資金をまったく欠くために、自由よりも下僕身分でいることを引き続き選び、その結果完全に戦士台帳から脱落してしまうことであった。このため彼は次のことを命じた。旧き法律の衣装規定や身分規定によって、真の法律上の同輩者、あるいはイスラエル市民権を真に有するとみなされたすべてのイスラエル人（今日の「臣民」という名称は、すべての人間をひとくくりにするのであるが、これらの法律はこの名称を知らなかった）は、七年目には主のために領地、牧草地、ブドウ畑、家畜について安息を守らねばならないと。[9] したがって彼らは種をまくことも収穫することも許されておらず、またその必要もなかった。なぜならば、もしすべての下僕の解放によって［市民の］家計が半分に縮小し、下僕が自立して前借りを自分の収穫物から再度返済せねばならなくなった場合、普通規模の［市民の］家計を支える六年目の収穫で、さらにもう一年の［市民の］需要が満たされるからである。この七年目の土地の開放は、いまや自由となった下僕や、貧民、よそ者の利益となるべきであるゆえに、彼らは開放された土地において無料で種をまき収穫したのであった。所有者は自分の樹木からリンゴを、ブドウの木よりブドウの房を摘み採ろうとしてはならなかったのだが、それはいかなる嫌がらせをもけっしてしないように前もって防ぐためであった。なぜならば、そうしないと下僕がこれらの果実を摘み採る気をなくしてしまうからであった。下僕が摘み採ろうとしないならば、この場合収穫物は野生動物に委ねるべきとされた。七年目にはすべての農具、荷車、犂、役畜も所有者にとっては無用の長物になったが、この結果下僕がそれを利用しても構わないのであった。肥料もまた、あっても所有者にとっては負担になるだけであろうから、それらもただくれてやらねばならなかった。納屋も脱穀場も当然空っぽになり、開放された。このようにしておそらく通常の耕作期間のただ最後の年という意味をも同時に持つ七年目は、新しく市民となる者にとって単に好都合というだけではない。彼らには自由人として若き初心者として自立するためにも、また戦士としての能力をもちながら引き続き下僕として働かなくてもすむために、必要とするものがある。七年目の開放は、これらの必要物をおよそ十分なだけ獲得するための、その手段をも与えてくれるのである。

しかし以後の経過において、債権者がこのような債務解放年に合意もできなければ、またその意志もないことが明確になり次第、合意の欠如はそれだけで債務者を強制立退きさせたり、農地を強制売却するための十分な根拠と見なされねばならない。

一般に農場管理能力の欠如はどのようなものであっても、農地を奪われ、強制売却される結果になる。農場は国家の扶持であり役職給付地であって、これまでどおりの賦役や貢租を負う保有者をそこに入植させることは農場領主の権利である。農場領主は、この扶持を損なったり削減したりせずに、またいかなる付帯条件をつけることもなしに、それを農民に授与する。またこの農場に入居させられた者、すなわち自由農場入植民もまた損なったり変更することなくこれを保持し、農場領主に対しても国家に対しても、この農場から自分の分担分を支払わねばならないが、もしそれが不幸な事情で不可能となった場合、彼は隠居人に身を落とさねばならず、また自分の過失で不可能となった場合は、農場に対する権利をすべて奪われなければならない。ドイツ法はこの点については明確であり、かつ普遍的である。相続人が自分の帝国封を維持するのに幼弱すぎる場合は、君主の摂政達が、その領土の完全なる管理を行なうこととなる。同様のことは、かつて帝国台帳、封台帳、領邦台帳に登録されていたすべての領地においても行なわれてきたのであるが、後見人管理期間の設定や、あるいは一定期間に限定した第三者による完全なる農場管理の根拠もそこにある。彼の土地や封、ないしは租税を負う農民農場を維持するのに、年齢、知力、理性、資力、善意、体力においてあまりにも弱体である者は、責任の有無にかかわらず恒久的に、あるいはその無能力が克服されない限り、扶持を取りあげられなければならないのである。

しかしわれわれはこのような明確な概念を、次のような事情によって自ら混乱させてしまった。われわれは一方で、農場領主と借地料負担者との間の契約をごく普通の、しかも時とともに世襲化された小作制と見なし、これをローマ法的に解釈した。他方で農場を取りあげるためには、犯罪やそれに類似したことを挙証するよう要求した。所有権法において姦通や姦淫が扱われていたことによって、このような措置をとるよう誘惑が生じえたのである。しかし反論不可能な理由によって証明しうるとおり、ローマ法によって小作制を説明することは誤りであるし、また農場を取りあげる根拠として犯罪をあげるのも明らかな誤解である。農場が取りあげられるのは、姦淫や姦通によってではない。むしろ犯罪の結果科せられた禁固、国外追放、重い罰金や体罰刑のような重負担こそが理由なのであり、これによって小作人は農場を維持することが不可能となる可能性があり、その結果として所有権法に従い、彼は農場から退去させられることになるのである。

私の考えでは、債権者が八年間の管理下におかれた農場経営に満足しようとしないならば、すぐにも小作人は下僕として債権者に委ねられるか、あるいは農民農場維持能力を欠く者として農場を取りあげられても当然である。また農場用動産にまで抵当が設定された場合は、それだけで即座に、彼がもはや農場に居座る能力をもたないことについての、自明の証明と見なされるべきである。最良の兵士であっても名誉の戦傷を受け、敵との交戦能力を失った場合には、戦列を離れるではないか。

われわれは、ドイツ法によって根拠づけられたこのような有益な厳格さを一方で導入しようとする場合、同時に他方で、もうひとつの必要不可欠の施策をも採用しておかなければならない。すなわちモーセは七年目にすべての賦役と貨幣の請求権を廃止したが、われわれもまた一二年目[10]には、以上の提案に基づき同じことを行なわなければならない。

農場を取りあげられた債務者に対して債権者は恒久的な請求権を有するという見解が、これまで採用されてきたのだが、領邦の諸法はこの点についてあまりにもローマ法に適合させられていたため、これら法律によってさえも、このような見解はこれまで優遇されたのであった。しかしこのような見解は、本来ローマ法的ではあるがラント法には則っておらず、明らかに後者の観点から制限を加えることが適当である。

もし債務者が死亡し、誰もその農民農場を引き継ごうと名乗りでなかったならば、債権者は得るところがなくともよしとしなければならない。そうであるのだから、債務者が一二年間の内に稼ぎ出せたすべてを債権者に差し出し、必要とあらばその下僕として仕えるが、しかる後にはあらゆる請求権から解き放たれ、完全な人格的自由を再獲得すべきであると、法律で規定できない理由などあるだろうか。社会の構成員たる者は生涯にわたって債権者の奴隷にとどまるべきではなく、このために理性や公正性、人間性、宗教、そして領邦の繁栄が、このような法律を求めているように思われるのである。もしこのような法律が土地保有者のために制定されたならば、債権者の同意が得られない場合でも、農場領主は一二年間の管理期間中に保有者の農場を貸し出し、その後、債権者からの個人的な追及を心配することなく、再度血縁者を農民農場に入居させてやり、優遇してやることもできるだろう。土地保有者は同じく債務者であっても商人とはまったく異なる。商人は多額の信用を利用し、彼の曖昧な資産状況について途方もない思いつきをした後、ひどい破産を起こす可能性がある。商人が折り合いをつけることができないならば、彼に債務返済を迫るため、いつまでも支払い請求を継続させうる。しかし賃租を負う農夫の土地と境遇には曖昧なところはなく、危険でもなければうさんくさくもないのだから、支払い請求がいつまでも続くのは不公正であるし、十分賢い態度ではない。人格的に自由な債務者については、自分の身柄や財産を債権者に委ねた場合には、確実な方法で救済がなされるが、しかし農場を退去させられた者に対しては、隠居取分の資格もまったく認められない。それ故一定の期間の後にすべての支払い請求より解放されることは、いわば土地保有者の権限ではなかろうか。債権者は、債務者の人格に対する請求権を長引かせることで、どのような利益があるといえるのか。無益な権利以外には何もありはしない。これに対して債務者は意気阻喪し、国家は勤勉な働き手を失うことになる。

だれでも以上の提案に対してさらに多くのことをあわせて考えることができるだろうが、私はこの問題にこれ以上とどまり、熱心に追加的説明を加えることはしない。ただそれでも私は最後になお、モーセの構想がもつ副次的利益についてだけは心にとどめておきたい。イスラエルの地所は七年目には、一斉に土地賃租や小作料より解放され、完全な公有地と見なされる。したがって土地所有者にとっては八年目には彼のすべての地所を完全に自由に小作に出すことができるのであるが、それは、これまでいた小作人がまだなお地所に留まり、彼がもっと良い経営をするからといいわけを言ったり、懇願、懇請によってこれまでどおりの小作料で、改めて地所を貸し出してくれるよう要求される場合よりも有利である。後者のような現象はちょうどヴェストファーレンで、小作人やホイアーマンが、他の人間よりも高い小作料を支払うまいとするのをわれわれが見聞きしているのと同じものである。いったいすべての土地賃租や小作契約を六年目で終了して改訂し更新し、小作人と地主に対してはそれぞれ正真正銘の本権訴訟や占有訴訟を認めて、ただし見込みのない留保権だけは破棄したとしても、どれだけの数の訴訟も防止されはしなかったのではないか。

『郷土愛の夢』第一巻第二三番、一七六八年（山崎訳）

＊　ブレンターノが、メーザーの領主制擁護の姿勢や農民土地保有権制限論を論じた際に、典拠とした論文である。ルヨ・ブレンターノ「プロシャ最近の農業改革の父ユストゥス・メーザー」、同著「プロシャの農民土地相続制度」我妻榮・四宮和夫共訳、有斐閣、一九五六年、所収。

（1）本作品が執筆されたのは一七六八年であるが、六五年にロシアではエカテリーナ二世が「帝立自由経済協会」を設立し、農民問題の解決策を求める論文を募集していた。さらに六八年に「新法典編纂委員会」が組織され、農民の貢租負担や土地所有権付与問題について論じられたが、七〇年に同委員会に与えられたエカテリーナ二世の勅諭では、土地所有権と人格権付与による農奴解放は領主の裁量に委ねてしまっていたし、委員たちも農奴解放を主張しなかった。増田冨壽『ロシア農村社会の近代化過程』御茶の水書房、一九六二年、第一二章を参照。

（2）本作品は、当時オスナブリュックで課題となっていた農奴の自由農化を念頭に執筆されている。ここで農民の自由な所有権の是非が提起されているのも、これと関係する。

（3）「民数記」第一章第一―三節、第一七―一九節。

（4）「出エジプト記」第二一章第一―六節、「申命記」第一五章第一―一八節。

（5）「民数記」第二六章第五二―五六節、第二七章第五―一一節、第三三章第五〇―五四節、第三六章第一―一三節。

（6）「レビ記」第二五章第三二―三四節、「ヨシュア記」第二一章第一―四二節。

（7）古代ローマの歴史において、平民の集団的退去としては紀元前四九四年、同四四九年、同二八七年のものが知られているが、前二者は伝説的な出来事であり、また債務問題がきっかけになったのは、一回目と三回目であったといわれる。ただしこの場合でも債務解放を勝ち得たわけではない。以上については共和政ローマ史の専門家、安井萠氏（岩手大学）のご教示による。

（8）一八世紀後半のオスナブリュックでは過剰債務に陥る農民が増大した。これらの農民のなかには、返済資金を得るために農場を細分して、零細小作地をホイアーリング［寄留民］に貸し出す者が増え、社会問題化していた。この点については、山崎による解説の「一　危機現象としてのアウスホイエルング」を参照。

（9）「出エジプト記」第二三章第一〇、一一節、「レビ記」第二五章第一―七節。

（10）八年間の農場管理期間と四年間の追加ホイアー契約期間を合わせた一二年間の最終年のことである。

六　古ザクセン人が人口増加に逆らった理由*

当今、一国の人口［の多さ］はその国の最も貴重な至福であると考えられている。そこで、われわれの祖先であるザクセン人たちが、最古の時代から人口増加に逆らい、若者たちを故郷にとどめないでむしろ移住と開拓のために異郷へ送り出したのはなぜか、その理由を考察することは、おそらく骨折りがいのある仕事であろう。無数の証拠からうかがわれるように、彼ら［古ザクセンの農民］の見解は明瞭であった。すなわち、彼らは自分たちの農場と世襲地とがすでにことごとく占有済みであると考え、自分たち以外に自由な共有地ケッター、ブリンクジッツァー、ホイアーロイテ［といった各種の農村下層民］、市民およびその他の新農民［新参者の下層農］が発生したり入植してくるのを許そうとはしなかったのである。彼らの子供が農場を相続できる見通しがない場合、あるいは下僕として奉仕するには気位が高過ぎる場合、こうした子供たちがこのように故郷から締め出されたことによって、異郷へと流出し、冒険の旅に出ざるをえなくなったことは、きわめてありそうなことである。しかしながら、彼らザクセン人がこのような［新参者に対して自分たちの土地を閉鎖しようという］見解を抱いた理由はそれほど定かではない。それを活き活きと思い浮かべるには、こうした古代人の一人を公的な集会に登場させ、新農民［新参の下層民］に反対して発言させるのが、一番良い。

彼はこう述べたことだろう。「親愛なる友人にして［共通の法のもとに生きる］法仲間の皆さん。われわれはこのマルクにおいて、名誉と財産とをもつ者として結びついてきました。われわれが約定した諸法律はこうした所有を基礎として成り立っているのです。最高の罰はこの所有の剥奪であり、軽度の違反は財産の一部の没収によって罰せられます。だが自由な新農民をどう取り扱えばいいのでしょうか。なにしろ彼らときたら、犯罪を犯してもそのみすぼらしい掘立て小屋と小さな庭畑あるいは一と二分の一シェッフェルの種子を撒くだけの［狭小な］耕地を放棄して、逃亡すればそれで済むのですから。われわれは皆完全農場をもっているので、その農場とともに身分並びに仲間内での名誉を失い、逃亡者の身となり、子供たちともども、どこへ行っても下僕となるかあるいはもっと劣悪な運命を受け入れるしかなくなるという事態を怖れて、法律を破らないよう充分に注意するのです。われわれは皆、財産のすべてあるいは半分を賭けてまで、隣人を殺害したりしようとはしないでしょう。だが失うべきものを何一つあるいはわずかしかもたない新農民について、同様のことをどうして期待できるでしょうか。彼らが罪を犯した際に、彼らの惨めな人生を取りあげる［死刑にする］かあるいは鞭打ちの刑に処することによって、改善が成し遂げられるでしょうか。そうした刑罰を受けている人々をわれわれの法仲間として承認し、われわれの集会に招き入れ、容易に予見しうるように彼らがイナゴのように増殖した場合、その軽率な多数決によって国家やわれわれの安寧が左右されるのを許すことができるでしょうか。彼らは権力者に庇護されるならば、保護主に気に入られようとして、時とともに次第にわれわれを裏切り、抑圧するようになるのではないでしょうか。彼らはやがて巨大な群集となり、まったく新しい立法を要求するようになるのではないでしょうか。このような放埒な烏合の衆は体刑や死刑によらないで統治しうるものでしょうか。そしてそのようなやり方によって統治する保護主は、やがて強力になり過ぎ、やがてわれわれの支配者となり、ついには暴君となるのではないでしょうか。なぜわれわれはそのような人々がわれわれのマルクに入植するのを許さねばならないのでしょうか。戦時には彼らはわれわれに役立ちません。彼らはその居住するみすぼらしい小屋で生計を立てるのが精一杯で、武器を用意することなどできません。そしてまたわれわれのほうも、惨めな掘立て小屋をしか彼らに許さなかったような国家に対して献身することを、彼らに要求するのは公正ではありません。それゆえ、これらの害虫を駆除しましょう。彼らが下僕として奉公したいのであれば、その犯した犯罪について責任を取り、彼らに代わって罰金を支払う用意のある人が彼らを雇用すればいいでしょう。下僕は永久死手権しかもちません［相続権がなく、死後遺産を没収される］。彼らはけっして争うことができず、何物かを取得することができず、時効にかけることができず、したがってわれわれに危害を与えることがありえないのです。たとえ彼らがお恵みで共同放牧地に家畜を一頭放牧することを許されているとしても、彼らの身分はそもそもその権能と矛盾しています。したがってわれわれはその権能の拡張を確実に阻止できるのです。だが［下僕と異なり］自由な新農民は事物を取得することができます。彼らは共有地利用権を保持することができます。彼らは事物を次から次へと、わがもの顔に取得することができます。彼らはこっそりとあるいはおおっぴらに、われわれの放牧地や森林を共同利用することになるに違いありません。もしわれわれがわれわれの放牧地においても森の狩場においても、彼らに対して常に警戒を怠らず、追跡し、抑制しようとしなければ、彼らは畜群のように群れ集い、自分たちの周りに壁を築き上げ、われわれを大混乱に陥れるでしょう。もしこれら新農民の誰かが隣国へ行って犯罪を犯した場合、隣国民はなんというでしょうか。彼らはわれわれに対して、こうむった損害を応分に賠償すること[原註1]を要求するのではないでしょうか。だが新農民がわれわれの国で農場をもたないなら、われわれは賠償金をどこから調達すればいいのでしょうか。われわれが自己の財産から支払うべきでしょうか。それともわれわれが一切の用心を捨てて、角で突く不従順な家畜ともいうべき危険な人々のわが国での居住を容認することで、隣国人たちは満足するでしょうか」。

　ザクセン人の自由の精神を知り、また彼らがそれを維持してきた手段を注意深く跡づけた者は誰でも、右の議論の正しさを疑い得ないであろう。そして多少なりとも彼らの立場に立ってみるならば、われわれもまさしく同様に考えるであろう。例えば何人かの男女の親友とともに荒地の地方へ移住し、小さな国家をそこに建設するものと想像してみればいい。われわれは誰も容易に体刑や死刑に処せられはしないであろう。友人に対し他の人を殺す絞刑吏[原註2]になれなどと強要する者は誰もいないであろう。それゆえわれわれは、他人に対して罪を犯した者は償いをするか、それともあらゆる利益や用益権を剥奪され、被害者の復讐に委ねられるかしなければならない、ということを第一の原則とするであろう。だがわれわれがこの原則から出発するや否や、いつ逃亡するかわからない「郷土愛のない」非定住民の居住を許すことができなくなるであろう。損害をも利益をもわれわれとともにし、その持ち分の喪失によって充分に罰することの可能でないような者を、われわれは同胞として受け入れないであろう。このような構想が最古の国制に見出されるのであり、逆に国家を今日のような仕方で建設することの基礎には、すでにまったく異なった思考様式が存在するのである。

体刑および死刑は放浪民あるいは混住人口のもとで普及した。それは当初は下僕に対してのみ実施された。同一身分の者からなる社会は、まず臣民各層の混住する社会へと変貌を遂げねばならず、その後に初めて、彼らに対して鞭打ちの刑や拷問をあえて宣告することができたのである。

混住人口ははじめ、強力な君主の保護の下で成長を開始した。君主たちは貧民保護を敢行したのであり、すべての都市市民、ホイアーロイテ、すべての零細な間借り人が貧民であると理解された。ヒエンやホーデンおよびあらゆる種類の聖堂庇護民や神聖庇護民が、新農民の保護のために考え出された。彼らは個々ばらばらではきわめて不安定な存在であったが、寄せ集められて大きな団体となり、一体となって安全を確保するにいたった。そしてやがて、庇護者の助けを借りて大きな都市が成立し、それによって土地所有者の名誉ある諸原則がついにはまったく曖昧にされていった。以前、下僕は数が多く、下僕に身を落すことを良しとせぬものの、必要な相続地を所有することのできなかった者は、やむを得ず流出し、新しい土地を開墾しなければならなかった。最初の人類がますます相互に分離することを余儀なくされ、大いなる創造主の意図に従って全世界に広がっていった事情のひとつがこれである。

まだ新農民を受け入れていなかった二〇〇年前には、ヴェストファーレンの下僕の数はきわめて多かった。(原註3) 領地を所有するある貴族は下僕を合計すると何百人も召し抱えていた。彼らは自己の自由を求めず、ご主人様のもとにそのようにして留まっていたのである。だがその後新農民が普及し、たくさんの居住用の小屋が建てられた。そしてそれに伴い、農場を相続できない子供は皆、自由を買い取り、自分の力で定住している。以前には二軒めの隠居所を建てた者は、そこへ入居していた者が死亡した際には、それを取り壊すことを義務づけられていた。いまではわれわれはそのような厳格さを失い、人と金との要求に従って、国家も人間観もまったく変わってしまったのである。

『郷土愛の夢』第一巻第四二番、一七六九年（肥前訳）

＊　作品八とともに、メーザーの寄留民批判論の代表作。名誉と財産とをもつ農民のみからなり立っていた古ザクセン時代の国制が理想化され、それとの対比でその後の寄留民の増加にともなう市民社会の頽廃（＝混住社会の弊害）に対して警鐘が鳴らされている。

（原註1）　いにしえの諸国民はみな、周知の殺人賠償金を用いて、一種のカルテルを形成し、それによって相互に損害の賠償をし、捕虜を解放した。

（原註2）　最初の市民社会では、絞刑吏を見つけるのが難しかったにちがいない。そうした者は実際いなかった。世襲職としての絞刑吏は新しいのである。そうした場合には最良の打開策は、ユダヤ人の投石処刑であった。犯罪者は引き立てられ、仲間である市民各自が頭に向かって石を投げた。もともと、自分の身体以外に見るべき財産をもたなかった人々は、やむを得ず死刑に処せられるしかなかった。そして、選ばれた方法として、各自が投石によって犯人処刑に応分に参加しなければならないというのは、まことに優れたやり方であった。市民が告発手続きにしか関わらなかったら、原告は被告に向かって最初の石を投げねばならない場合のように、判決の正しさに確信を抱く人物である必要は必ずしもなかったであろう。というのも、熟慮の末に無実の者の頭蓋骨を石で打ち割る者は、市民にあるまじき極悪人であったにちがいないのだから。

（原註3）　それゆえ、様々な旧い家政簿にはまだ「放浪者」という欄があり、農場に定住していない体僕のことを指していた。いまではこの欄はもはや存在しない。

七　由々しき穀物不足の際に火酒蒸留を停止するための、クライス連合の構想*

すでに何度も指摘されてきたが、［帝国を構成する］ヴェストファーレン・クライスに属する帝国等族たちが特定の行政（ポリツァイ）諸施策に関して相互に連合するとともに、必要に応じて、隣接するニーダーザクセン・クライスともこのために相互通信を取り合うならば、きわめて有益であろう。古い帝国諸法はこうしたことをきわめて真剣に推奨しているし、その必要性からしてもそれが求められるのは明らかであるから、なぜもっと真剣かつ熱心にそうした必要不可欠の事柄が考えられなかったのかと人々があきれるのも当然である。台頭する複数の領邦高権がそうした施策をねたむような時代は、過ぎ去った。どの帝国等族もいまや自分の領邦（ラント）において内実の伴った完全な主君となっているから、自由意志でクライス仲間たちと協定することによって自分の完全な権力がいくらか制限されてしまうとしても、それを自分の不甲斐なさによる共同の帝国制度とその上長［皇帝］[1]とに対する新たな服従と見なされるとして恐れる必要などないのである。それゆえ、同一クライス内の帝国等族たちが特定の事柄に関してより親密に連合することもなく、共通する悪弊に共通の諸力でもって対処することもないといった状態を正当化する根拠などどこにもない。

昨今の不作とそれに伴う由々しき穀物不足ほど、そうした連合をこの時点でいっそう推進すべき事由はないように思われる。クライス等族には、単独ではこの場合に自らを救い出す能力がない。ある等族が火酒蒸留を禁止しようとしても、別の等族はそれを許可するのであり、しかも利益のひとりじめを狙ってそうする。複数の小国が複数の正真正銘の国境で分かたれており、ある国のある定住者に対して火酒が半プフェニヒだけ値上げされるやいなや、その定住者はそうした国境を越えて、より安く飲めるところに行くし、パン用穀物を持ち出して外国で蒸留器に入れてしまう。ある等族が輸出を禁止しようと試みても、別の等族が近隣の等族たちを誘惑して、こっそりと彼らの産物を自分のところにもってこさせる。ある教区の立法者がうまく言い抜けをすると、別の教区の立法者はその立法者のやり方を窺い知るのであり、結局のところ、それを知らないことが彼らみんなをせきたてるのである。

しかし、すべてのこうした不都合と裏切り行為のたぐいは、クライス内の隣り合う諸邦が共通の諸施策について折り合いをつけ、すべての火酒鍋を封印し、そして輸入と輸出について互いに了解し合って、すべての密輸を執拗に防止するならば、なくなるであろう。そうする場合にのみ、臣民の幸福のために目を光らせる諸官庁の配慮は、その意図を達成することができる。すなわち、［身内で］ダンスを禁止する人たちが近隣でダンスする者どもを優遇する結果に終わっているにすぎない現状を、克服することができるのである。

よりいっそう望ましいのは、一国がその余っているものによって別の国の不足しているものを補おうとするような連合が実を結ぶ場合であろう。穀物商人は、穀物不足からほど遠いときもブレーメンに向かい、そこで価格をつり上げておいて、本当にクライス内に欠乏があるかどうかまだはっきりさせることなく、不足が差し迫っていると叫ぶものだ。クライス等族たちが親密で確実な相互通信によって実際の欠乏と貯蔵との状態をそのつど見極めることができるならば、このようなことを恐れる必要などまったくないであろう。穀物は豊富だが荷車が不足するような遠隔の等族に力を貸したり、自ら手助けしたりすることができるであろう。クライス内において車両を互いに協定価格で提供しあい、手に手をとって助けあって、域内の諸部分すべてが利益を見出す方式によって、流通を促進することができるであろう。それどころか、最大の余剰を有するような等族に対してはクライス全体のために火酒蒸留を認めることも可能であろうし、また申し合わせた期間内にもっぱらこの等族からのみ火酒を得て、相互に役立ち合うように連合することも可能であろう。

実効のあがるように事を運ぼうと思うなら、クライス全体に同一形式の火酒消費税を導入することが最も簡単であろう。なにしろ現在、ある等族が飲酒税によって共同の支出をまかなおうとしても、臣民たちが国境の向こう側へ行って、そこで無税のグラスを飲み干すのを促すだけに終わっているのだから。すべての税務官吏は一致して、危急の全般的困窮の場合におけるこの飲酒税による課税ほど公正なものはない、と言う。前世紀のラント等族たちは、火酒の飲酒量の増大に対して聖職者以上に反対して、価格のつり上げによってこの弊害を食い止めることを躍起になって請い求めた。イギリス人とフランス人がわれわれの諸地域を憎んだのは、火酒がこちらで安すぎて、その低価格が兵士たちを暴飲へと誘惑したからである。そうであれば、クライス内のそうした連合が有益でも必要でもないはずがないではないか。とりわけ勤勉な［火酒を飲まない］臣民は別の品目の税金が軽減されるであろうに。逆に、火酒は特定の人たちにとって必需品となっているといった言い訳は、もっともであると見なされうるだろうか。というのも、三〇〇年前には農村ではまだ火酒はまったく蒸留されておらず、都市の上流階級のみがノルトハウゼン産火酒とクヴェトリンブルク産火酒を楽しんでいたが、農民はライ麦黒パンとビールで勤勉に働いていたからである。多量の蒸留毒物〔火酒〕がある現在よりも勤勉でなかった、ということはないだろう。

こうした――またそれに類似した――良き意図が次のような事情によって大いに阻まれていることは、疑う余地がない。すなわち、ヴェストファーレンのクライス大使はケルンの町に滞在しているが、クライスの真の必要性については何も経験せず、またそうした諸施策についてまったくかかわろうとしないのである。しかし、われわれがケルンの町になおしがみついていることにこそ問題がある。というのも、その町は、ただフランスとの戦争ゆえにクライス都市に選ばれたけれども、対フランスの帝国戦争が終了して久しい現在では、すべての良き意図にもとる場所だからである。オスナブリュックは、クライスの首都にふさわしい場所である。すべての真ん中に位置するので、ニーダーザクセンのクライスと相互通信するにも好都合であるし、常にブレーメンとオランダの市場を見すえることができ、したがってそれにあわせて諸方策を講ずることができる。したがって、人はここオスナブリュックにおいてこそ、クライスのすべての火酒鍋を一年間封印すべく連合すべきであろうし、それによって他の様々な事柄についての良き相互通信の基礎をすえるべきであろう。

『郷土愛の夢』第一巻第六四番、一七七〇年（原田訳）

＊　経済的な協同関係として帝国クライスを捉えるメーザーの思想が示されている論文。F・リストの関税同盟論の先駆

としての性格を有する（付論三、第五節、とくに原註4参照）。穀物不足の際に火酒蒸留のための穀物費消を禁止すべしという主張は——経済的自由主義ではなく——むしろモラル・エコノミー的であると言える（モラル・エコノミーについて、I・ホント、M・イグナティエフ「『国富論』における必要と正義——序論」、同編著、水田洋・杉山忠平監訳『富と徳』未来社、一九九〇年、第三節、参照）。

（1）「上長」の原語は"Oberhaupt"であり、ロッシャーはこの箇所を「皇帝と帝国に対する新たな服従」と言い換えている。付論三、第五節の末尾を参照。

八　寄留民の人口増加が立法に及ぼす影響について＊

人口の大規模化が一国の風習に及ぼす影響は巨大である。行政（ポリツァイ）法は風習の変化につれて変化しなければならないがゆえに、立法者はそのことに注意してしかるべきである。生え抜きの農場定住農民とそれ以外にはたかだか例えば隠居が存在するのみであり（原註）、その結果各自がみな農耕によって静かに充足して生活しているような国にあっては、隣人同士はあらゆる相互の義務を喜んで負う。みなが隣人に対して共感する心をもち、もてなし好きで、利己心をもたない。それというのも、不幸はいつ誰を襲うか分からず、五〇年も経つうちには隣人に与えた奉仕、友情、援助はやがて、巡り巡って、その隣人から自分自身へと与え返されるのが常であるからである。結婚式、幼児洗礼式、葬式がこの五〇年のうちにどの家にも起こるが、予期できなかった困難が発生した場合を除き、誰もが隣人に助けを求めたりしない。それというのも、誰もがその必要とするものを自ら調達して所有しているからである。この国には畑泥棒も森林泥棒も庭泥棒もおらず、ましてや強盗などはいない。自分自身の農場と名誉ある姓名とをもつ者なら誰でも、そのような危な過ぎることをしでかしたりしないし、そもそも盗もうという誘惑に駆られることがないのだが、それは彼が必要なものはすべて持ち合わせているからである。そのような国民の子供たちは悪い子供たちと交わらない。彼らは農場定住農民である両親から訓育され模範を示されることによって、労働と規律とを身につける。そのような国には勤勉と規律と道徳とが定着しており、いにしえのドイツ人は、風習の純良さを維持し自由と規律とを相互に結びつけるためには、〔農村下層民である〕ホイアーロイテをけっして容認せずもっぱら農場定住農民である国民だけから成り立つような、小さな国家を形成することが最良の策であるとした、といえる。そのような国制にあっては、法律も刑罰もほとんど必要がない。小さな国家は威厳ある司教座聖堂参事会（カピーテル）に似ている。すべてのメンバーが自己と同僚とを尊敬する。そこでは義務を果たさせるのに懲役刑の脅しをもってするというようなことはなく、教会禄（プレベンデ）の確定的な喪失あるいは集会からの追放が最も重くまたつらい刑なのである。北欧諸国民がその道徳心についての大きな名声を大部分、彼らのこの制度に負っていることは確実である。そして彼らが大規模に移動したのはおそらく、人口増加の結果であるよりはむしろかの国制の結果なのであって、それによれば農場の相続者とその連れ合いとなるべき隣人の娘のみが郷里に留まることができたが、その他の者は五年か一〇年に一度、蜂のように他国へ群がって移動させられねばならなかったのである。それというのも、彼らは都市や寄留民としての間借り居住を容認せず、募兵ということを知らず、航海を知らなかったので、それらの経路を通じて子供たちの一部を排出することができなかったからである。沿海地方の居住民の一部だけが群れをなして海賊になったが、これも他の人たちが内陸を群れて移動したのと同じ原因によっていた。要するに、彼らもまた内陸での寄留民居住を容認されず、せいぜい岸辺に小屋を建てるのを認められるにとどまったからである。

都市や村落［散居定住でない集村］やホイアーロイテを通ずる激しい人口増加が是認されるや否や、道徳や風習や行政（ポリツァイ）にとっての上述のすべての大きな利点は消滅する。そうした卑小な寄留民たちは充分な木材をもたず、充分な耕地をもっていないので、困窮に陥りやすく、また不足する物を手に入れるために盗みを働いたり物乞いをしたりする誘惑にかられやすい。このように多数の卑しく危険な人々に対しては、もてなし好きの心も、少数の農場定住農民である隣人に対してのようには、豊かに働きようがない。これらの人々は結婚式、幼児洗礼式、葬式に際しても、隣人としての援助を充分受けられない。生え抜きの農場定住農民のように子供を勤勉で正直な者に育てることは、彼らには望むべくもない。困窮している彼らを助けても、自分たち自身が困窮に陥ったときに、彼らがお返しに助けてくれるわけではない。そして吝嗇、不信、不安が最も良き心情をもつ人々の心にさえ忍び込み、その心は異質の人々の群れに対してはもはや、高貴な隣人に対してのように開かれることはありえなくなるのである。それというのも、後者は援助を無にすることはけっしてなく、得た援助に対してお返しの援助によって償うことが常にできるからである。立法全体が変化する。いまや、教会禄の喪失を怖れて秩序を保つことができ、集会からの追放を最もつらい刑罰であると考えるような、同一身分のメンバーから成り立つ、威厳ある司教座聖堂参事会は、もはや存在しない。いまや国民は［郷土愛のない］流浪の民と混ざり合う。そしてこの流浪の民たるや、国外追放処分などをものともしないので、絞首刑や車裂きの刑によって馴致しなければならず、そうまでしてもなお、自分の手で労働して調達することのできないものを盗みや物乞いによって手に入れようとする根強い誘惑に、どこまでも駆られ続けている人々なのである。ホイアーロイテのある者が貨幣のかたちで富を蓄積して上昇する場合があるが、そのような場合に、もし立法者が農場定住農民と流浪の民とを同等に扱うならば、彼は異種の人間を混合させているのである。そしてまた結局のところ、誤った哲学からすべての人間に同一の威厳と同一の権利とを見出すならば、さらに立法者が、全員が平等である神の前の人間をこれとは別の関係の下にある人間と混同し、こうして恥辱刑や体刑さらには死刑をもっていたるところに刑罰を強化するならば、名誉、道徳、良俗の観念が失われるであろう。それまで法律を必要とせず、誘惑や困窮に陥ることなく自足しつつ平穏無事に生活し、体刑や死刑など考えるだけで耐えがたく思ってきた、偉大で高貴な国民は、善人と悪人とがごっちゃに入り混じった群集に転化する。そしてこの群集はいまや、非定住の寄留民が貨幣や名誉や業績を獲得すればするほど、ますます専制的にしか扱いえなくなってしまう。ローマの地に居住する者すべてに市民権が与えられねばならないとするならば、ローマ市民であることの利点はもはや存在しない。領邦臣民の名の下に、貴族、世襲農場定住農民、聖蝋燭税支払い庇護民、世襲小作人、ホイアーロイテが混同され、この異質な群集に対してまったく同一の法しか適用されえない場合も、同様である。こうして、普遍的に妥当する法典を編纂する哲学者やそうした法典の導入を望む支配者が現れる。そして人間の権利が最も広範に拡張された国家、あるいは真実を明らかにするためにあからさまに言うならば、国土の居住者すべてがその始原的な団体以来のすべての尊厳を奪われ、統治者だけがそれだけますます高められるような国家が、賛美されるようになる。

ところで、もとよりこのような考察は、住民の混交がきわめて甚だしくなり、また思考様式、哲学、宗教、立法および政治的利害がその状態に合わせて形作られているような時代［である現代］には、もちろん直接的には何の役にも立たない。けれども、それにもかかわらず、そうした考察をやめるわけにはいかない。けだし、そうした考察は国制の自然史に関わるものであるがゆえに、多くの点でわれわれの真の利益を明らかにしうるからであり、また普遍的に妥当する法典という支配的な時流に対して正当な不信をさしはさむことを可能にするからである。人口増加に由来する風習や思考様式の変化に注意を促し、行政（ポリツァイ）法令をそれにあわせて整備するためには、とりわけそのような考察が有益である。

この問題にこれ以上立ち入ることは、この小論の意図するところではない。とはいえ、人口増加につれて必要となる行政（ポリツァイ）機構の改革について提案してみたい。その要点は以下の通りである。

各教区に七名の宣誓した農場定住農民を任命もしくは選任する。

そしてあれこれのホイアーリングのその教区での居住を許すか否かの判断を彼らに委ねる。

しばしば、それもきわめてしばしば、ホイアーマンは周囲から、悪いことをしているにちがいないという目で見られる。彼がどのように燃料用木材を購入し消費しているか、その収入と支出はどうなっているか、その播種と収穫はどうかと、ひとはひそかに胸算用してみる。そして何とか生活しているからには、泥棒を働いているにちがいないと確信する。すべての所帯主が同じ意見である。だが良き所帯主なら、彼を訴えて裁判所に充分な証拠を提出する責任を引き受けたり、ましてや名誉毀損で訴えられたり、貧民救済法の様々な帰結に身をさらしたりはしない。そうはしないで、彼は沈黙し、その悪い男を黙認してしまう。それというのも、あれやこれやの仕返しを受けるかもしれないからである。

この弊害を除去するには、上述のような機関が最も簡便な手段である。あるいは、もしこのような機関が意図に添わないというのであれば、すべての農場農民からなる集会を開き、白玉と黒玉とによる票決によって、非定住の人物の教区からの追放について決定するというやり方をとっても良い。非定住の人物はすべて、裁判所において窃盗の初犯のゆえに有罪とされた時点でただちに、右の決定に服するということを、原則とするべきである。この原則が必要なのは、それがないと誰も特定のホイアーマンの名をあげて、彼をそのような審査にかけるよう提案する勇気をもたないからである。またひとたび窃盗の証拠を挙げられ有罪とされたホイアーマンは、そうした不名誉な審査を自ら甘受しなければならない。

そのようなことをしたら正義が損なわれるのであり、誰に対してであれ追放処分のためには教区あるいは国の正規の法が必要とされる、と考える人がおそらくいるであろう。だがまさしくそうした考えにこそ、われわれの無理解、すなわち、農場定住農民である臣民あるいは国家の始原的な契約当事者に対してはかの流浪の民に対するのとはまったく別の法が適用されるということをわれわれが見損なっている、ということが露呈しているのである。農場定住農民からその財産や自由をほんの少しでも奪うためには、充分にして完全な審査が絶対に必要である。これに対して、居住を許され受け入れられたよそ者にはそれを求める権利がない。大都会の小路で乞食が見つかったとしよう。彼はどのような大小の不幸の果てにそのような状態に陥ったかを審査されることなく、労役救貧院（ワークハウス）へと送られる。また戦時には平時に比べて裁判がはるかに簡略化される。それどころか、戦況が急を告げるところしばしば、兵士の生死に関わる判決とその場での執行とを全権委任者である憲兵隊長に委ねさえするのである。そうしたやり方の基礎をなす原則はきわめて正当なものであるが、それと同様に、ホイアーロイテの流入による人口増加のもとではかの機関の原則も正当なものであり、ホイアーマンも、あらかじめ周知された法律の遵守を義務づけられている兵士と同様、苦情を述べることができない。

いにしえのドイツ人はすべてのよそ者を下僕として扱った。近年のドイツ人がこのやり方を野蛮だというなら、彼は単に自己の無知を暴露しているにすぎない。下僕とは、立法権力にも課税同意にも関わるところがなく、また同じ身分の者による裁判を要求することができない者を指す。このような観念に照らせば、今日もなおすべてのよそ者は下僕なのである。彼らは国の現行法の作成に参加しなかったにもかかわらず、それを尊重しなければならない。すべてのよそ者に対して、その承諾を得ることなく課される租税を、彼らは納入しなければならない。彼らはその国の法律によって任命された裁判官によって裁かれるのであり、自分たちの同国人である外部の裁判官の裁きを求めることは許されていない。国家における農場定住農民の立場はまったく異なる。農場定住農民はかの古来の権利をこんにちなお享受しているか、あるいは代議機関をもっているが、この代議機関は彼に対して自然権として与えられかつ国制に従ったものである。そしてその帰結はこんにちでは古ドイツ人の場合ほど重大でないとはいえ、農場定住農民とホイアーロイテとはけっして同一の法と形式とに服する者ではないということからして、前者が国家のなかで後者とはまったく異なる立場にあることの根拠は明瞭である。

刑法の発動によって農場定住農民に規律を守らせるのに何百ターラーかを要するのに対して、ホイアーロイテの場合はしばしば何千ターラーをも要することがますます明瞭であるだけに、このことはそれだけ一層、立ち入った考察をする値打ちがある。今や司法制度全体が大部分、農場定住農民の負担によって支えられている。それが租税、手数料、罰金のいずれから調達されるにせよ。これらすべてを、ホイアーマンはほとんどまったく負担していない。農場定住農民が体刑の屈辱を受けるよりは何百ターラーを支払ってでも罰金刑を選ぶのに対して、ホイアーマンは罰金刑よりもむしろ体刑を選ぶ。いったい、ある国の非定住民はどのようなもっともらしい理由を設けて、正義の偉大な泉は農場定住農民に対してと同様に自分たちにも湧き出すべきであると要求することができるのであろうか？　彼らを国家もしくは神の下僕として扱い、農場定住農民に対するのとは異なる法の下に置くという、われわれの祖先の原則へと、なぜわれわれは回帰しないのであるか？　たとえ宗教がどれほどキリスト者を高貴にし、人権がどのように称揚されようとも、全権委任者の前では宗教も人権も共に無力である。法とは何かを決定するのは、端的に軍隊並びに国家の要請なのである。

したがって、定住民の追放の決定をではなく、非定住でしかも疑わしいかあるいは危険な人物の追放の決定を任務とするような教区機関は、けっしてそれほど形式に反する不正なものではないのである。その際、宗教や人間愛は、この追放が法律や形式によって導かれたりあるいは妨げられたりする場合よりも、むしろより強い効果を示すであろう。そして、半年に一回、すべての教区において、良く準備された説教が行なわれ、その後に嫌疑をかけられたホイアーロイテについて判決がなされ、決定を受けたすべての者に半年間の外部移住準備期間が認められるとするならば、そのような機関について正当な論難を加えうるような人がいると私は思わない。

この機関が危険な人々を単にある教区から他の教区へ追放したり、あるいは国境の彼方へと追放するに過ぎず、彼らは移住先でまたおそらくもっと悪質な泥棒を働くであろう［だから無意味だ］などと考えないでほしい。そもそも、そのようにしてある教区から追放されてきた者を、隣接する教区は受け入れないであろう。他の諸地方でも、同様の機関の良き成果を認識し次第、そうしたものを設けることが望まれるのである。それはどう低く見積もっても、われわれの現在の制度よりははるかに優れているように、私には思われる。現在のわれわれの制度では、万人周知の最も危険な人物でも、形式を踏み、煩瑣で費用のかかる刑事訴訟を経なければ、追放することができないのである。

総じて人口増加とともに、はるかに詳細な立法と法の遅滞なき執行とが要請されるようになる。(1)堕落していない人間にとって、農耕ほど自然の刺激と魅力とに富んだ労働はない。農耕労働はつらいものだが、楽しいものでもあり、また勤労の成果はおのずと維持されるのである。農民には労働しなくてもおのずと育つものが多々ある。季節が巡るにつれて、重労働と軽労働とが入れ替わり、その循環は大部分が外的な強制なしにその歩みを進める。とりわけ、土地が豊かですべてを事細かに測定する必要のないところではそうである。普通の手工業とそれによって生活しなければならない者の場合には、事情がまったく異なる。ちなみに、ここでは工芸について語っているのではない。手工業でははるかに大きな労力が要求される。その労働は農耕労働ほど楽しいものではない。手工業者には労働なしにおのずと生まれるものなどなく、糸紡ぎで生計を立てようとする者は、紡ぎ車での労働の時々刻々に注意しなければならない。そのようなこせこせした勤労には、必ずしもすべての人が生来適しているとは限らない。勤勉な人でも、たえず奴隷のように働き続けると、おそらく手を抜くであろうし、怠け者なら強盗や窃盗を働くようになる。そうした手工業者の大群に労働規律を守らせて、成功に導くためには、立法者はいわば鞭をもって臨まねばならない。彼は大群のなかの乞食をワークハウスに入れるといって脅かさねばならない。彼は慈善を禁止しなければならない。彼はこれらの大衆を、従来土地所有者を見てきたのとはまったく違った尺度で捉えねばならない。人口が少なかった時代には正しいこととされたように、一人の無実の者を救済するために、一〇人の有罪の者を許してはならず、大きな最終目的のためには大きな犠牲を払わねばならない。

巨大人口は手工業者によっては、一〇万人のうちの五万人をも犠牲にすることなしには維持しえないとしても、それでもなお、この犠牲に耐えて五万人の勤勉な手工業者によってその最終目的を達成しているような国は、窃盗や乞食に対する恐れからホイアーロイテをもはやまったく容認しないような「ホイアーロイテの充満した」国よりも、偉大であり幸せである。イギリス人は先の戦争(2)で一三万五〇〇〇人の水兵や陸戦隊員を犠牲としたが、そのうち会戦あるいは負傷によって死亡したのは約一七〇〇人に過ぎず、その他の多数者は船のなかで船病の餌食になって病死したのであった。陸軍についても、おそらく同様の計算ができるであろう。だがもし一人の人を無傷で向こう岸へと渡らせるために、そのつど一〇〇人の人を乗船させなければならないとしたら、どうであろうか。それにもかかわらず、上述の事情にあっては、事態はほぼこの通りなのである。増大した人口は手工業者によっては、その半数を飢餓や困窮の鞭によって死滅せしめることなしには、とうてい維持されえないであろう。

一万戸の農家と二〇万人のホイアーロイテからなる国家は、すべての貧民と病人とを平等なやり方で救済することができない。私の知っているある教区では、人口増加のため教会の新設、三人の聖職者、六人の教師、八人の助産婦、二人の外科医、四軒の救貧院、二軒の病院、四人の管財人の増員ないし増設などが必要となった。これら施設の維持費を調べてみると、費用の一〇分の九が農場定住農民によって負担されている。これらの農場定住農民たちは同情や信仰心やより大きな害悪を予防しようとする心から、これらの負担を自発的に引き受けているのである。その際、彼らがその地所や収穫物の価格を吊り上げることで一面では利得してもいることは確かである。多くの場合、彼らはより手厚い援助を受けることができるのも確かである。彼らの重荷もある程度までは償われていることも認めても良い。だが大衆が怠惰になり、困窮の洪水がダムを突破して、手工業者の生計全体が教区の隣人愛にのしかかるようになったら、教区は恐ろしい困難に陥るのではなかろうか？　上級行政は一年の不作には良く対処するであろう。二年目の不作にも良かれ悪しかれ耐え抜くであろう。だが無気力で怠惰で恥知らずな大衆が、乞食や窃盗を真っ当な非常手段であると考え始めた場合には、彼らは数年のうちに土地所有者を疲弊させるであろう。土地所有者が心を鬼にして、何百人をやむを得ず処罰し、多数を窮死せしめるにいたらなければ。

正当な土地所有者が多数のよそ者と混在していない場合には、このような事態にはなりにくいであろう。土地所有者は、自由に、かつあらゆる慈善の甘ったるい普及の危険なしに、身を処することが可能となる。そして彼らは、自分たちが各種の慈善によって怠惰と乞食心を増大させるのではないかと怖れないですむ。

多くの地方で退廃し衰退した現在の農民身分を、新たな規律を導入することなしに、いつの日にか勤勉と秩序へと連れ戻せるのかどうかは、大問題である。以前にはそれが実現されていた。そして上級貴族はその起源を世襲の地方隊長に負っているのである。彼は規律の維持を任務としていた。そしてすべてがなお純粋の意図の目指したところに添って実行されていた間は、隊員であって暴飲にふけった農民やあるいはすべての劣悪で怠慢な経営者は、直ちに地方隊から追放されるかあるいは別の方法で懲罰されることができた。そのようなやり方が土地所有者の間で良き風習と秩序とを生むのに有効であったとすれば、それは非定住民に対してはその何倍も適切であるだろう。何しろ彼らははるかに大きな困窮と誘惑とに耐えており、美徳を身に着ける力や刺激に乏しく、真の土地所有者である国家市民と比べて、名誉の点でも財産の点でも失うものを持たないのであるから。彼らを勤勉ならしめるためには抑圧しなければならないというのは、しばしば悪用される原則である。だがその原則のなかには真実も含まれているのであって、困窮は最善の教師であり、手工業者において常に見られるように、慈善が新たな怠け者を生む場合、困窮を緩和してやるのは誤りであるというのは、どこまでも真実なのである。困窮の力は法律よりも強い。火災に際しては、自宅を助けるために隣家を取り壊すものである。だがこの助けを得ようとして放火する悪党に災いあれ。勤勉を覚醒しようとして故意に困窮を作り出す悪党に災いあれ。

父親が犯した罪を責任のない母親や子供に償わせるのは、もちろんひどいことであり、われわれは特別の人間愛から、多少なりともこのような事態を招きかねない旧い法律をほとんどすべて緩和してきた。だが二〇人の非定住民の父親が刑務所に入所している際に、父親なしには生活していけない二〇人の母親と一〇〇人の子供たちの扶養を教区あるいは国家に負担させることも、極めてひどいことである。ここでもまた、人口増加と共に厳しさが要請されるようになる。人口増加と共に、国家の治安を乱した父親と共に母親と子供をも国外に退去させることが要請されるようになる。たとえそのことが直接の原因となって、彼らが悲惨のうちに死滅しようともである。これはやむをえない犠牲であって、宗教と人間愛がいつの時代にもおのずからこれを緩和しようとするであろうが、それでも立法者の視野と立法機関には、国外退去という措置の正当性が認識されていなければならないのである。人口が増加すればするほど、立法者はますます厳格にその意図を遂行しなければならない。彼は同情心や人間愛に駆られてかの機関に負担をかけてはならず、機関が自己の感覚に基づいて行動する充分で有効な自由をこれに与えねばならない。この機関［先述の定住農民による裁定機関］は、困窮の時代には、それがまだ正規の司法機構に編みこまれていないだけに、それだけ一層有効に作用するであろう。オスナブリュック司教領における人口過剰がもたらし、さらに特別の考察を要求する、その他の困難は以下の通りである。

真の農民なら物価騰貴のこんにち、ほとんど例外なく、充分な蓄えを持っているものであるが、多くの寄留民についてはそうはいえない。ところでこれら寄留民を公的施設で運搬・穀物あるいは貨幣などによって救済しなければならないとすると、国家の全勢力のうちの一般大衆によってこの救済がなされるにしても、その負担の最大部分が土地所有者にかかることは明らかである。

貧民、捨て子、障害者、狂人その他の、あれこれの仕方で公共制度の負担となる人々の場合も同様である。真の土地所有者の間では、そうした人々はまったくいないか、あるいはいたとしても公共制度の厄介にはならない。これとは異なり、寄留民やホイアーリングの間では、そうした人々がたくさんいる。そして彼らはその不足を乞食や盗みにより、あるいは国庫や教区金庫によって埋め合わせることができるが、その資金の最大部分は土地所有者が負担しなければならないのである。

わが司教領の教会はほとんどどれもが、小さくなり過ぎている。若干の教会では、ひとつの説教が行なわれている間に、次の説教を待つ五〇〇人もの人々が教会の前庭で順番を待たねばならない。別の教会ではこれとは異なり、住民が席を分かち合うために、四週間に一回の日曜日にしか、教会を訪れることができない。しかも大部分の席は寄留民によって占められている。だがもし教会を新築ないし増築する場合には、木材、石材の代価を負担し、賃金を支払わねばならないのは土地所有者である。

共有地である放牧地、沼地、森林は寄留民が最もしばしば利用しており、この点でも土地所有者が迷惑をこうむっている。これに対して彼らが寄留民から得ることのできる労働はわずかで、実効の乏しいものである。それというのも、寄留民たちは最良の季節をオランダで過ごすからである。——

『郷土愛の夢』第二巻第一番、一七七三年（肥前訳）

＊　作品六とともにメーザーの寄留民論の代表作。作品一五と並んで、メーザーの国家株式論の双柱をなす。農場定住農民のみからなる良きいにしえと、寄留民＝ホイアーリングとの混住によって社会が劣悪化した現代とが、印象的に対比され、「流浪の民」であり「よそ者」であるホイアーリングに対する厳しい特別の規制が要求されている。そのための教区機関設立の提言は実現された。これについては肥前による解説（二九四頁註12）を見られたい。

（原註）　隠居分とは寡婦もしくは鰥夫が農場のなかにもつ居所である。だがこれは本来、一代かぎりに限定された終身用益権という意味であった。

（1）　以下の農耕労働の生産性の賛美は、メーザーの重農主義的側面を示すものとされている（Rupprecht 1892, 七八頁)。
(2)七年戦争(一七五六―六三年)のこと。

九　普遍的な法律や法令を求める現今の傾向は民衆の自由にとって危険である*

総務省（ゲネラルデパートマン）のお偉方は、見てのとおり、あらゆる事柄を単純な原理に還元したくてたまらないようなのだ[1]。彼らの望むように事が運ばれるとすれば、国家は学者先生の理論によって統治されるべきものであり、すべての総務省参事官は普遍的なプランに基づいて地方の役人たちにその遂行について命令できる状態にあるべきものだ、ということになってしまう。彼らはおそらく、印刷された法令でもってあらゆる事柄を掌握したいのであり、また、ある人がある村の法によって訴訟に負けたけれども隣り村の風習道徳によれば勝っていたであろうとヴォルテール[2]がかつて嘲笑的に指摘したとき以来、普遍的な法典以外は認めたくないのである。おそらく、統治術をより手間のかからないものにしようとか、さらには自分を国家という機械の全体にとって唯一のぜんまいたらしめたいといった願望があるようだ。

ところで、私は、一面では、こうした方々の自尊心や簡素化の志向が不正であると考えているわけではないのだ。純粋に普遍的な法典でいっぱいになっているわれわれの世紀は、まさに彼らの望みに対応して動いていくのだから。しかし他面では、実際のところ、それによって、われわれは、多様性のうちにその豊かさを示している自然の真のプランから離れていってしまい、あらゆる事柄を少数の規則に基づいて強制しようとする――それによって多様性の豊かさを失わせる――専制政治への道を拓いてしまうのである。人々がギリシアの芸術家たちを賞賛するのは、彼らが自然のままの個々の美しい対象にしたがって作品を形づくったからであって、むりやり美の普遍的な規則を設定してその規則にあわせて鑿をあやつる、といったことをしなかったからである。人々はギリシアの芸術作品と同様ローマの法律にも驚嘆するにちがいないが、それというのも、それらの法律のひとつひとつはどれも個々のケースを基礎にしているからであり、常に、非常に似た事件に当てはまる規則へと至るひとつの経験を示しているからである。人々が日常的に口にするのは、普遍的な規則や法則が天才にとってどれほど阻害要因になっているだろうかということであり、新しい世代の人々が中庸を超えて高まろうとする際に幾つかの模範によっていかに手ひどく妨害されるであろうかということである。それにもかかわらず、あらゆるもののうちで最も高貴な芸術作品である国家体制は幾つかの普遍的な法律に還元されるべきであるとか、国家体制はフランスのある演劇に見られる非多様性の美というものを受容すべきであるとか、また国家体制は少なくとも展望や基本構想といった形で平均的な姿において一ボーゲンの紙に完全に書き写されるべきものであるとか、言われるのである。なにしろ、総務省のお偉方ときたら、小さな物差しでもって偉大なものや高貴なものをすべて瞬時のうちに算定できるようにしてしまおう、という魂胆なのだから。

もともと学者というものは本質的に画一化を好む傾向を帯びているのかどうか、普遍的な真理を考え出してそこから自然全体の法則を形づくるという怠惰な悦楽がこの現在流行の思考様式を好ましいものとしているのかどうか、これらの問いには私は興味がない。あるいはまた、軍人身分が――しばしば十万もの人々が目を一点に集中せねばならなかったり足を同じ歩調で動かさなくてはならなかったりするから――模倣すべき手本となったかどうかについても、私は興味がない。こういったことについては好きなように考えてくれたらいいが、真理は常に不変である。すなわち、法律が単純になり規則が普遍的になればなるほど、国家はますます専制的に・無味乾燥に・貧弱になるのだ。[原註]

私は、このことが国家体制のすべての部門に妥当すると言っているわけではない。いくつかの、とくに訴訟・遺言・後見に関する外的な形式は、普遍的な法律や規則でもって、必要かつ望ましい単一形式へとまとめることができる。そうだからこそ、これらの単一形式の適不適は、総司法部局の見地から確実に見通しうるのである。この限りでは［フリードリヒ二世在位期のプロイセンの］大司法長官フォン・コクツェーイ[3]も仕事をやってきたのだ。国家経済学においても、形態や図表その他の外的な細目について最高の洞察を容易にするための単一形式があり、おそらく度量衡・鋳貨といった国家行政（ポリツァイ）の重要な部分も同一形式へとまとめられるものである。この場合は、理論的な構想者の目から抜け落ちる様々な問題や、諸大国で腕をふるう人を混乱させる様々な問題が、大きな多様なものとして立ちはだかるとしても、やはりそうなのである。だがしかし、普遍的な国家行政法規、普遍的な森林法規、また商業・交易、耕地経営・栽草地経営と国家経済・邦国経済の他の諸部分とに関する普遍的な法律が作られる場合、それらが単なる理論的な教科書にとどまらず、真の、常に従わねばならぬ規則を提示しているのだとすれば、そしてそれらが有用なだけでなくそれで充分に事足りるはずであるとされるならば、またそれらが総務省にとって地方の役人たちの提案・報告・業務遂行を審査し、評価し、拒否すべき基準となるべきものであるとすれば、そのときは、そうした普遍的な国家行政法規、普遍的な森林法規、普遍的な法律は大方の場合人間理性への尊大な介入、私的所有の破壊、自由の侵害なのである。哲学的な理論はすべての本源的な契約を、すべての特権と自由を、すべての条件と年月の経過とを覆す。これは、哲学的な理論が主権者・臣民の義務を、また概してすべての社会的な権利を唯一の原理から導き出すからであり、また自らの通り道を作るにあたって慣習や調停や年の経過に由来する規制をすべて障害物と見なすからである。その場合、こうした障害物は、彼らが――体系的な推論によって――通り道から一蹴することができる程度のものであると考えられている。[4]

特別な場合を除けば、私的に取り結ばれた契約は、係争を解決する際に一般の法よりも効力があるものである。村落内での慣習・申し合わせ・調停も同じく、まさに同じ理由から地方の法令よりも効力をもつのであり、また地方議会決議は共通の邦国法よりも効力をもつ。このことは常に社会的な諸法をめぐる自然な筋道だったのであり、それは確かに時折より高度な理由から変形させられもしたが、とはいうもののやはり、たった一人の意志をすべてに妥当する法にしようとするのでないならば、その筋道を完全に放棄することはできない。ヴォルテールは、隣りあうふたつの村における法の相違を嘲笑する必要はなかったのである。彼は、ひとつの屋根の下で暮らすふたつの家族においても同じ相違を見出しえたであろう。一方の家族の家長は妻とともに大家族をなして生活しているが、他方の家長はそうではない、という具合に。この［大家族をなすか否かという］ひとつの相違からだけでも何千もの法的問題が出てくるのであり、しかもこの法的問題は、債権者の請求権、子供たちの既得権、母親たちの安全が損なわれないように、ある人にはあるやり方で、別の人には異なった仕方で解決されねばならない。ここで人々は、すべての既婚者が大家族をなして生活するか、すべての既婚者が大家族をなさずに生活するか、どちらかが好ましであろう、と言いたいかもしれない。しかし、この考えこそ、不必要に自由を制限することになるのであり、ここでは例示できないけれども、多くの場合極めて有害であろう。やはり、ある家計はある仕方で、別の家計は別の仕方で生活をやりくりしているのなら、そこに普遍的な法律を導入するとしても、多くの不正を犯そうとするのでなければ、それを変えることなどまったく無理である。非常に多くの家族を不幸と混乱へと突き落とすことなくしては、普遍的な法によって相続順位が突如として変えられたり、単一形式にされたりということはないのである。契約は法律よりも強い効力をもっており、占有と年月の経過とは契約と同じ権利をもっているから、大きな不正を犯さずにこれらを廃棄することは不可能である。

経済の領域においては、地域ごとの事情がさらに大きな相違をもたらす。ある場所で樹木が保護されねばならないとすれば、他のところでは樹木が惜しみなく伐採されてもよい。こちらでは森林での放牧が有害であるとすれば、他のところでは高い見地から放牧が認められねばならない。こちらでは豚が盗まれるので、番をしたり、畜舎で飼育したりせねばならないとすれば、他のところでは豚を放し飼いにできる。こうした諸事情において、誰がいったい——私的所有を侵害したり個々の森林とその住民との真の利益を害することなく——森林の一般法規や共有地の一般法規を作ったり、またそれを禁じたり許可したりすることができるであろうか。

人は確かに、どんな機械を見たときでも単純な梃子を賞揚するものである。最大限の作用といえども、それが最小の力［最小限］によってもたらされる際に、最も驚嘆に値する。しかし、理性的な人なら［たとえ画一的思考の傾向があっても］、互いに噛み合っている十万もの梃子(5)が同時に最小の力の所作をも受けとめているところでは、その諸作用がはるかに立派であり大きなものであるにちがいないということを、けっして否定しないであろう。各人が完全な自由を享受し同時に全体の福利も高度に維持されている国家は、自由を著しく犠牲にして極めて高価な代償を払って全体の福利を買わねばならない国家よりも、明らかに良い・幸福な・堂々たる状態にあるにちがいない。そして前者は確かに後者よりも、法律においてより多くの多様性を有するであろう。

地方の役人からの報告をはっきりと理解し、かつその根拠を精査することができるように、総務省には、判断を求めて送られてくる知らせのすべてに関して、正しい指針や基準目録がなければならない。このことはそれ自体としては意味のある事柄である。総務省が地方の役人の手際・勤勉・誠実についても極めて厳格にコントロールせねばならないということを、誰も疑わないであろう。しかし、そうだからといって、それぞれの森林が独自の規則をもってはならず、それぞれの小都市が独自の行政（ポリツァイ）をもってはならず、それぞれの農民区が独自の法や独自の利益や要求をもってはならない、ということにはならない。これら独自のものは、暴力が行使されでもしない限り、いかなる普遍的な法令にも押し込まれることはありえない。地方の役人が誠実かつ聡明に書き上げた鑑定書が総務省の大雑把な理論よりも常に注目に値しない、ということにはならない。もしも私がある種の普遍的な法典を作成せねばならないとすれば、そこにはこう書かれることになるであろう。すべての裁判官は、裁判所管轄区の定住者たちによって自分にあてがわれるでであろう法や慣習に従って判決を下すべきである、と。これこそ大いなるやり方、われわれの祖先が法典なしで自らの自由を維持したやり方であった。今日の一般法令や法律は、それが使われるや否や、常に個々の係争事件にうまく適合しないし、自然と法律は敵対したままで訴訟のなかへともつれ込む。

今世紀に広く聞かれる不平不満は、一般法令が多く作られすぎており、守られるのはほんのわずかでしかない、というものである。その原因はまずまちがいなく、われわれがひとつの規則に多くの事柄を入れ込みすぎること、そして自分たちのシステムを変えるよりも自然から豊かさを奪おうとしたがること、にあるのである。

『郷土愛の夢』第二巻第二番、一七七二年（原田訳）

＊ 普遍的な規則による統治を批判し、個々の部分集団に固有の原理を認めるべきことを説いた論文。ここではヴォルテールが批判されているが、モンテスキューについては賞揚されている。

（原註） モンテスキュー氏がまさにこのことを言っている［『法の精神』第六編、第一章］。しかし、ロンドンで一七六七年に出た民法理論の著者［S・N・H・ランゲ］(6)は、その序文の九四頁で、それに対して次のように言う。「なんと［モンテスキューによれば］専制君主たちが単純な法律を好んでいるとのこと。彼らがそれを専制政治の武器に・抑圧の支柱にしているとのことだ。自然によって暗い穴倉の暗闇での生活を運命づけられた動物たち［専制君主たち］はそれほどの情熱をもちながらも陽光［単純な光線］以外何も求めはしない、と主張しているようなものであろう。M［モンテスキュー］氏の著作が――賞賛されてはいるが――多くの偏見・詭弁・誤りを含んでいることに、私は驚いている」と。この言い分にこそ驚かない人がいるだろうか。これ以上ひどい無知をさらけ出せるものだろう

か。

（1）「総務省」の原語 "Generaldepartement" は直訳するならば「総部局」であるが、中央政府の諸官庁を統括する機関を意味する訳語として「総務省」をあてた。プロイセンの「総監理府」が暗に揶揄されている。解説「メーザーの社会思想の諸相」第二節を参照。

（2）メーザーのヴォルテールおよびランゲへの批判とモンテスキューへの賞賛とについて、解説「メーザーの社会思想の諸相」第二節を参照。

（3）ザムエル・フォン・コクツェーイ（一六七九―一七五五年）。オーダー河畔フランクフルト大学教授を経て、プロイセンの大司法長官となり、司法改革を担ったが、司法制度を官僚化し、絶対王政の支配の道具へと転化させる傾向にあった。

（4）「年月の経過」という概念は保守主義的性格を示している。その原語は "Verjährung" であり、現代ドイツ語では「時効」（「消滅時効」）と訳されるものであるが、メーザーの場合、一定の期間を過ぎると罪が問われないことを意味するのではなく、逆に、ある事柄は「一定の年齢にある人々が自分たちの想起に基づいて、昔から存続していたことを立証するなら、古い法において容認されている」という具合に、過去から存続することの確認によってその事柄の正当性が（少なくとも過去の法において）根拠づけられるという――"Unvordenklichkeit" とも言い換えられる――意味をもつ。そのため「年月の経過」と訳した。Haberkern, Wallach, 1995, T. 2, S. 631, 636; Grimm, 1984, Bd. 25, S. 606を参照。

（5）当時のオスナブリュック司教領の人口が一一万七〇〇〇人であったことからして、ここでオスナブリュック司教領を示唆していることが推測できる。坂井栄八郎『ゲーテとその時代』朝日新聞社、一九九六年、一〇八頁を参照。

（6）シモン・ニコラ・アンリ・ランゲ（一七三六―九四年）。革命前夜のフランスのジャーナリズムで活躍した政論家かつ弁護士。自然状態における人間の平等を説き、専制政治に反対し、法律の斉一性・単純性を主張した（解説

「メーザーの社会思想の諸相」第二節、註9参照)。

一〇　利子契約に代えて定期金売買を再び導入するべきである*

宗教が長い間あらゆる利子に対して激しく反対し、［中世において］教会法が利子を完全に禁止してきたのはなぜかというのは、大きな問題である。しかしながら、当時には利子の代わりに定期金売買（レンテカウフ）[1]が優遇され、また成果を挙げてきたという観点から事柄を眺めるならば、きっと大いなる英知に驚嘆せざるを得ないであろう。というのも、利子あるいはそれに結びついた債権者の貸借契約解消権は、［土地］所有と自由とに徹頭徹尾もとるものであるからだ。戦争や不作あるいはその他の災難により、多数の［土地］所有者が債務を負うことがありうる。ところで、もし債務者にとってもっとも不利な時点で解約する権利が債権者に与えられるならば、債権者は債務者のすべての地所をわが物として国家に打撃を与え、また同胞である債務者を自己の奴隷にすることもできるに違いない。こうしたことはもちろん、利子なしの債務の場合にもあり得たであろう。けれども賢明な立法者はおそらく、人間は貪欲に発しつつも、そのようなやり方をせず、定期金売買を選ぶであろうということを見通していたのであろう。利子ははじめ市民や商人の間で発生し、ドイツではかなり後になって［宗教改革後に］、教会法がもはや拘束力を持たないと感じられるにつれて、土地所有者の間にも導入されたのである。近世の教会法学者たちはこの時流に従った。だが実際には、かつて利子契約が禁止されていたのはなぜかについての真の理由を洞察した者はいなかったように思われる。

利子に代えて定期金を再導入しようとし、あるいは同じことだが、その資金を何時でも解約によって回収しうる権利を債権者から奪おうとするならば、その道は信用制度全体の破滅に通ずるという反論が出るかもしれない。しかしながら、フランスやスペインやイタリアでは債権者の債務者に対する定期金証書の解約権を禁じているにもかかわらず、そのような事態には立ち至っていないのはなぜであるか？　その他の隣接諸国、例えばオランダや東フリースラントやオルデンブルクやホルシュタインなどでも、そのようなことは起こっていないのはなぜか？　イギリスでも、定期金あるいは年賦金を取得するのみで、債務者が自由意志で提供するのでない限り、手形によって債務者の地所を取得するなどということは決してありえないにもかかわらず、そのようなことが起こっていないのはなぜか？　高貴な紳士は［返済不能に陥った場合］今日なお、その妻子のことを想って、手形債務や証書債務のゆえに地所を放棄するのではなく、むしろ自己の身柄を王立銀行に拘束され、年々その収入の一部をそこへ送金することを選ぶのではなかろうか(2)？

それゆえ、信用制度が崩壊するのではないかという恐れは、一部には今世紀に信用の様式が変化したことの帰結であると考えられるのであり、また一部には根拠がないのである。むしろ逆にまさしく、農村地帯において利子契約が完全に廃絶され、その代わりに定期金売買が再導入されることを通じて、まったく新しい信用制度が成立するであろう。けだし、それの最初の必然的な帰結として、定期金証書あるいは解約のない債券が流通し始め、現金に取って代わるであろうからである。その利点は真に有益なものであるので、更に詳しく見てみよう。たしかに、それにはなお若干の準備的施策が必要であろう。すなわち、先にあげた国々では、国家もしくはその他の公的金庫が自己自身に当てて発行した定期金証書のみが貨幣同様に流通しており、私的定期金証書はいくつかの商事会社によってのみ売買されて若干の成果を挙げているに過ぎないのである。けれども、こうした準備的施策は難しいものではない。信頼できる不動産抵当簿をつくり、そこに記載されるすべての事項に国家が保証を与えればすむのである。現金鋳貨がますます稀少となり、紙幣の援けが求められている時代にあって、このようにするならば支払いがいかに容易になることであろうか。このやり方を試みて成功を収めた、ドイツのある古い入植地を私は想起する。この入植地は、それぞれが四〇モルゲンの広さを持つ一〇〇の自由な農場から成り立っていた。それぞれの家長は四〇モルゲンの土地を所有しているのであるが、同時に同数の証券を、入植と共に設立された公的銀行に持っていた。一モルゲンにつき一枚の証券であるが、価格は表記されていない。資金を必要とする者は抵当簿に綴じられた証券を一枚、二枚、三枚と売却し、それらの証券は貨幣を提供した者の名義に書き換えられた。その際、不動産である入植地の土地は現金で買うことはできないというのが、この入植地の一原則であった。銀行の証券は貨幣で買うことができ、一証券で一モルゲンの土地を取得できたが、それ以外のことはできなかった。これとは対照的に、動産は貨幣で購入せねばならず、銀行証券で購入することはできなかった。まさしくこの制度こそは、かつてのわが国の破産手続きもしくは競売手続きの哲学の精華である。署名捺印のある書類をともなわない地所は売却できなかった。手形による貸付あるいは同額の現金を対価とする土地売却もできなかった。まさしくこうしたことが、かの入植地では行われていたのである。右の手続きでは署名捺印によって行いえたことが、かの入植地では銀行証券によって行われたのである。銀行が裁判所であり、証券が裁判所文書であることが、分かるであろう。口頭による負債承認によって、手形によって、あるいは負債によって、動産の差し押さえはできる。すなわち動産は現金によってのみ購入され、また裁判所文書によっては表示されない。確かに近年のわが国では、裁判所文書によって動産をも取得することができる。しかし、それは近年の惨めな発明品であって、その悪影響は破産手続きに示されており、動産を抵当に取って貸し付けている債権者と署名捺印のある抵当を取って貸し付けている債権者とをいがみ合わせ、法学者の間でもっとも困った混乱を生んでいるのである。法律知識に乏しい債権者であって、動産である抵当を手中にしている者は、今日に至るまで、それを競売に処さねばならない根拠の由来を知りえない。彼は父祖から受け継いだ観念により、それが理性に反したものであることを感じている。そして動産というものは、それが公的銀行に納められその結果として不動産化される場合を例外として、署名捺印によって表示されるなどということを認める立法者があってはならないであろう。動産抵当と不動産抵当という二種類の抵当の相違を扱うわが国の法学者は、かの入植地の偉大な計画に立ち返らない限り、暗闇のなかを手探りで歩くだけである。動産に対してそれを預託させることもしないままに証書を発行するような銀行書記は、あるいはわれわれ流に表現するならば、動産に不動産抵当を認めるような裁判官は、たとえ立法者がそのような烙印を押さない場合でも、公的文書の改竄者として罰せられるべきであろう。

だが古来の競売手続きの場合にはいかにうまく行くことであろうか。地所に対して貸し付ける債権者は始めに抵当簿の証券一枚を手にする。証券を手にして六週間がたち、地代徴収が安定的でないと考えたときには、その証券によって表示されるだけの地所一モルゲンをわがものとし、みずからの用益権を獲得する。それ以上のことはできない。今や彼が債務者の四〇モルゲンの農場全体を所有しようと欲するならば、債務者が彼に対して、残りの三九枚の証券を所持している人々からその三九モルゲンを買い戻す権利を認めねばならない。こうすることによって始めて、彼は農場全体を手に入れることができる。土地所有者の利益を擁護する、これ以上に素晴らしく、優れたプランを考えることは難しい。

しかしながら、断固として利子契約を禁止し、それに代えて定期金売買を再び導入することなしには、そのような状態に立ち返ることは決してできない。利子契約と結びついている解約という惨めで有害な発明品は、われわれの祖先あるいはかの入植地のこうした偉大な制度をすべて腐らせてしまうのだ。国家は銀行証券類の正当性を保証するが、解約された際にすべての元本を直ちに回収させることを保証することなど決してできない。確かにいくつかの国々では公的な不動産抵当簿が導入され、債務者の地所がそこに登記され、それの正当性を裁判官に保証させた。けれどもこれらは、それ自体としては良き制度ではあっても、解約が存続する限り、効果を持ち得ないのである。不動産抵当簿は地所の存在およびその地所が年々生む果実以上のものを保証してはならないのだ。債権者はその貸付によって、この地所とその果実とを買い取る。債務者が債権者から最初の年の果実を控除するならば、国家は債権者に対して自己用益による二年目の果実の取得を可能にしてやることができる。その結果として、国家は先述の保証をするにあたってほとんどまったく危険を負わないのである。遠近の債権者がみな少なからぬ苦労をして始めて調査しうる事柄を、国家はたんに公的に登記するだけである。そして現実の地所は不動産抵当簿上は貨幣価値で表示されないから、定期金証書は、不動産である地所の騰貴や下落につれて、騰貴したり下落したりする。そして定期金取得者は、法によって、土地所有者と同一の危険を負担する。領地が貨幣価値で表示されているあらゆる近年の不動産抵当簿が、現実の地所の貨幣価値が半分に下落するような実例が知られているがゆえに、危うい土台の上に成り立っているのとは、逆の事態である。だがかのやり方を取るならば、このような事態には決して立ち至りえない。

だが更に、土地所有者は信用を得ているならば、彼の四〇モルゲンを現物において並びに銀行証券を通じて、倍に利用する。後者はもちろんもっとも完全な信用を必要とする。それというのも、それは貨幣のように単なる慣習価値をではなく、土地が地震に飲み込まれてしまわない限り、そしてパンを食べたいと欲する人間がいる限り、不可欠で直接の必要に属するような証書を代表するものであるからだ。私は話を広げすぎないために、そのような定期金証書あるいは銀行証券の騰貴や下落によって当然にも生み出されるであろう投機や、同様に同じ規模でいつでも証券類を割引できるであろう商事会社における投機については言及しないことにする。要するに、解約もしくは利子による借り入れは土地所有者にあっては絶対的に廃止されねばならない。どうしても利子を支払って借り入れたい者は、手形、動産抵当あるいは個人的信用によって借り入れるべきであり、土地に対する不動産抵当によってはならないのである。農場の所有者が大地に向かって「私が農場に投下しただけの資金を半年後に返して欲しい」などと言うことはできない。けれどもだからといって、現実の地所が価値下落をきたすことはない。そうであるならば、定期金証券の持ち主がより多くの権利を持たされるべきだというのにどのような根拠があるのか？　それとも土地購入者ほど定期金購入者が見つからないことを人は恐れているのであろうか？　これ以上利子による借り入れができなくなったときに初めて、われわれの想像力は正され、みんなが好んで定期金を購入するようになるであろう。

『郷土愛の夢』第二巻第一八番、一七六九年（肥前訳）

＊　一九世紀末、プロイセン政府の内地植民政策によって創出された「定期金農場（あるいは地代農場）」（レンテングート）の想源とされた論説。G・シュモラーは「土地所有は（市民のもつ）国家株式である」というメーザーの「古い言葉」を引用しつつ、より多くの東エルベ市民がなんらかの仕方で「国家株式」をもちうるよう、内地植民政策を提言した。その際、農場主を債務による没落から保護するために導入されたのが定期金売買（レンテカウフ）の思想である。これを「新封建制」として批判したのがL・ブレンターノであった（肥前、二〇〇八年、一九七、二〇〇頁）。

（1）　中世、主に都市で認められた物的負担の一種。権利者が一定額の資金を土地所有者に交付して、定期に一定金額の支払いを受ける物的負担の設定を受けた。教会の利子禁止を回避する方法として認められるに至ったもの。権利者の毎期に取得する定期金は経済的には利子に当たり、権利者が土地所有者に交付した一定金額は元本に当たるのであり、いわば権利者は一定の元本を提供して定期金を買い受けたことになる。物的負担は永久のものであり、権利者は元本を取り戻すことはできない。山田、一九九三年、五三一頁。

（2）　全集のコメンタールには「イングランドの王立銀行は元来裁判所であり、王の臨席のもと開廷した。一八世紀に至り、この裁判所は負債訴訟に特化した。借り入れた元本を返済する意思あるいは能力のない債務者は、返済するまで拘束された。この債務拘束のことを『王立銀行』とも呼んだ」とある。（全集第一一巻、一〇一―一〇二頁）

一一　ある国を富裕ならしめるために、まず始めに配慮されるべきは何か？　農業の改良か、国土の人口か、商業の振興か？　何から始めるべきか？　この問題に対する回答*

一度Ｃへ来てみてもらいたいものだ。この町はなんと変わったことか！　三〇年前にはここは、堆肥の山と掘立て小屋からなる、貧相この上ない小地方都市に過ぎなかった。当時一モルゲンの土地を貸し出しても、年に六マリーエングロッシェンにもならず、住民は年中、牛や馬に混じって、周囲の広大な荒地（ハイデ）を這い回って、草の生えた薄い表土を採取しては家畜小屋へと運んだものである。少し離れたところでは耕地はすべてがほとんどただで手に入り、少なくとも耕地のかなりの部分が放置され荒廃していた。

その際最も悪かったのは、住民が子供たちを、もっぱら外部へ送り出すために育てたことである。奉公できる年頃になるとすぐ、娘は首都へ流出し、息子は全世界へ流出した。その結果として、四〇年もの間、新しい住宅が建設されることがまったくなく、他方で古いあれこれの住宅が消滅した。栽培される穀物のうち、販売用の余剰がいくばくか生じた場合には、遠隔地の市場へと運ばれて売り出さねばならなかった。そしてその目的のためには、荒地で用いている荷車は貧弱過ぎた。その結果、住民たちはもはや、自らの需要以上には滅多に穀物を生産しなくなり、万一余剰が生じたりしても、不必要に飼料にまわしたり、火酒用に無駄使いされたものである。三〇年前に、私は旅行者としてそこを通過した際に、車に不具合を生じたために丸一日も滞在しなければならなかったのだが、当時この町はそのような状態だった。

だが半年前に今一度そこへ行き、市内にたくさんのとてもきれいな住宅を、そして周囲に豊かな耕地を発見したとき、私は驚愕せざるを得なかった。「どのような事情で」と、このたびの訪問先の友人に向かって、私は尋ねた。「この町に、何十万ターラーもの大金を荒地に投下するような、途方もない考えを持った偉い紳士が現れたのでしょうか？　それとも都市行政官が新農民を入植させ、広大な荒地を彼らに分与したのでしょうか？　それとも賢者が当地に現れて、住民に対して農耕の改良を指示したのでしょうか？　それともひょっとして例の伯爵某が当地でその魔力を発揮したのでしょうか？　なにしろこの伯爵の家畜番の下女たちは、家畜小屋からオペラの舞台へと直行し、搾乳するのと同じぐらいうまく演技できるのですから」。

「いやいや」と彼は私に答えた。「そのようなやり方でお金を支出する偉い紳士はドイツには滅多に居ません。また仮にそのような紳士の誰かがわが町の経営者すべてに、新しい農耕用連畜、家畜小屋いっぱいの家畜、運送船一杯分の穀物、馬鈴薯の山を寄贈してくれたとしても、一〇年も経たないうちにすべてが旧状に戻ってしまいますよ。馬はひ弱に、家畜小屋は貧相になり、穀物は食い尽くされ、馬鈴薯は貪りつくされ、わが荒地は以前と同様の荒れた状態になっていることでしょう。そのような突然の慈善は、ある種の習慣を身につけ、またある年齢に達してしまった人間には滅多に役に立ちません。勤勉と技能とは幼年時代から身につけねばならず、必須のものとなっていなければなりません。都市行政官殿の新農民は、荒地の一角を開墾用に分与されたら笑うでしょうし、賢者は製本工場を建設するのがせいぜいです。自ら手を下し、成功の実績を挙げることによって勤勉の必要を納得させない限り、賢者が人々の勤勉を呼び起こすことは決してないでしょう。貴方の伯爵については、この方が独特のやり方の人だということ以外に、申し上げることはありません。

この町に起こった極めて好ましい変化の唯一の原因は、私の父が率先して当地に招致し、育成し、ついに現在の繁栄にもたらした商工業にあります。父は独自の信仰に達したと信じ、独立の信徒共同体（ゲマインデ）を設立しようと考えていましたが、とりあえず、毛織物（ラクダ織り）業者としての職業を静かに営みつつ、妨げられることなくその勝手に思い描いた神に仕えようとの意図から、ここへ移住してきたのです。そのきっかけを与えてくれたのが当地の牧師で、とりわけ高徳の誉れが高く、事実私の父があらゆる点で信頼しうる助力を仰いだ人物でした。父は最初小さな家を建てただけでしたが、この家はその造りが何か特別で魅力的であったので、すべての住民が同様の家を望んだのです。この家に父は織機を設置し、更にかの牧師が地域から、紡ぎ加工する何人かの子供たちを集めてくれました。父はこれらの子供たちからとても愛されるようになり、次第に、当市に生まれるほとんどすべての者が彼のもとへと押し寄せるようになったのです。牧師は毎日この家を訪れ、仕事の合間に彼らに教育を施しました。私の父は彼らがみなこざっぱりとし、上質の毛織物を身につけているよう、配慮しました。そしてとかく本物と偽物との区別のつかない親たちも、子供たちが立派に育てられているのを見て喜んだのです。何人かの父親たちは、何らかの仕方で工場に役立とうと思い立ちました。多くの母親は、自分の子供たちと同様に自分自身の身なりを調えることが信仰心の証しであると考えました。こうして一二年の間に、衣服、外見、人となりがまったく一新され、あえて言えば、まったく新しい精神を獲得したのです。

一致協力の精神がこの新宗派〔ゼクテ〕には完全に支配しており、人々はますます、革新の魅力を帯びました自らの工夫の所産であると思われた成果に心を奪われていきました。彼らは共に働き、共に祈り、また時には楽しみを共にしました。そしてこの成功した兄弟団の名声は、他人のために喜んで働き、自分のあり方を考えようとする、勤労意欲のある多数の信徒を惹きつけたのです。

その際彼らは次の原則を心からまた活き活きと確信していました。すなわち、祈りかつ働く人はみなパンを得ることができること、若い居住者はみな二〇歳になれば、他の者が多額の収入があっても持てないほどの［将来への］自信を持って結婚することです。正直さと技能とがあれば、自らの企業経営のために必要な、増大する信用を兄弟たちから得られることを心から確信していたので、彼らが企業の存続を危ぶんだりすることなどは、およそありませんでした。それゆえ、彼らの信仰は、いわば土地所有やその他の抵当に等置することのできる一種の財産だったのです。そしておよそある村落共同体〔ゲマインデ〕が、このような考え方に立つ宗派が持つだけの信用を、その所有地を抵当にして得ることは難しいことでした。

さて、もうこれ以上お話することはありません。だが、このようにして次第に、たくさんの美しい家々が建てられ、多くの穀作用耕地が庭畑地である菜園地に変えられ、荒地の大きな部分が穀物畑や牧草地にされ、穀物の価格が適正な水準に引き上げられ、農民が元気づけられ、畜耕が改良され、家畜市が増大していった次第は、おのずと容易にご理解いただけるでしょう。これらすべては、いつとはなしに次々と展開していったのです。そして三〇年前には一五ターラーであった一モルゲンの土地は、今では一五〇ターラーで売却されています。つまり、この都市の地価は一〇倍に跳ね上がったのであり、また土地面積も間違いなく五倍に増えたので、その結果この都市は今では三〇年前よりも五〇倍も高い価格の土地を持っているのです。以前にはミルクを販売する機会がなく、それゆえ、肥料を採るために最低限必要とされる以上の雌牛を飼育することはありませんでした。今では何人もの下層の人々が、もっぱら何頭かの雌牛とそのミルクとで生計を立てています。商業によってすべてが大きく改善されたのです。

だがこれはまだまったく言うに足りないことです。全住民の自己財産を一〇〇万ターラーであるとすると、その信用は一〇〇〇万ターラーに達します。そして五ターラーの信用は五ターラーの現金と同様の価値を持つので、彼らの当初の状態と現在の状態との比率は一対五〇〇となるのです」。

私の友人は政治算術において私より上手であり、一〇〇〇万ターラーの信用を用いて、有名なピントー(1)の方法に従って（原註）、彼の良き故郷の町に対して一億ターラーもの新規の信用を易々と創造し、これではその価値がたちまち無限に膨れ上がりかねないと思われた。そして、この調子で更に話を続けそうだったので、私は「当市の現在の信用は、お父上の特別の教義と関係がありますか、ありませんか」と質問をさしはさんだ。

「そうですね」と彼は答えた。「この信用は、彼の教義に助けられることなく完全に存在しています。それだけではなく、われわれが誠実なキリスト教徒として、賞賛すべき最終目的に向かって協力し、民衆のなかの貧しい者や下層の者が最高の公共の利益に真剣に心を致すならば［すなわち、郷土愛に目覚めるならば］、この信用は疑いもなく、かの教義がなくても生まれていたことでしょう。われわれが資金を調達できることの真の根拠は、当面のところ未だ正直さと技能しか持たない人でも、これら二つの抵当によって、その必要とするだけの信用を得られるという事情にあるのです。

正直さと技能とを持つ人は、国内に無数にいます。だがこの二つの美徳はちょうどわれわれの荒地と同様、所有者がそれを開墾する資力を持たないがゆえに、耕されず未利用のままにとどまっています。この場合、宗教あるいは人間の心の道徳的結合によってのみ、事態を打開することができます。富者は、貧者に歩み寄らねばなりません。その結果として富者は貧者にとってかけがえのない者となり、富者は貧者に自らの安全を見出すことができるほどになるのです。信用を生み育てる宗教や道徳哲学のあらゆる原則は、この上なく活き活きと感得され、永続的に実行されていなければなりません。一般的にわれわれの現世の幸福の大きな部分に対して、自らに期待されているより以上に現実に配慮するべき立場にある聖職者たちは、その信徒一人ひとりの心を絶えず良きものにしておかねばなりません。その結果として、人々はお互いに、ちょうど大商人の間で常に行なわれているように、借用証書を受け取らなくても自己の財産を相手に委託できるようになるのです。このようなやり方によって国民はみな、貨幣を持たなくても有益な事業を始めることができ、いつでも援助を求めることができます。健康と勤勉と正直とは人類の最大の資本です。世界中の金銀もそれには及びません。それは現金が総信用に及ばないないのと同じです。そしてかの資本を利用しうる状態におかれた国民はみな、称号や官職によって招致された金持ちの浪費家よりも、国家にとって大きな利益なのです。しかしながら、ほとんどすべての国々で人間社会を結びつけている絆〔すなわち宗教〕が当地では藁のようにもろい状況のもとでは、この豊かな鉱脈も未利用のままにとどまっており、信用や交易の基礎としての道徳はあまりにも顧みられませんでした。世俗身分の聖職者身分に対する対抗心は度を越しており、荷車［を押す懲役刑］と鞭打ちとによって［無理やりに］義務へと駆り立てられる国民を、宗教的な動機から自分の社会の福祉に仕える幸福な奴隷となった、敬虔な小集団よりも自由であると評価しています」。

ここで私は彼の話に割って入らざるを得なかった。というのも、私は彼が郷土愛に酔いしれているのではないかと危惧したからである。だがそれでも彼の話から私は、このような計画に従って活動してきた多くの宗派が、なぜ各種の商業、工業それどころか――通常の倍の借地料を支払うことができたメーレン兄弟団にまで遡るならば――農業においてさえ、かくも成功を収めたのかという理由を察知するのである。だが、コルベール(2)の支持者とミラボー(3)の支持者とが相争っている主要な問題、すなわち国家がまず始めに配慮するべきは商業か農業かという問題が、更に解決されなければならないであろう。そして私が上述の事例から結論を下すなら、私の評価は商業に軍配をあげるものとなろう。すなわち商業が全農産物に対して、農民の努力に十分に報いるような価格を生み出すことができる時点にいたってようやく、幸福な農業を期待することができるのである。

とはいえここで恐らく異論が出るであろう。この場合、豊かな土地とやせた土地とを区別するべきであり、そうすれば、豊かな土地では農業が、やせた土地では商業が、まずもって尊重されるべきである、という穏当な妥協論が出てくるであろう、と。だが最も豊かな土地も、商業が消費を増やし、果物の価値を高め、農民が現在馬鈴薯を栽培しているところにパイナップルを栽培できるようにすれば、現状よりももっと多くの実りをもたらすであろう。知られているように、［パリ近郊の都市］モントルイユ［スー・ボア］の住民は桃栽培によってわずか一モルゲンの土地から年々六〇〇〇リーヴルもの収益を得、逆に商業なしに農業が営まれているポーランドでは六〇〇〇モルゲンもの土地が生み出す純収益が六〇〇〇リーヴルにも達しないのである。

しかしながらもちろん、やせた土地では豊かな土地に比べて、農業の改善のために商工業がより多く必要とされることは否定できない。豊かな土地では新農民でさえ常に自ら準備を調えて良い生活を送るが、不毛の砂地では園芸栽培は、大きな首都に依存できる場合にしか繁栄しえない。従ってもちろん、上述の穏当な妥協論は否定されるべきではないであろう。しかしながらいずれにせよ最も確かな方法は、農業と商業との双方を同時に促進し、双方がお互いに助け合うことである。商業は農業がなくとも何とかなるが、農業は商業なしには容易に存在しえない。最重要の必需品〔農産物〕の高価格やパンに対する課税——それはオランダではパンの価格そのものを上回っている——でさえ、その地の工業を特別に害するものではないが、この農産物の低価格は——それは商業がないところでは容易に発生する——農民を圧迫するのである。

とはいえ——商工業は国から国へと移動する不安定な財物である。オランダ人の繁栄はなんと著しく移ろったことであろうか。その河川は浅くなり、その鰊・鱈漁また捕鯨を他の諸国民と分かちあわねばならなくなった。その香料交易も同様の危機的状態にある。その製糖業はハンブルク人やブレーメン人その他によって掘り崩され、以前の四分の一も存続していない。かつて全世界に役立ったオランダの海運業も、すべての国民が自国の商品を自ら輸送するので、見る影もない。その大加工工業は、フランス人やスイス人やプロイセン人やザクセン人によって、無用のものとされてしまった。それゆえ、衰退がある程度に達するときには、やがてそれらの工業は、課税によって崩壊するであろう。これに対して、その繁栄を農業の上に築いており、常に必需を充たし、また多少なりとも余剰ができた場合には容易に販売することができるような国家は、いかに持続力があることだろうか。そして［がんらい農業国である］ドイツは、その輸出を増大させる手段に思いをいたしさえすれば、最も強力な国民となるであろう。また輸出の増大を通じて未利用の荒地を開墾する刺激を得ることとなろう。けだし、大規模の輸出なしには、穀作によって豊かになる国はないからである。あらゆる不作もあらゆる豊作も常に六〇、八〇、あるいは一〇〇マイルの範囲でしか起こらない。こうして穀物のために国内市場しか持っていない人々は常に苦しむこととなる。一人が売るべき何かを持っている時には全員がそれを持っているし、全員が飢えている時には誰一人として売るべきものがない。だが大規模輸出がある際には、このようなことを心配することは決してない。イタリアは二年間にわたって不作を経験したが、その時期にドイツには余剰があった。今ドイツには不作があるが、イタリアでは豊作である。

しかしながら、このような長話にことさらの答えは要らないだろう。商業は今後とも、常に立法者の最重要視に値するであろう。けだし、農業は自助努力によって繁栄しうるものと考えるのを常とするイギリスにおいてさえ、適正な価格およびそれによるより良い農業の繁栄を維持するためには、特別の補助金によって輸出を促進しなければならないからである。この補助金は、商業が与える施しものであって、施しを受ける農業は、商業を最重要視した者たちに感謝しなければならない[4]。アメリカのいくつかの地方では、皮を採取するためにのみ野牛を屠殺し、肉は森林に放棄している。これが商工業なき経済なのである。

『郷土愛の夢』第二巻第二六番、一七七一年（肥前訳）

＊　前半の近代農村工業の宗教的基礎論や後半の経済政策論によって、フリードリヒ・リストやマックス・ヴェーバーの先駆けをなすと思われる作品。ここに描かれたC町や作品一三にみえるペンシルヴァニア入植地は明らかに、フーフェ農民＝輪番衆を中心とするメーザーの本来の中世的世界とは異質な近代社会である。この作品は広大なメーザー山脈の最左端にそびえる、まさしく啓蒙主義的な輝かしい孤峰である。

（原註）　その著『流通・信用論』アムステルダム、一七七一年に展開されている。

（1）イサーク・ド・ピントー（一七一五―八七年）。オランダとフランスで活躍したユダヤ人経済学者。他に『奢侈論』（一七六二年）がある。

（2）ジャン・バティスト・コルベール（一六一九―八三年）。フランスの絶対主義的重商主義の中心的推進者。その政策体系はコルベールティスムと呼ばれる。

（3）ヴィクトル・リケッティ・ド・ミラボー（一七一五―八九年）。重農主義学派の主要人物。フランス革命期の政治家ミラボーの父で、老ミラボーとも呼ばれた。

（4）イギリス重商主義の一環をなすものとして一六七〇年に公布された穀物条例を念頭においている。

一二　商人（カウフマン）と小商人（クレーマー）との区別が必要不可欠であること（原註）*

公正であるなら、あらゆるところで商人が小商人から区別されるべきであり、商人には最高のランクが、小商人には――手工業者の下に位置する――最低のランクがあてがわれるべきである。公正であるなら、すべての都市は両者の間にきわめて厳格な境界線を引くべきであるし、一定量以上の国内生産物を毎年国外で販売しない者や、同じく一定量以上の原料を国内の製造業者に供給しない者に、あるいは大きな商取引を外国から外国へと営むことのない商人に、商人の名誉を享受させるべきではないであろう。すべて都市はこれに関して独自の基準をもつことができるだろう。例えば、地方の小都市は毎年一〇〇〇ターラーしかそうした仕方で取引していない者に対しても商人としての名誉を与えることができるだろうが、大都市の場合は、商人の名称と優遇とを受ける権利を得るにふさわしい商取引の量を規定するとすれば、一〇〇万ターラー、二〇〇万ターラー、一〇〇〇万ターラー、数千万ターラーにまで上がりうるであろう。そうなればまた商人組合（カウフマンシャフト）は最高の名誉と尊厳を受けるであろう。それとは反対に、小商人は、市民団体（ビュルガーシャフト）におけるすべての高い名誉ある地位から完全に閉め出されねばならないであろう。ほとんどの大都市においてはこの区別は以前から導入されているのであって、実業界では名誉がこうした方法でこそ有益なものとして基礎づけられうるであろう。逆に、国内のあらゆる勤労を抑圧して国外の物産でもって儲けることしか考えていない者ども〔小商人〕を上記の人々と混同して、両者を同一の階級とすることほど、拙策と見なしうることはない。

小商人は商人と並んで手工業者よりも上位の名誉とランクを得てきたが、それは疑いなく明々白々の詐欺であり、もともと健全な理性には耐えがたいものであった。というのも、一〇〇ポンドの砂糖やコーヒー、レーズンを仕入れてそれを少量ずつ量り売りするようなことには、ほとんど技能などいらないからである。この場合、帳簿といっても書きつけたり消したりがすべてで、計算技能といっても貧弱な比例法〔三つの既知数から四つめの未知数を見つけ出す計算方法〕がすべてなのである。何百人もの人々が国内に定住して、修行もしないままに小商い（クレーメライ）に手を出すのであり、何百人もの女性がそれまでに一度も商取引について勉強したことがないままにブティックを開いた。しかし、そうした安易な方法であれば、何百万人いても誰一人として有能な仕立屋や靴職人にはならないが、手工業（ハントヴェルク）を習った者が一〇〇人いる場合は、そのなかの一人にすぎないとしても、卓越してそれを知り抜いている人がしばしば見られる。すなわち、手工業の場合は明らかに、小商いよりもはるかに多くの技能と熟練が必要とされるのであり、そうした技能を小商いよりも下に置くことは由々しき国家的失策である。

小商人を独自の階級とすることや、いわゆる小商人ギルドをつくることなど、まったく必要ではない。小商いというものはすべて、手工業者やその妻の慰み事であるべきであろう。たいていの大商業都市では、手工業者は家の裏に自分の仕事場をもっており、入ってみると、夫人が自分の小売店で見栄え良く働いている。こうしたやり方には数多くの利点が伴う。仕立屋の妻は帽子や仕事着その他の商品を販売するが、それらは夫が自分で作ることができるか、あるいは小商人と同様に簡単に調達できるものである。たとえ自分で作らず後者のように調達する場合も、夫は［それを通じて］あらゆる流行を手に入れるから、彼はそれに応じて自分本来の仕事を変化させ、手に入れたものに照らして改善し、模倣することを学び、細部にわたるすべての事柄を役立たせ、彼の地区のすべての利点を利用する。同じやり方で、他のすべての手工業者たちも事を進める。彼らの妻たちはそうした商品を売るのであるが、そのなかでは常に夫が本来の仕事によって生み出した物も一緒に売るし、そこにおいて夫は変化・改善・追加をほどこして何がしかの利益を得ることができる。夫は、商品のなかの壊れたり腐食したりした物すべてについて、自分の技能で補修することを知っている。彼は小商人のように他人の手を必要としないし、自分の手作業の産物である商品の良好な保存や貯蔵について、小商人よりもよく理解している。すなわち、小商人は、ある商品を最良の状態で保存したいなら乾いた空気か湿った空気か、木製の容器かガラスの容器か、地上か地下室かどちらが良いか知らないことが多いのである。手工業者はこうした機会に他者の作った製品の価格についても知ることになり、それが自分自身の製品につけることができるよりも低廉であることが分かれば、彼は、他人が駆使する技巧についてじっくり考えて、混ぜ物や不完全を見破り、自分の技能に裏づけられた洞察によってただちに改良を工夫し、それによって再び他者を凌駕するのである。

また、商品を日々自分で作りあげる手工業者ほどその商品についてよく知りうる者がいるだろうか。染色師や塗師ほど色彩についてよく知っている者がいるだろうか。柔毛の毛皮その他の皮革製品について、羊毛とフェルトについて、金属と鉄製品について、それの生産に従事する人ほどよく知っている者がいるだろうか。そして、それらの物品の小商いをまさにこうした人たちほど巧みかつ有能に営むことができる者がいるだろうか。どうして手工業者とその妻には、それらの物品の商いが限定された仕方でしか許されていないのだろうか。なんのために特別の小商人なるものを必要とするのか。小商人の利益は常に手工業者の利益にまさに対立するものだし、自分では商品というものを知らずに見栄えだけで判断し、自らだまされるとともに他者をだましもするというのに。

しかしながら、しばしば仕立屋が縫い針を小売し、塗師が塗料を小売するのであれば、またしばしば鍛冶屋が外国の製鉄所や大工場で安価に作られた鉄製品を混入したり、それに対して洗練と改善を加えたりするのであれば、それは［小商人によって］辱められた市民階級のやむをえない犯罪である。たしかに、われわれの祖先がもっていた原則は、市民の家族数を次のような程度に増やしたり制限したりできるように市民的生業の諸分野を分けることであった。その程度とは、強力な一人がすべてを手中に収めるようなことがない程度であり、また国家を定住市民によって増強する代わりに多数の浮浪職人に働かせるようなことがない程度である。こうした原則は優れていたのであり、しかも、帝国議会決議(1)が極めて多くの職人をもつことを市民の家族の増加よりも優先しているとしても、どの時代においても常に正しい。しかしながら、われわれの祖先は、小商人があらゆる名誉と貨幣を手中に収め、このふたつによって同胞市民、手工業者から輝きを奪って、その息の根を止めるような時代が来るだろうことなど、夢想だにしなかったのだ。こうした明らかな衰退状況に直面しても、祖先は、自分たちの原則的計画を変えなかったようであり、行政的措置において巻き返しをはかり、商人の地位を高め、小商人の地位を下げ、手工業者を新たな諸特権によって優遇した。こうしたことを彼らはたしかに自らの大いなる洞察によって成し遂げたのであり、私が思うには、別の状況で小商人に優先権を与えた人たちがまさに——公共の福祉が要請してから後に——再び小商人の優先権を削減してはならない理由など、どこにもないのである。

茶・コーヒー・砂糖・ワインその他を取引する権利は、本来の商人に留めるのがよいであろう。例えば、国内産の亜麻布製品や羊毛製品を毎年一万ターラー輸出したことを所管の委員会で陳述した人なら誰でも、その商品を自分だけ販売する権利を正当に有するであろう。小商いは商人の片手間仕事であって、片手でもって自分の同胞市民を高めるような愛郷者（パトリオート）にのみ、もう一方の手でそうした——手工業者には向いていない——商品によって致富する資格があるであろう。これは正当な報酬であろうし、また小商いはこうしてただちに単なる派生領域とされるだろうから、それに入れ込もうとする人が出てくることを恐れなくてもすむであろう。国内生産物を大量に輸出する商人は、より高貴な魂の持ち主である。そうした商人は物事を大きく考えており、卓越した商業を自ら促進することにより、同胞市民を高める。これは人間的な思考様式の自然な帰結である。商人は、商人であることの名誉と、この名を通して最高の市民的な威厳へと歩を進めていく名誉とによって、同胞市民のために新たな利得手段を考案するほど聡明になり、このようにして新たな諸領域を通じて自分の商業と自分の名誉とを保持していくのである。

こうした願いがここまで満たされているならば、徐々に大きな小商人たちがそれぞれ二〇もの小さな小商人たちを寄せ合わせて生成してくることさえ、われわれの時代の幸福な出来事と見なさなければならない。われわれの善良な手工業者たちをかつて破壊した小さな泥棒鳥たちは、こうして大きな小商人たちの餌食となる。そして小商人のすべてが大きな小商人になるわけではないけれども、人は、このような見通しの下では、つまらない小商いに専心することになるのは小商人のうちの数えるほどでしかないことを、期待できるにちがいない。こうして何人もの小商人が自ら再び手工業へと身を翻すように促され、手工業者たちが最終的に少数の敵対者に出くわしても、こうした者どもを制圧して、新たな改善された設備によって自ら名誉と正義を手に入れていくことを、期待できるにちがいない。

『郷土愛の夢』第二巻第三七番、一七七三年（原田訳）

＊ ここでは「小商人」がメーザーによって厳しく批判されている。そうした商売人たちは、単に商う物品が小さいだけではなく、地域や邦国さらにはドイツ帝国（神聖ローマ帝国）全体の利益を害するとされる。

（原註） この論文が出たのは一七七三年一一月二〇日であるが、一七七四年八月、皇帝にして女王陛下［マリア・テレジア、一七一七―八〇年］はその本国オーストリアにおいて布告を発して、本論文での提案を実施した。

（1） 一七三一年の帝国手工業法令は、不名誉な賤民を手工業から排除することを禁止して、手工業の門戸を広く開け放った。メーザーは、「手工業親方が自ら望むよりも多くの職人を抱えることなど許されるのか」（一七七〇年）や「一七三一年の帝国議会決議の起草者たちは、名誉のなかった多くの人々に名誉を認めるようにしてしまってよかったのだろうか」（一七七〇年）といった論説（『郷土愛の夢』第一巻第四八番・第四九番）でそれに反対した。彼は不名誉な娼婦の子・皮はぎ人・死刑執行人らが手工業ツンフトに入ることに批判的であったが、そうした仕事それ自体を不名誉と見なしたのではなく、国家に対して納税・奉仕・軍役などで貢献していないという意味で不名誉な彼らを従来の市民と同等に扱うべきではないと考えた（藤田幸一郎『手工業の名誉と遍歴職人――近代ドイツの職人世界』未来社、一九九四年、一九―四一頁、また本訳書「付論」三、第五節を参照）。

一三　小さな都市ひとつひとつにも異なった政治体制を与えるべきではないのか*

われわれの時代における画一的で哲学的な理論が今日の立法に及ぼす悪影響について、われわれは別の機会[1]に考察した。そうした理論と、総務省のお偉方の都合とによってもたらされるのは、非常に多くの、まったく守られていないか逆にどんぶり勘定で守られるだけの普遍的な法令だけである。哲学的な理論とお偉方の都合とが人間全体も常に画一化して、人間全体から真の強さを奪い、かつ自然作品および芸術作品における多くの才能を窒息させていることは、いかに真実であるとはいえ、まだ少数の人々によってしか心に留められていない。人間を原初的な強さにおいて見るために最初の原始状態に戻そうとする人たちには、こういった点に気づく機会が一度のみならずあったはずなのに。

人間は社会をなすように定められており、人間を個々ばらばらな状態で考察してもほとんど意味をなさない。手にこん棒をもちライオンの毛皮をまとっている武骨な隠遁者[2]は、その状態でも力強く、幸福で、偉大でもありうるかもしれない。とはいえ、武骨な隠遁者は、大いなる社会に照らして見れば常に惨めな存在である。社会はいたるところで隠遁者に対峙して結束してきたし、また永遠に隠遁者に対峙して結束し続けるだろうからである。したがって、隠遁者には彼自身の理論に従って生きる権利はあっても、その権利は彼にとって何の役にも立たない。しかしながら、各々の市民社会が——大きいものであれ小さいものであれ——これまでよりもそれ自体の立法者として存在するようになり、普遍的な計画にあてはめて形をなすことがもっと少なくなるならば、人間の様々な徳（トゥーゲンデン）がより多様に広がり、様々な精神的な力がより強く発展するのではないか。このことこそ常に探求に値する問題なのである。

ギリシアにおける数多くの小共和国の大いなる名声をかえりみて、そのほとんどが今日では忘れ去られているような小さな都市にもかかわらず、なぜそれほどにも注目されたのかということの理由を探るならば、小さな都市のひとつひとつが独自の宗教的・政治的な体制を作りあげ、その体制によって自らの諸力をたぐいまれなる偉大さにまで高めたことがその理由である、と分かるのである。彼らは彼らの計画において自然が与えたもののすべてを最大限に活用し、まるで人間ひとりひとりの腱を撚り合わせて錨綱を作りあげたかのようだ、ということが分かる。彼らは哲学的な理論をもつ以前にすでにこうしたことをやっていたのであり、自分たちの必要にしたがい、自分たちの目的へと至る方向に向かって仕事をしていたのである。

どの民族も情熱をもって新しさを求めて独自の発見・考案にふけるものであるが、こうした情熱こそ、最初の創健社たちを郷土愛の熱狂に浸らせた。そのために整えられた教育は独自の発見・考案を子々孫々に伝えたし、すべての徳は共同体（ゲマイネス・ヴェーゼン）にどれほど効用をもたらすかという尺度よって価値をもつことになった。同じように有名な他の諸国民もすべて、その偉大さは同様のやり方をとったことの結果にあったのであり、それも、普遍的な宗教・道徳学説・体系が個々別々の民族それぞれに固有の様々な襞をすりへらしてしまったり、人間の思考・行動の仕方を画一化してしまったりする以前になされているのである。普遍的な人間愛が市民愛をほとんどすべて飲み込んでしまい、大袈裟な国民的名誉が各々の小都市の特殊な名誉を飲み込んでしまったのと同様、普遍的な自然法や国際法は、あの個々別々の諸体制から生じた強固な紐帯を押しのけてしまったようなのだ。したがって、その紐帯もわずかしか効力を発揮しておらず、それを使う意志のある人々をさえしばしば去らせてしまう。

いとも簡単に、ギリシア人たちは、若者たちを若い動物のように訓練しなければならないという結論に至った。子供たちの訓練が彼らにとって第一の関心事であった。共同の必要が訓練の仕方を決定したのであり、彼らの子供たちはすべて、全体の福利が要請したのであれば、紅すずめがさえずるように歌を歌ったであろうし、犬のようにボールを取りに行ったであろう。だが、彼らは戦士を、つまり勇敢で強健な精神を――ハリソン[3]の時計のようにそれによって人が一秒のくるいもなく世界を周航できるような精神を――欲しかつ作りあげ、また、祖国を何にもまして愛する市民を欲しかつ作りあげたのである。

弱小な民族が青少年を鍛えあげて、契約によらずして奴隷にできるような新たな世代を作りあげる、ということがどんなに必要であろうとも、われわれの現在の体制によれば、われわれは、ギリシア人たちと同じような戦士の精神を必要としない。われわれにとって今望ましいのは、技量をもち勤勉で倹約を好む人たち、すなわち常に多く獲得し少なく費消する人たちのみである。われわれはこのような人たちを得ようとしているから、その方向へも訓練を移行させることは可能であろう。各々の小都市が自らの行政（ポリツァイ）をそれに向けて整えて、そうした人たちを得ることを自分たち自身の目標とするならば。

われわれの時代のすべての諸体制に見られる間違った考えは、隣人は他人の行状に対して好奇心が駆り立てる以上に世話をやくことはない、というものである。ある人が良からぬ道筋で誰かと出会ったとしても、私になんの関係があるのか、君になんの関係があるのか、というわけである。人々が恐れているのはもっぱら税務官庁であり、それというのも税務官庁に見つからなければ処罰されないからである。誰も密告者になろうとしないから、罰金は、隣人によって密告されることもなく、公的に取りあげることのできる関税のように見なされる。このような思考様式をしていれば、われわれは、仕事を好み勤勉で節約を好む市民を育てることなど絶対にしないであろう。

私は、糸を紡ぎ布を織ることで生計を立てているペンシルヴァニアの小さな入植地を思い出す。そこの子供たちはすべて、短めの被り布をはおっているものの、頭と足はむき出しで暮らしていた。彼らは、七歳になって、公的に行なわれる試験において命じられた数量の糸を紡ぐことができれば、良い服を受け取った。これができない子供たちは被り布を脱ぎ捨ててはならず、この技能を修得するまでそれを着ていなければならなかった。この年齢で同時に字が読めるようになった子は、青少年向けの特定の遊びに加わることが許された。彼らは、靴下を自分で編むことができるや否や、それをはく権利を獲得した。機織りで費用を得た者以外は、結婚が許されなかった。その小都市全体で、同じ時刻に同じ粗食がとられた。この粗食は日ごとに定められていたし、衣服も同様であった。小商人（クレーマー）が品揃えし販売してもよいのは、許された特定の食料と衣料のみであったし、これに関する監督は非常に厳しかった。

そうした多くの事柄において厳格さが求められたが、それを和らげる意味で、毎週土曜日にすべての仕事は一二時にやめるきまりになっていて、そのあと人々は公共のお祭りへと集うのであった。このお祭りでは、ワインやコーヒーそして焼肉が好き放題に飲み食いされた。しかし誰かがこのお許しを公衆の面前で悪用したという例は、ほとんど無かった。青少年はダンスや遊びに興じたのであり、また老人たちは遊びもしたけれど、健康で敏捷な子供たちを眺めて楽しみ、昔のことを懐かしんだ。平日のあいだずっと、誰もがこの日を楽しみにしていて、早くから土曜日の焼き肉のことを頭に思い描きながら、黒いライ麦のおかゆで我慢した。隠れてコーヒーを飲みましょうといった誘惑があっても、女たちはそれに乗りはしなかった。彼女たちの欲求は、週に一度で完全に満たされたのだから。それでもそれをした場合、あるいは男が禁止されているものを家で味わってしまったときには、土曜日に、その男または女は病気だと言われた。というのも、病人に対しては謹慎が命じられたからである。一週間のうち一日、病人特権を利用した人は、土曜日には健康であってはならず、お楽しみの場所に姿を見せてはならなかった。

すべてのこうした掟破りについては、誰もが、他人の密告者になることを最も神聖なこととして賞賛した。夫は笑いながら、妻の違反行為をおおっぴらにして、妻は病気です、と言うことができたし、同じように、別の人の違反行為を友人がおおっぴらにしたり、しかもこのことを――本人が来て証拠を挙げろと要求することがなければ――とくに証拠を挙げずに言うこともできた。だが大抵は、病気になった者は自分自身を恥じて、憂鬱になって家にいたのだが。しかし、まる一年を通じて病気の人は、不治の病にかかっていると宣告されて、癩病患者として遠ざけられた。しかし、もっと悪質な掟破りの場合は――例えばある人がひと巻き（原註）の撚糸を売ってしまった場合――いくつかの慣例が鑑みられ、罪を宣告された犯人が、集会所の前で、首にひと巻き分の撚糸を巻きつけられて、一時間のあいだ屈辱的な晒し者にされた。

こうした思考・行動様式は、教育に助けられつつ、それが完全な効果を発揮するほど強固なものになった。公認された公共のお楽しみ会が秘密裏の逸楽を著しく抑制したのみならず、日頃の粗衣・粗食のつらさをも著しく和らげたことは、信じられないほどである。住民たちは、他の人々よりも——すなわち日々の享受によって楽しみそのものが味気なくなってしまっている人々よりも——はるかに多くの楽しみを享受していたから、亜麻織工の歌声はどんなオペラのアリアよりも軽やかに響き渡ったのである。

このような小さな仕組みは、大きな国ではけっしてなされるものではない。それは小都市や小集団における幸福な戯れのようなものにすぎないけれども、だからこそ、邦国の官庁たるものはこの精神を覚醒させたり、しかるべき支援や報奨によって促進したりすることを、試みるべきであろう。われわれにもソロンやリュクルゴスのような人物がいないわけではあるまい。どれほど大きなことをイヌング、協会組織（ゲゼルシャフテン）、兄弟団（ブルーダーシャフテン）その他の結合組織（フェアビンドゥンゲン）がなしうるかを、われわれは日常的に見ている。そうであるならば、こうした結合の糸でもって人間を最高の状態へと導くことに、何の妨げがあろうか。旅する者にとって、まるで滞在地ごとに別種の人間を見出したり、港ごとに新しいタヒチを見つけたりすることは、なんと気分のいいことではなかろうか。人間という多様な芸術作品を見ようとして旅することのない哲学者が、どれほどたくさんいることか。

『郷土愛の夢』第三巻／第二〇番、一七七七年（原田訳）

＊ 作品九と同じく、普遍的な法令による統治を批判し、分権主義を説くメーザーの見地が表明されている。ここでは

暗にルソーが批判されて、古代ギリシアの都市国家が賛美されるとともに、メーザーの時代では経済的な発展とそのための勤勉さが重要であることが強調されている。

（原註）オスナブリュックのリーステ農民区（バウアーシャフト）でも、定住農民たちは同じく次のような考えでまとまった。すなわち、怠惰な経営者たちとその女房連中およびゲジンデたちが糸ひと巻きずつを小商人に小売りして、それと引き換えに火酒やコーヒーまたは砂糖を入手できるようになることのないよう、誰も撚糸をひと巻きずつ売ろうとしないこと、である。

（1）作品九。

（2）ルソー『人間不平等起源論』（一七五五年）での人間像が示唆されている（解説「メーザーの社会思想の諸相」第二節、註12参照）。

（3）ジョン・ハリソン（一六九三—一七七六年）。イギリスの時計技術者。温度の変化に耐える時計を考案し、精度の高い航海用時計を完成させた。

一四　農民農場の過度な小作化（アウスホイエルング）ほど有害なものはない*

私は想像の中で何度も次の世紀に思いをはせ、子孫の集会の中に入って彼らが何に一番苦情を訴え、またいくつかの問題がこの間にどのような事態に至ったのか、聞いてみようとした。私が最初に聞いたのは、次のような意見である。「われわれの先祖がなぜ農民農場の維持をあんなにないがしろにし、呪わしきホイアー制〔寄留民への零細地小作制〕の基礎を築いてしまったのか理解に苦しみます。小作料を得るどころか、われわれは勘定書きを押しつけられ、搾りとられている始末です。あちらで軍事運搬賦役にたくさんの金がかかれば、こちらでも騎兵が同じほどたくさんを蕩尽してしまいました。軍事物資供給によってあるものが奪い去られたかと思えば、他のものは敵にゆすりとられたり、裁判費用によって費消してしまいました(1)。今では家屋も倒壊してしまっています。ホイアーロイテのある者は盗伐し、また伐採後に再植林を怠ってきました。どこを探せば、修復費用をひき出せるでしょう。十年分の小作料をあてても、足りるどころではありません。もし農場を世襲小作に出そうとしても、そんな農場を引き受けてもいいなどという人はいないのです。農場では建物がいまにも倒壊しそうで、耕地もしっかりと手入れを必要とするような状態にあるのだから、そんな農場経営に着手するのに必要な資金は、たいていの者はもっていません。たとえ農場の経営能力をもつ者がいても、ある者はわれわれの意向に従ってくれなかったり、また別の者は土地をホイアー地として利用してしまい、われわれに負担を押しつける方をよしとします。ほとんど裁判官や行政官だけがわれわれの農場を左右しています。そして自分の負担した改善投資がすべて償還されるまでは、土地を返却しまいとしているようなホイアーマンを裁判官は守ってやり、また行政官はホイアーマンの抵当物を処分する場合は、いつも、われわれの小作料債権を保護してくれないのです。もしまだあわれな農奴が残っていても、彼にはたくさんの叔父や叔母、大叔父や大叔母がいて、彼らが相続財産分を彼に請求するため、その農民はもう自らを守ることさえできなくなるのです。[原註1] 要するに三〇〇年前にあったような制度を再導入するのか、それともホイアー制をまったく新しい形態に変えるのか、考えてみなければなりません」。以上が子孫のある者の話すところであった。

「優れたものが長持ちするのは、難しくなるでしょう」と出席者であるモラリストは指摘した。「国民全体が軽佻浮薄になっています。父祖から受け継いだ農民農場を自前の馬で耕作することの意味を自覚する者など、もういないのです。ホイアーリングはある農民農場から別の農場へと渡り歩き、立ち去る農場に未練など残しません。皆、自分の住居を一時的な宿としてしか見ず、自分の後に入居する者のことなど考えていません。小作地に対する愛情はどこでも失われていますし、またそれにともなって子孫への配慮も、持続的な改善への高貴な意欲もなくなっています。農場から可能な限り奪い取り、ホイアー契約満了のことしか考えず、後はアザミやイバラが土地を覆うのに任せるだけです。[2] 私は最近、最後の農奴を強制立退きさせねばなりませんでした。やれやれ、その男は自分を農民農場に置いておくようにとせがんで、どんなに私を悩ませたことか。彼はまるで妻子をなくしたかのごとく嘆き、泣き叫んだので、わたしは力づくで退去させねばならなかったほどです。これほど立ち去りがたいのですから、このような農場には、さぞかしたくさんの入植希望者が現れるだろうと私は考えました。ところが、入植希望者はただの一人も現れなかったのです。父祖伝来の農場に対する子孫の愛情は高貴な情熱ですが、私達の先祖たちは、この農場を維持することに無頓着でした。彼らは、自分たちの農場を世襲財産農場に設定することをしなかったばかりか、この国の世襲財産制を破滅させてしまったのです。彼らは、農場が債務を負うことに対しても、十分強く反対しませんでした。逆に彼らは、兄弟姉妹への高額の財産分与によって、債務増大に好都合な状況を作り出してしまいました。若干の者の放縦な行為に対して、十分な制限を加えることもありませんでした。そしていまや、最善の者が最悪の者と同じように苦しまねばならなくなってしまったのです。かつては農場を得ることだけのために、もっとも豊かなホイアーロイテが農奴になろうとしました。しかし今ではホイアーロイテは農場をそっくり賃借することができるため、彼らはホイアー契約を結び、毎年年末にわれわれに小作料を支払って決済する方が「農奴になるより」はるかに有利と考えているのです」。

「われわれ自身がそうした悪習に歯止めをかけないでいるのだから、先祖を非難するのは間違ったやり方だというしかないな」と、ある老人が応えた。「私が持っているある農民農場から九人の子供に財産分与してやらなければならないのだ。皆が農民農場の全余剰を毎年吸い取り、このような贈与の支払はまだ二二年間も続く始末さ。最近にも、私の農民が最良の馬を死なせてしまい、新たな馬を調達しなければならないので、今年は、彼はいつものようには余剰を支払うことができないのだ。判事の裁きといったらどうだろう。彼はこの余剰を確保するため、農民の二頭の馬を差し押さえ、売却させてしまったのだよ。閣下！　と私は裁判官の服のボタンをつかんで言ったものだ。死刑執行人があなたの体から心臓を差し押さえ、それから裁くがいいとな。ところが、彼が断言したところでは、二頭の馬は法に則って取り上げられたというのだ。（原註2）

私は、ちょうどこの判事に二件の訴訟を持ちこんでいるところだ。そのうちひとつでは、私の農奴が、父親生前のうちに持参金を受け取った兄弟姉妹に対して、彼らの受け取り分の一部を自分の支援に回してくれるように要求したのだ。これは父親が財産分配後に事故にあって没落し、農場相続人に残した農場からは、財産分与や利子を支払った後には何も残らなかったからなのだよ。しかし判事が私に言うところでは、私の農奴の敗訴は当然であるというのだ。いまひとつの訴訟では、財産分配が行われた時より父は富裕となって死亡したため、兄弟姉妹達は遺産相続分の増額を要求したのであるが、ここでも私の農奴の敗訴は当然であると判事は言うのさ。私は今、第三の訴訟を始めたいと考えている。オランダで豊かな遺産を得た私の農奴の一人が、それによって隠居し、その財産すべてを親もとを去ってゆく子供達にこっそりと分配しようとしているのだ。この間に、これら子供達は農場からも財産分配を得ようとしており、農場相続人は農場の大きさに見合うように両親生前のうちに彼らに遺産を分配してやらなければいけないようなのだ。私はこれを阻むことはできないのだろうか。しかし私は訴訟に躊躇しており、また私の農奴も、財産分割に際して〔租税や貢納など〕農民としての正規の負担さえわずかしか斟酌されなかったため、訴訟の費用にさえこと欠いているのだ。さらに判事は、またもや農奴は敗訴するかもしれないと述べているのだが、その理由とは、財産分配は現行の法律によると、持参財を今日与えた上に明日にはこれに加えて遺産を与えるからだというのだ。こんなことをしていて、一体どうなってしまうのだろう。ひとはこんな苦しい目にあって、農場を引き継ぐことなどできるだろうか。私達の社会制度全体が、ついには破滅的なホイアー制へと向かって崩れ去ってしまうことにならないだろうか」。

「すでにもう破滅していますよ」と別の者が続けて言った。「私が住んでいる教区では、今なお農民によって耕されているものとしては、二つの農場しか残っていません。運搬賦役が課された場合、すべてはこの二軒の負担になってしまうのです。残りの農場はすべてホイアーロイテに貸し出され、零細な不平屋によって耕作されているのですが、彼らときたら耕地をしっかりと耕作しているのではなく、ただ地表をひっかいているにすぎないのです。彼らは十分な役畜をもたないので、肥料が不足しています[3]。彼らの栽培している穀物ときたら二〇センチは丈が短く、とりわけ外見がみすぼらしいのですぐに分かります。麦わらや穀物の収穫は、私の若い頃と比べると三分の一以上も減ってしまいました。私の記憶では、一〇年前に深刻な穀物騰貴が起こり、ブレーメンから穀物を取り寄せる必要が生じた時、ホイアーロイテの馬のうち一マイルの運搬に耐えるものは一頭もいなかったのです。まだ良好な状態にあり、困窮時に頼りにされねばならない少数の者もどれほど長く抵抗できたとしても、このようにして必然的に没落せねばなりません。すべての農民農場が土地の慣習に従って定住されるよう、当局は配慮するべきであります。またその家畜や農具が差し押さえられないですむために、所有者が保護されるよう、当局は配慮するべきであります」。

「まったくもって」と、ここで将校が彼らをさえぎって言った。「兵士たちが背嚢を質入してしまった際には、それを請け戻すことができるよう、私は彼らに武器を売らせるはめになり、その後には行軍の際に、何と各自が棍棒を手にする始末です。これは君達のホイアーロイテの物語そのものではありませんか。もしそのホイアーマンが馬一頭分の借金をした場合、裁判官は返済できるように彼に対して馬二頭を差し押さえます。しかしお人好しの君達は、農奴の農場は防備を固めて、始源的な結合のおかげであらゆる侵害から守られねばならない国家の封土であることを理解していないのです。もし私の兵士達が、その武器や背嚢によって、その価値の分だけ子供達に財産分与してしまったならば、子供達の取分はわずかであるのに、父親達は本当に棍棒を担いで戦場に行くはめになってしまいます。開戦の合図と同時に、われわれは完敗することになりますが、君達の農奴も同じ目に合うのです」。

「実際これは笑ってすませるような事柄ではありません」と、先のモラリストがここで再び話を始めた。「悲しくも恐ろしいのは、数頭の牝牛の購入代金を支払うために最良の馬を担保に入れ、代わりの馬を購入するために収穫した穀物を担保に入れ、新たな穀物を購入するために荷車や犂を担保に入れ、代わりの荷車代金を車大工に支払うために先の牝牛を差し押さえられてしまい、こうしてもっぱら貸し手の胴元だけが儲かるような結果となるこの農村破壊的ゲームのなかに農民達が追い立てられていることです。このような弊害を除去するに足る大金脈もあまりにも山中深く蔵されているので、これを掘り起こして原石を精錬するためには、一種の奇跡が起こり、前世紀の賢明で強力な立法者である全ロシア人の偉大な女帝エカテリーナ二世が現れねばならないのではありますまいか(4)。私達の太古の先祖達は、簡明な策を講じて、ローマ人の裁判官や弁護士の舌を抜きました。私はなおしばしば荒々しい屠殺者が舌を手にして、次のように叫ぶのを聞く思いがします――

『あらゆる成文法とその注釈家は呪われてあれ！　汝、老ドゥルイド神官よ立ち現れよ、そして汝の司法杖を高くかざせ。われわれの中から名誉ある者たちを一二人、事柄が重要な場合には二四人を汝のもとに集めよ。これらの者たちが、公共の善にとって適当でありかつ正当であるとみなすことが、われわれの法になりえ、またなるべきである。そこで罰せられた者は神の裁きによるものとして、そういう目にあうといい。その他のすべての裁判官に対しては、私がこのローマの裁判官にしたとおりにするがいい』。

先祖達は確かにこのように叫んだのです。私達がこの先例にならって、すべての法学者を、彼らがアリスティデス(5)のような正義の人であるか裏切り者であるかを問わず、先ず国土から追放し、その後、子供に対する財産分与を三人ないし五人の名誉ある家父に決定させるなら、またもし毎年それぞれの教区で特別集会を開催し、そこで三人の農場領主と三人の平民の長老により、それら二グループから選ばれるかもしくは事前に任命された座長の司会によって、すべての劣悪な経営者を容赦なく裁くならば、またある人のそれまでの一年間に負ったすべての負債がこの特別集会で示され、検討され、規定に従ってその弁済を要請されるなら、そして最後に、その要請が実行されていることが次の特別集会でその都度証明されるか、実行されていない場合は負債も質入も許されなければ、私達の農場は間違いなくホイアーロイテによってではなく、善良で勇敢な経営者によって占められていたはずです。しかしながら私達はあらゆることがらを法令によって強制しようと欲しました。しかも私達は法令を、その意味をめぐって様々な党派が一八〇〇年以上にもわたって論争を繰り広げてきた神の言葉よりも、さらに良きものにしようと望んだのです。これに対して私達の先祖の叡智のすべては次の大原則に発していました。すなわち――

法というものは杓子定規に当てはめうるものでは決してなく、多くの事柄は名誉ある人々の判断に委ねなければならない

という原則です。この原則に従って、彼らの唯一の配慮は、そうした判断を委ねられるような名誉ある人々を見つけ出すことに向けられました。そしてそうした人々が見つからない場合には、むしろさいころ、つまり別種の神の裁きによったのです。人知が法律的手段によって判決しようとするものは、ツキの悪いさいころの目ほどにも、名誉心ある被告をなだめることができないでしょうから。

私達は常に法律のあらさがしをし、それを完全なものにしたがりますが、そのために必要な表現がわれわれの言語にはなく、またすべての可能な場合を見渡すことのできる叡智がわれわれの頭脳には欠けているゆえに、彼らはそうはしなかったのです」。

ここでもう一人の衒学者（ペダント）――まあこの哲学者を衒学者と呼んでよいと思うのだが――が割って入り、状況の悪化の責任はひとえに新世界の発見にあると主張した。彼は次のように述べた。「新世界が不幸にもわれわれに大量の金銀を送り込む前には、土地の保有者が、一年間の収穫物より多くのものを消費することなど不可能でした。彼は弟妹達に対しては、仔馬一頭、牛一頭、亜麻一束の財産分与を行うのみであり、国家に対しては自前の武具で奉仕し、農場領主に対しては土地と家計が許す範囲で貢納したにすぎないのです。多大な負債を負うことはありえなかったし、収支もかなり均衡していたのです。農場を持つ者は

農地に留まり続けていたのであり、これを貸し出して現金小作料を得ることなど考えたこともなく、ただ穀物小作料やその他の現物貢租を知っていたにすぎません。なおこの現物貢租とは、穀物小作料が徴収できなかったときも、領主が土地から簡単に自分のものにできるような性格のものでした。しかしながら貨幣が導入されるとともに、このようなよきあり方が一変してしまいました。貨幣のおかげで、農夫は一年のうちに二〇年分の収穫を消費できることになってしまったのです。彼は一〇〇〇ターラーも借金し、半年後に返済すると約束しますが、こんな約束は再度彼に一〇〇〇ターラーを貸しつけるような別のばか者がいるといった困った事情がない限り、事柄の性質上、守ることが不可能です。こんな約束は実行不可能であり、無意味であると見抜いているべきであるにもかかわらず、裁判官は彼に返済を強要し、その支払義務は法的に正当であるとします。それは明らかに無慈悲であり、土地保有者に対して彼が年末に余剰として持つもの以上を期待するというのは、およそ不可能な要求であるとして、こうした貸付を一度たりとも非難することさえしません。今や債務者が返済できないとなると、家の中に抵当物件となるものがある限り、裁判官はこの一〇〇〇ターラーのために彼の抵当物件を差し押さえてしまいます。それでも、この者はその農場でもって国家に奉仕せねばならないのだから、おそらく素手で耕地を耕すしかないでしょう。もし事態を再び順調な軌道に載せねばならないならば、貨幣を完全に禁止するか、そうでないならば負債を負った農場の余剰をはっきりと確定し、抵当はこの余剰を超えては認めないとすべきであります」。

「もうおしゃべりは沢山だ」、とここで先の将校は叫んだ。「要するに、すべての誤りのもとは軍紀の欠如にあるのです。家畜や馬を差し押さえる代わりに、だめな世帯主たち、特に酔っ払いやけんか好きを、しっかりと人垣の間を走らせて鞭打つべきです。名誉にかけて、彼らの性根をすえかえるか、さもなくば農場から降ろさねばなりません。ある昔の本で読んだことですが、以前にはどの教区も連隊長や地方軍管区長の下にあり、彼は自分の管轄下の農場や人々を毎週一回巡察し、だらしのない経営者に対しては、数名のものの分かった人物の参加の下に即決裁判を行ったのだそうです。もし、もう一度こうしたやり方を復活させたなら、事態はまもなく変わるに違いありません。しかしそうだからといって、債務者に対して毎年その余剰を超えて抵当に入れるなと言うわけではありません。もし債務者が期限を守らず、取り決められていたものを踏み倒し、余剰が出費に対して十分でない場合には、信用を何らかの方法で維持するためには、他の物件がなければ、やはり裁判官は馬や牝牛を差し押さえねばならないでしょう。あるいは裁判官は、債務者が債務があろうとなかろうとに関わらず、再び支払困難な状況に陥らないかどうか、面倒な調査を行うことになるでしょう。しかしそうなると、表門から追放した法学者が裏門から再び入ってくるのです。要するに、貴族は平民の経営を監督する義務を負い、それに対して国家の大衆から報酬を得ているのです。貴族には、彼の責務について思い起こさせる必要があります。また中隊長もしくは農場領主の下にありながら、中隊より離れて点在する農場を、何百という単位で再び監督下に置き、地方管区長官職を犠牲にしてでも、そうした中隊農場の点在性を将来にわたって禁ずるべきなのです。そしてまた実際に、われわれの軍法会議法務官の見解によれば、既に五〇〇年前に帝国法では禁止されているのです。そうなればそうした中隊には、裁判官は存在せず、法務官のみが存在するだけですむでしょう。この法務官は議事録作成を任務としますが、それ以上の者ではなく、学者ではないのです」。

「一番いいのは、何が最良の農民のあり方かという質問の回答に一〇〇ドゥカーテンの賞金を出すことです」と、これまで他の人の話をじっと黙って聞いていた、いま一人の者が発言した。「そして必要とあれば、さらにいまひとつの質問をつけ加えることです。その質問とは――

　　農村定住地においてホイアーロイテへの土地貸出しが過大に及んだ場合、国家はどのような対策をとることができるか

というものです。第一の質問に答えるには、ヨーロッパ全域を旅して回って学ばねばならず、また哲人的見識を有する立法者の注意深さを要求されることでしょうが、それの回答に対する賞金が、賢明な審査員によって誰かに与えられる前に、後者の質問について、ここで私の考えを開陳したいのです。

だがここで話を進める前に、私がいま対象とし、しかもホイアーロイテへの土地貸出しという言葉では通常はまったく理解されていないような様々な形態の小作について、簡単に触れておかなければならないでしょう。

私は先ず第一に、納税義務を負う土地所有者である上に農場を借地した場合、その農場が利益をもたらすのに応じて、毎年多くの租税や賃租を支払うことができるような者をホイアーマンと呼んでいます。第二に、私は農場全体を他人から借り入れている通常の小作人、すなわちホイアーマンをそれにつけ加えます。さらに第三に、課税評価対象であるひとつの農場をしばしば二〇人で分割して借り受けているような零細ホイアーロイテを含めています。(6)

私達の先祖は、これらすべてのホイアーロイテが国家に存在することを容認しませんでした。例えば一〇〇人の土地所有者と一〇〇人のこのようなホイアーロイテとが互いに同一の義務を尽くすべきものとされる場合、ホイアーロイテは土地所有者に比べると、困難な時に持ちこたえることができず、逃亡するか、そうでなければ立ちすくんでしまい、結果として土地所有者が全負担を負う目にあう、というのが主要な理由です。先祖たちが述べたところによると、［支払わなければ焼き払うと威嚇して］免焼金を国土に課した敵どもは、国家を二〇〇の農場より成っていると計算し――実際にそれだけあったのですが――現金、運搬賦役、現物収用の請求をこの農場数に応じて要求しました。しかし実際に支払う段になりますと、余剰を持たない者はただ名目上負担を負ったに過ぎず、結局別の者が肩代わりしなければなりませんでした。二〇〇の農場経営者が存在するという前提で、全般的な困難の時代に国家が支援を訴えても、半数の経営者はそれを無視しています。そして困難が極まってもう失うものは何もないほどまでになると、ホイアーロイテは国から逃げだし、同胞市民を見捨ててしまいます。おそらく数百年もの間、互いに平和、防衛、土地利用のあらゆる便宜を共有した仲だというのに。さらに、土地からの退去命令はホイアーリングにとってなんの刑罰にもならないので、立法者は体罰刑や死刑を導入しなければならないのですが、これも土地所有者には損です。土地所有者にとっては土地からの退去命令こそが、この上ない重刑なのにもかかわらず、土地所有者の負担で立法者は逃亡者をとらえて規律を与えるために監獄を設置しなければならないのですから。

以上のような理由、またここではあげませんが、その他のいくつかの理由で、課税評価対象となる農場に一人としてホイアーロイテを置くことを先祖達は許しませんでした。彼らはむしろ、公共の安全は自ら十分な財産を持つ農場経営者によってこそ守られうるという共通の了解から、負債や私的債務を持たない自由で兵役に耐えうる人間をこそ要求したのでした。当時、国家の構成員達は互いを頼りにしていましたが、それはちょうど現金を共同基金に出資した完全株の保有者が、互いに依存したのと同じです。ところが安全が確立し、防衛機構が変容あるいは縮小し、いわば株式の半分が償還しうるようになるにつれ、国家もまた半分になった分の農場で十分な安全を確保し、いまや土地所有者は国家に対する責任を免れた残りの半分の農場を自分の裁量で自由に利用できるようになったのです。そしていまやはじめて小作契約、世襲小作契約、賃租契約、世襲賃租契約や、あるいは別の種の農民契約が成立しうるようになり、その結果、所有者は自分の農場を賃借人に委ね、輪番義務を負うこの者が、土地貸出しされた半分の農場から得られるだけの収益を、農場領主や賃租領主、債権者に対して支払えるようになったのです。確かに国家はこうして半分の基盤を失ったようにもみえました。しかし、別の方面で農場領主や賃租領主が祖国のために戦っておりましたし、その間に賃租農民がその耕地を平穏に耕していたので、国家は実際にはこの半分の基盤を失うことはなかったのです。

　このようにしてその後の時代には、公共の責任を輪番で負う者はなお二分の一土地所有者より成り立っておりましたし、さらに平和で幸運な時代には、四分の一土地所有者たちから成り立つこともありえたでしょう。しかしそれをまったく無所有の者たちから成り立たせることは危険なことですし、また国家を一〇〇人の完全土地所有者と一〇〇人のホイアーロイテから成り立たせ、両者に同一の義務を負わせたりすることは、土地所有者に対して無責任なことになります。だがこのことは、既に述べたホイアーロイテへの貸し出しのすべての場合において生じます。ほんの数日前に見たことなのですが、ある輪番運搬賦役の際に、ある土地所有者の雄馬が、積み荷すべてと、手綱をとるホイアーリングの食糧袋や彼の非力な馬の飼料袋を引いていたところ、重さに耐えず途中で倒れこんでしまったのです。

それゆえ私は、同一の輪番義務を負っている臣民は、国家においては本来同等のしかも常に相当程度の財産をもつべきである、という命題を是認することができると信じております。この財産は、緊急時には国家の安全保障に責任を負い、また公的負担が増大する際に国家が利用できる担保であります。もしその財産が、真の土地所有権からなるのではなく、家屋やその改築部分よりなるにすぎないとしても、困窮時に保有者がそこから容易には立ち去れないようなものならば、この財産は常にある程度は世襲小作権や、その他の地域特有の専有形態で存在しました。しかし土地と家屋がいずれも賃貸者の側の所有物であったり、あるいは、土地も家屋も共同相続人に対する財産分与に耐えられないほどに、保有者によって農場がひどく負債を負っている場合には、もはや財産などは存在しません。そして輪番義務を負うひとつの農場を多数の零細なホイアーロイテが小作している場合、国家の安全はまったく確保できないのです。彼らときたらとるに足らない嵐が吹いても牝牛を引っ張って、紡ぎ車を抱えて国境を越えて避難し、お日様が顔をのぞかせたら今度はさっさと帰国できるのですから。このような細民でも、寄留民として課税評価しうる農場をちゃんと小作できるならば、存在価値はあります。けれども輪番義務のある農場の中核になる経営は、国家の利益と安全のために、弱められたり変質させられてはならないのです。

したがって正しい方針は、輪番義務を負うすべての臣民が国家に奉仕するに十分な財産をもち、それを確実に維持することです。そしてホイアー制度が過度に普及している国家に対して提示される手立ては、結局はこれを阻止することに至らざるをえないのです。すなわちこうした正しい方針からできるだけそれないようにし、またそれてしまった場合でも正しい方針を再建できるように目指さなければなりません。だがこうした意図は即座にではなく徐々に時間をかけて、この正しい方針とそれに依拠した政策の正当性について、常に生き生きとした確信を持ち続けることによって、達成されるのです。そのための手立てとして、以下をあげたいと思います。

一、すべての農場は、今後これ以上債務返済のためにホイアーロイテに貸し出してはならない。

二、農場全体を公共的な意味を持つ世襲財産であると宣言する。この農場に対して国家と農場領主は権利を持つが、債権者には権利はないものとする。たとえこの債権者が農場を立ち去っていく子供［非相続権者たる兄弟姉妹］であり、場合によってはなにがしかの請求権を持ちうるにしてもである。

三、農場の家屋や農場用動産は、先ずは裁判官のあらゆる介入から護られ、また常に完全な状態で維持しなければならないことを事前に規定した上で、農場領主の保証の下で、農場家屋や農場用動産から成る基幹財産（フライシュタム）をすべての農民農場に設定し、これを登記簿に記録する。

四、債務者である農場保有者が、農場用動産以外に財産を十分持たない場合、農場保有者が負うすべての債務ならびに彼の債務であると認められた全抵当債券は、ただ上記の登記簿に記録するだけで、差し押さえは行わないものとする。

五、ただし債務額が上記の基幹財産の額に達すると直ちに、それ以上の訴訟原因を待たずに、保有者はすぐに強制立退処分とされ、農場は、基幹財産相当の金額支払いとひきかえに農場領主の自由な管理下に置かれる。その際農場領主は、登記ずみの債権者に対してこの金額より抵当順位に従って返済するものとする。

六、農場領主は新しい農場保有者に対して、その支出した資金と低額の酒手を要求する権利を持つが、この農場領主には、一定期限を定めてその期限内に農場に新しい耕作者を入居させるか、そうでなければ公的な輪番制度の最高の保護者である領邦君主によって入居者が決められるのを待つか、求めねばならない。

七、規定された農場用動産や、家屋を含む基幹財産全体にわずかでも不足があり、もし農場領主が三度にわたって注意してもそれを修復しない場合、強制立退の十分な事由とみなされる。

八、強制立退にかかる司法手続き費用は一定額と決め、裁判所に登録する。強制立退が行われた場合、債権者に対しては一年分の利子以上は補償しない。

九、いかなる財産分与も基幹財産が債務を負わないということをひたすら目的とするべきであり、基幹財産を超えた財産からならば、立ち去っていく子供たちに対して、両親が生前に贈与のかたちでよくしてやるのは自由である。

一〇、農民は皆、司法的に登記された債務については常に予め賃貸借簿に記録しておかなければならず、これによって農場領主は、農民の経営が改善しているか、悪化しているかを毎年監視できるようにする。

一一、今後は、農場領主の特別の承認は［農民の借り入れに対して］必要はなくなり、むしろ基幹財産の登記が、債権者に対する完全で公開的な保証となる。

一見すると、これでは農場領主は損をするようにも見えます。彼の農場に設定された基幹財産を承認し、強制立退の際には債権者に対してこの財産に相当する返済金を支払うだけでなく、最終的に確定され、登記された司法手続費に対しても責任を負うものとされているのですから。またそれは死亡税［遺産税］について私達が抱いている観念とも矛盾するように見え、ともすれば「奴隷が得るものはなんであれ主人はこれを得るなり」と表明されるローマの原則にも衝突するように見えます。さらにまた課税対象となる農場に、公益が要求し定めているとおりの農場用動産が用意されるよう配慮せよと、農場領主に義務づけるのは酷のように思えます。すぐれた経営者を彼の地所に獲得し、この者に輪番衆としての義務を適切に果たさせ、毎年の点検に耐える農場用動産を備えさせ、そのために領主は転入税(7)の徴収をあきらめるばかりか、こんなふうになお貨幣まで供給してやらねばならないのかと憂慮する人がおられたとしても、それはもっともなことです。

しかしながらさらに立ち入って洞察し、また事柄を正しい観点から把握するならば、このような困難は解消するか、またはより大きくて永続的な利益によって克服されてしまうのです。ただしそれには、外からの妨害なしにその計画を実行できるような適切な権限を農場領主に付与することだけが条件になります。それというのも、基幹財産について言えば、この名前は確かになじみのないものですが、それでもそうした事柄はどんな時でも存在してきたのですから困難なことはないのです。基幹財産は実際には、農奴や農場隷属民の有する農場相続権にこそ根差しているのです。都市の借家が世襲的となることはまったくありませんでした。他方、建物を伴わない借地は稀であり、それはただ新農民がはじめて開墾し、耕作可能なものにしなければならないような土地について行われたにすぎません。しかし建物が土地の上に建てられたり、あるいは土地の隣に建てられ、農民がこれを耕作し維持するにいたるや、直ちに相続権が発生します。この相続権は一体どこから生じるのでしょうか。それはただ、父親が自らの費用で家屋を建てた場合、その息子を追い出す正当な理由はない、ということによるのです。土地を取得し家をその上に建てた人が、生涯の終わり近くに不幸な火災に遭ったとして、もし「四年、八年もしくは一二年後に、あるいは死後に、汝はすべてを喪失しなければならない」などと申し渡されたとしたら、新しい建物を建てるために全財産を投げ出す人などいるでしょうか。確かにエムス河流域の荒地やブレーメン近郊のいくつかの地方ではそうした契約があり、借地契約年が終わった後に、農民は小屋の柱を引き抜いて再利用します。けれども、それは貧しい人々を国家に生み出すだけであり、また地味が軟弱で森林のない地方でのみホイアーリングに対して行なわれているにすぎません。当司教領では家屋は頑丈に作られており、借地期間の終了後に建築や改修をどのようにするかについて、地代証書やホイアー契約に記載がなく、あるいは土地返還に際しての特別な取り決めがない場合は借地、小作地、農民地はホイアーマンや小作人が自費で家を建てそれを維持する限り、相続地なのです。

このように農奴の相続権も父親が建てた建物とその改修を根拠にしているとするならば、この改修された建物は真の基幹財産です。たとえそのような名前で呼ばれず、またそのような規定がなくても、基幹財産としての性質は何一つ欠けてはいません。この基幹財産が自由身分の相続人の手に渡らないようにするために、私達の祖先が打った手立ては最も精妙なものでした。先祖たちは、基幹財産の一定比率の分与に際して、自由身分の相続人が農場領主に届け出て、それの補償を要求することがありうると予測していたので、農奴の地位にある最も近しい相続人のみが農場を相続しうるという規則を作ったのです。(原註3)これによって、常に土地と建築物は不可分の状態で農場相続人の手に渡り、彼が死んでしまった場合には農場領主に返還されました。自由人が相続人として名乗りでた場合、農場領主は、お前は私の所の隷属民ではないと言明してそれを拒絶したのです。その場合、農場領主は、改修のための支出分について誰とも清算する必要はありませんでした。もし清算に応じたならば、その勘定書きはどんな農場をもいっぺんにつぶしてしまい、かの改修分はいつまでも続く訴訟の種をまくことになったでしょう。

領主に支払う死亡税［遺産税］は、ここに提言された制度によって損なわれることはありません。つまり、建築物もその改修分もそもそも遺産の中に含まれず、言いかえれば農場相続人の相続権は農場領主に帰属すべきもので、農場領主は農場相続人に対して「お前の父親が獲得して後に残したものは、すべて私のものなのだから、本当はお前には一片の相続権もないのだよ」と、相続の度に言い渡すことができたはずだからです。しかし、彼はこんなことをいままでは言うことはできないので、そこで建築物とその改修分に対して実際には死亡税が課税されている原因は、かつてあった隷属性が曖昧になってしまったこと以外にありえないのは一目瞭然です。もしこんなふうに曖昧にならなければ、農場領主は自由身分の相続人とあらゆる債権者を拒絶しえたでしょうから、建築物についてもその修繕分についても、死亡税を免除すると言明することができたはずです。しかしいまでは、そして隷属という観念が失われてしまった後には、領主は必然的に死亡税を課さねばならなくなります。ただその場合でも、いろいろの人間の請求権に気遣うべきではないのです。どんなに新旧の法律家の知識に惑わされる人がいたとしても、やはり最も近い隷属身分の相続人にのみ相続請求権があるはずなのです(8)。

確かにそうはいっても、十分な農場用動産をもってさっと登場して、基幹財産を購入する能力のある農業経営者を獲得する方が、無思慮に大農場へと入植してきて、そこで考えうる限り苦労する零細なホイアーロイテを見つけるよりも困難なのは、常に真実ではあるでしょう。それでもなお、眼前にある事柄をいまいちど考察してみようではありませんか。

私の居住する教区には、荘園法の下にあって購入可能な農場が二〇ほどありますが、農場の領主は、売買に対して承認を与えてきました。判事はそれをすでに三回も公示しましたが、荘園法に従う意志のある購入者を見出すことはできません。事態はどうなるのでしょうか。そんなことは私には分かりません。しかしいまにも傾きかけた農場の建物が倒壊してしまったならば、もうただで農場を提供しなければならない、ということは私にもわかります。さまざまの騎士領の農奴の農場についても、事情は同じであるように見えます。私は農民の農場の強制売却に踏み切ることができません。なぜならば売却に踏み切ったとき、一体私はやりすぎているのか、それともやり足らないのかがわからないし、また判事も、彼の良心がかかっていることの事案において、同様に優柔不断に陥ってしまうからです。その間にホイアーロイテによる耕作は継続し、五四人もの零細ホイアーロイテが農地の表土をひっかき続けています。だから家屋が倒壊してしまい、それを新しく建て直し、公的な輪番の中でその農場の防衛を担うような農民が必要となった際に、どうすればいいのか私は本当に途方に暮れるのです。

こうした状況においては、確固とした方針を定め、それに従って農奴に対して一定の基幹財産を認め、もし債務額が基幹財産の額に達し次第、彼らを農場から即座に追い出したほうがはるかにましではないでしょうか。司教領の自由土地所有者が支払能力を失った場合、いったい経営がまずくて没落したのか、それとも別の事情によるのかなどと尋ねたりせずに、むしろ農場を売却してしまうだけです。これに対して農奴はたとえ相当の借金を作っても、農場に居座り続けるのですが、それは彼の農場に対する権利が特定されていないためです。農場領主によっては退去させることに躊躇する者もいますし、また退去させることに踏み切りながらも、農場の引受手を新たに見出せなかった者もいます。なぜならば、その教区では、誰もが血縁関係者が追放された後の農場に入植することに良心の呵責を感じるからです。しかし基幹財産が指定され次第、双方ともにこうした躊躇はなくなります。退去させるということはいわば基幹財産の通常の売却処分方法ですから、債務台帳が公的に司法によって維持される限り、これによって誰も悲しみ、損失を受け、欺かれるということはありえないのです」。

こんなふうに私達の子孫は語っていた。私がいま述べたことは、誰もが知っていることなのである。

『郷土愛の夢』第三巻第六二番、一七七二年（山崎・肥前訳）

＊　小林昇がフリードリヒ・リストに対するメーザーの影響を論じた際に、後者の農場制度論として「農民農場を株式

として考察する」「土地保有者の娘たちの嫁資について」とともに重視した論説。小林昇「リストの生産力論」『小林昇経済学史著作集Ⅵ』未來社、一九七八年、所収を参照。

（原註1） 農民農場から兄弟姉妹が得る手切金ないし持参金はオスナブリュック司教領では特別な事情があり、ローマ的概念の不運な結果によって、農場相続人は前もって兄弟姉妹に対してたった二人分を得られるだけであり、この比率によって後者に支払をすることが義務づけられている。このような事情ではすべての農場は没落せざるをえない。[9]

（原註2） これはオスナブリュックでは合法的な手続きであり、残念なことに領邦の国制と絡みあっているため、これを風刺したり説得したりする程度では根絶することはできないし、また法律で強制できるような性格のものでもない。

（原註3） 農場は最も近い隷民である相続人のものとならなければならない。シュタイネン著『ヴェストファーレン史』第六巻、一七五四頁以下のエッセン領荘園法を参照せよ。相続人は領地の隷民でなければならなかった。ゼンケンベルク著『ゲルマン法典』第一部序説の後の一一五頁のヴェストホーフ荘園法をみよ。隷民であることという条件によって、解放民、聖職者、都市市民の他に、自由人であろうと隷民であろうと、他の者の保護下におかれた者たちは農場相続から排除されることになった。彼らは解放されているということの宿命を忍んだが、このことは後に曖昧化してしまった。解放されていることが、聖職者にレーエン法が適用されなかった理由であるとはもう感じとれなくなってしまっているし、合有の土地がなお引き続き形式上は領地に隷属するということも意識されなくなっている。

（1） 七年戦争によってオスナブリュックの農村が大きな打撃を受けたことを、メーザーは深刻に受け止めていた（全集第六巻第六八番）。ここでの記述は、未来社会のことであるとしているが、しかし七年戦争時の戦争被害を念頭に置いて書かれていると考えてよいだろう。

（2） 地主である農民とホイアーロイテの関係に関して、同時代人やその後の歴史家の間で、家父長的で安定的な関係があったとする説と、逆に短期的であるとしてホイアーロイテの寄留民的性格を強調する説があったが、メーザーは後者の代表的論者であった。ここでの叙述はこのような彼の理解を典型的に表している。Schlumbohm, 1997, S. 570を参照。

（3）ホイアーロイテは馬を持たず、牝牛を耕耘に用いていた。Schlumbohm, 1997, S. 547を参照。

（4）メーザーと同時代人であるエカテリーナ二世を前世紀の偉大な女帝としたのは、次世紀の子孫に語らせた言葉だからである。

（5）アリスティデス。ペルシア戦争で活躍したアテナイの将軍・政治家。高潔な人物として古代より評価されていたが、陶片追放を経験した。

（6）ここで分類されているホイアーロイテのなかで、一般にこの名前で呼ばれているのは第三の形態であり、またこの作品で問題にされているのもこの類型であるが、しかしメーザーは小作制一般について、農民農場の保有形態としては、公共的な性格を維持するために適切でないと考えていた。本書所収の作品一五「農民農場を株式として考察する」を参照。

（7）転入税あるいは嫁（婿）入税とは、オスナブリュックなどヴェストファーレン地方において、他領地から嫁（婿）入りした新領民より領主が徴収した税であり、これの支払によって前者が後者の保護下に置かれたことを意味した。

（8）この段落では隷属的地位と死亡税の関係について論じられている。メーザーは、死亡税課税が一定の身分的ないし財産所有上の自由を前提とすると考える一方、死亡税と転入税は、特定の保護者や団体に帰属（隷属）し、それの保護を受け、権利と名誉を保証された代償として支払われるものとも解釈していた。全集第六巻第六七番を参照。

（9）オスナブリュックでは、一七六八年の財産令によって農民の相続制度は変更を加えられ、資産評価に基づいて、共同相続人の受取分が遺留分として法的に確定された。これに対してメーザーは異論を持っていたが、この点については山崎による解説の「三　農民相続制度論」を参照。

一五　農民農場を株式として考察する（原註）*

われわれは皆、東インドや西インドで交易を行う巨大会社について、何ほどかの知識を持っている。これらの会社が一定の資本を投下した人々から成り立っていることを、われわれは知っている。われわれはこの資本のことを株式と呼び、何人もそのような株式を所有するのでない限り、この会社に所属する者ではなく、そうした株主だけが会社の損益を分担するのだと、まったく明瞭に想定している。私が思うに、こうしたことをわれわれはよく知っており、もし誰かが、キリスト教会に属する人は誰でもすべて東インド会社の構成員であると見なすべきではないか、などと問うたら、もっとも単純な者でさえそれを笑うであろう。このような周知の形態に即して考えると、この概念はまったく明確である。ところがもし、市民社会をすべてそのような会社として叙述し、すべての市民を一定の株式の所有者と見なし、右のような議論を行うと、たちまち理解できなくなってしまう人が結構たくさんいるようだ。すなわち、人は博愛や宗教によってかの市民社会の構成員になりうるのではないということ、株主すなわち市民と人間一般すなわちキリスト教徒とを混同するや、直ちにこの上なく明らかな謬論に陥るであろうということが、なかなか理解されないのである。大哲学者でさえ、この点で間違いを犯すことがしばしばあるくらいである。人間の社会的な権利義務を論じた人は多いが、そのなかで、理想社会を一定の株式制度の上に打ちたて、その制度を詳細に規定することから構成員すべての権利義務を導き出したような哲学者を、私は知らない。けれども、株式の多様性が多様な権利を生み出さずにはおかず、逆に株式を所有しない者が権利から完全に排除されるほかないことは、当然かつ自明のことなのである。

ひょっとすると何人かの人々はすでに漠然とではあれこのことに気づいており、ただ私が言おうとすることを充分には感じ取っていないのかもしれない。それゆえ以下では、一例を挙げて説明することとしよう。多くの哲学者や法学者は、下僕制度（クネヒトシャフト）［奉公人制度］について実りのある概念規定を求められると、途方に暮れてしまう。その起源を解説しようとしても、彼らは考えが一定せず、極めて学識豊かであるにもかかわらず、この問題に関しては正確で決定的な結論にいたることが稀なのである。下僕とは国家のなかにあって株式を持たない人間であると捉えるならば、直ちに下僕制度はまったく新しい光のもとに置かれる。下僕が市民としての利便と負担とに十分に与らないのはなぜか、下僕はキリスト教徒としての徳性をいかに立派に備えていようと、国土防衛に貢献せず名誉にも与れないのはなぜか、ということが直ちに分かる。下僕制度が宗教に反するものでないのは、ちょうど東インド会社の構成員でないことが宗教に反するものではないのと同様である、ということは明らかだ。そこからして教会法と同様に市民法も下僕の人間としての権利を拒否するものではないということ、ただ下僕は特別の契約なしには、人権並びに加齢の後にはキリスト教的愛によって与えられる［社会政策的保護］以上のものを要求することができないということ、市民と人間一般とを、また株主と国家の株式を持たない者とを隔てる太い線は、完全で有益な理論にとって必要不可欠なものであるということが結論されるのである。

　現代はすでにより良い日の近いことを告げ知らせる、法学の黎明期である。すなわち物法（ザッヘンレヒト）［物権法］が人法（ペルゾーネンレヒト）よりも重んじられ始めている。けれどもまだ、真理について漠然とした感覚が芽生えているに過ぎないのが現状である。けだし、物を株式として把握した人はまだ誰もいないからである。ここでもまた例示によって説明するしかない。例えばある人が、一〇〇〇ターラーを持っているとしよう。彼はそのうち半分をある事業会社に投資し、従って五〇〇ターラー分のみの株式を所有している。残る五〇〇ターラーは自然状態にある自由な財産（私有財産）であって、これによって彼は意のままに取引できる。[1] 五〇〇ターラーの株式を所有しているおかげで、彼はその会社の構成員であり、会社法における物権に関して論じようとする者は、株式にかかわる義務のみを規定し、この株主が持っている残りの財産にかかずらわることはまったくないであろう。ところが市民の物法を論じるすべての人が今なお、この明白に正しい理解に反するような捉え方に陥っているのである。

　こうした議論は所詮は単なる思弁に帰結するなどと考えないでほしいし、一国の居住者ならば誰でもその全財産を挙げて、市民からなる会社の支出全体に義務を負っているように見える現代にあっては、市民と人間一般との区別はまったく無用である、などと考えないでほしい。確かに、われわれが財産税および対人税を導入したがゆえに、次第に不動産だけではなく貨幣的富や自分の身体さえをも挙げてこの会社に投下し、その結果としてわれわれの全財産のみかわれわれ自身をも国家株式と化してきたのは事実である。けれどもまさしく市民と人間一般とを区別する右の考え方こそが、われわれの理解をより正しい方向へと整理しなおすよう、われわれを促すのである。国制の自然史的過程を回顧するならば、以下のような真実が姿を現す。当初は、ある人が所有し、その人の奉仕および課税の唯一の根拠であった土地のみが、会社の始原的な資産であった。この時代には、商取引をしたり靴を製造したりする者［商人や手工業者］は、土地という株式を持たず、従って下僕であった。この者は後年、土地株式のみでは会社の出費をまかなうのにもはや不十分となり、この者もまたその現金財産ないし収益の何ほどかを支出するよう求められるようになったとき、株主としての権利を獲得した。もっとも会社の出費が人的な軍役によってまかなわれた限り、そうしたことはなかなかうまく行かなかったが、ついに軍役が特別の男たち［職業的な軍人］によって引き受けられるにいたり、その扶養や武具を貨幣や収穫への指図証によってまかないうるようになって、貨幣株主のかの権利は確定した。更に後年に至り、収益税や財産税だけでは足りなくなって、対人税が導入され、そのことによっていまやすべての人が大国家会社の構成員あるいは現在の言葉で言う領邦の臣民となった。こうして市民権と人権との全般的な混交が生じたのであって、今日われわれはかの哲学者的な立法によって、この混沌のなかを舵のない船のように引き回されているのである。だが市民と人間一般とを区別する上述のような考え方をしてはじめて、歴史の真の教訓を物語る、ここでは詳論しえないこうしたあれこれの帰結の意味を理解することができるのであって、そのためだけでもすでに、株式と見なされる度合いに応じて、物法が人法よりも重視されるべきであるといえよう。けれども［定住せず］徒歩で移動する国民については、そうはいえない。けだしそれらの国民にあっては、身体が株式だからである。そうではなくて、土地を所有し、土地所有の規模に応じて公的貢献をするような国民のことを、私は念頭においている。馬で移動する国民にあっては、馬とその馬具とによって、市民法の適用が始まる。けだし馬が株式の大部分であり、馬を持たない者はこの騎馬民族会社の構成員ではないからである。

けれども市民と人間一般とを区別するべしというこうした考え方は、われわれが特別の国法やラント法を考察する際に、さらに一層重要なものとなる。わがヴェストファーレンやニーダーザクセンのいわゆる財産令や荘園法はすべて、農奴の起源、彼の人的な拘束に発するその人身の義務と権利について先ず最初に述べ、次いでその後に物的な関係に及ぶのが常であった。このような構成に従っている限り、何らかの適切な理論に到達することは決してないであろう。そこにあるのは間違った結論と飛躍とのみである。そして仮に幾多の回り道を経て最後にたどり着いた帰結が正しいとしても、体系そのものは依然として誤りであり、瓦礫で組み立てられたものに過ぎず、真の大立法を支えるに足りないものである。

マンズス［フーフェ］という言葉ほど、北欧の古文書のなかに頻繁に出てくる言葉はないであろう。しかもそれでいて、この言葉を正しく解釈できた学者はいまだいない。私が大変な勘違いを犯しているのでなければ、それは株式それも土地株式を意味した。この推測によれば、一マンズスは国情の相違に応じて、それぞれ四〇、八〇ないし一〇〇モルゲンの土地からなることがあったが、それはちょうど株式の額面に大小がありうるのと同様のことである。株式という言葉は別の言葉に置きかえるのが難しいのだが、マンズスという言葉も同様である。けれどもわれわれはそれがどういうものであるかを知っている。マンズスとは一人の武装農場主を支えるに足る農場（アイン・ガンツェス・ヴェーアグート）のことであるといって良い。当地の農村ではそれは完全エルべと呼ばれる。半エルべあるいは四分の一エルべはクーポンであり、一単位の土地であるエルべもしくはマンズスの部分である。

土地所有者は結合して会社を形成する。そして彼らはいまやその望む方法によって、特別の社会契約かもしくは黙約によって、その結合状態を維持することができる。すなわち各人はそのマンズスの大きさに応じて、共同の利害に対して権利を持ち義務を負う。彼はその所有する土地の大小に応じて、完全株主であったり、半株主であったり、四分の一株主であったりする。われわれの北欧の祖先たちは、一般的な支出もしくは負担が人的な軍役であった限り、この区分に満足してきた。彼らの単純でわかりやすい計算によれば、すべての完全マンズスは一頭の馬もしくは一人の人を軍役に立て、二つの半マンズスで同数を立てねばならなかった。だが貨幣税が発生し、貨幣による勘定がよりこまかくかつ正確に行なわれうるようになると、マンズスの正確な測定が始まり、貨幣税の新たな割合での配分が始まった。だがそれにもかかわらず、旧い社会契約に基づく数の馬および人の提供は存続した。それというのも、人や馬による奉仕は、細分して計算することができなかったからである。

共有地ケッター、ブリンクジッツァーその他の小民たちは、四分の一株どころかしばしば二四分の一株さえ持たないことがあったが、彼らはかつては会社の構成員とは認められず、下僕階級にランクづけられた。このことは、マンズスの細分化の結果である。だが、彼ら小民層が、他の下僕よりもその身分的地位をいくらか高めたのは、例えば会社の教会へ一ポンドの蝋を納めたり、ささいな郵便役を担当したり、川床の清掃を行なったり、絞首台を組み立てたりするなどの負担を引き受けたからであり、また彼らがこの会社の役員

［領主］のために、役員がその労苦の補償として正当に受けとることのできる他の貢租ないし便益を供与する義務を負ったからであった。

だがこの制度の下では、ある人がどのようにしてマンズスを入手するに至ったか、すなわち彼が欠員を埋める形でマンズスを役員から贈られたのか、あるいは当初は自由にそれを所有し、後にそれを携えて会社に参加したのかは、どうでもよいことであった。その限りにおいて、マンズスに当初居住していた者が自由人であるか、マイアーであるか、世襲小作人であるか、農奴であるかは、どうでもよかった。けだし、株式に伴う義務は、事柄の性質上あるいは社会の本源的で必然的な要請からして、常に不変であったからである。マンズスを所有する者が、ユダヤ人であろうがキリスト教徒であろうが、かまわなかった。マンズスを購入で得たのか、贈与や、賃貸しや、小作で得たのかは問題でなかった。つまりマンズスを所有するのがどのような人物であるかは、まったくどうでもよかった。従ってまた、永続的で完全な市民法、農民法、あるいはラント法を起草しようとする際にも、この点は余り重要ではない。

けれども、そうであればなおのこと、この株式もしくはマンズスの真の構成については、なおさら正確で詳細な考察が必要である。その真の大きさ、維持、細分の防止、細分されてしまった場合の再補充、家屋と農場動産、共有地権、森林伐採権、質入れ、国家・行政区（アムト）・教区（キルヒシュピール）・農民区（バウアーシャフト）に対する義務などはすべて、物法に属し、この株式を持つ人がどのような人であるかをまったく顧慮することなしに規定され、判断されねばならない。このことがラント法の第一編で、地方的必要や各国家会社の目的に即して、しかるべく規定されるならば、第二編では契約の内容について論ずることができる。もちろんここでもなお、株主の人格についてはまったく顧慮されない。株式は譲渡ないし質入れしてはならず、嫁資として与えてはならない。株式を構成する建物、必要欠くべからざる家畜飼育、その他株式の構成要素をなすすべてのものは、良き状態に保たれねばならない。そうすることによって、会社の共通の負担を担うことができるし、また困窮時に良き株主が悪しき株主のために支払ったり奉仕したりしないで済むからである。いっそうの安全のために、役員は株式の森林が伐採されつくしたり荒廃したりしないよう、また農耕がしかるべく勤勉に行なわれるよう、監督しなければならない。村全体の困窮あるいは個人的な不運のために、ある株主が株式の一部分を質入れしたり売却したりする羽目に陥った場合には、役員の同意を得、また会社社員全体の了解のうえで、すなわち裁判を行なった上で、そうするものとする。その裁判においては共通に定められたある制限を重んずべきであり、更にすべての株主はその株式を一定期間内に、借金や負担から再び解放できるよう、安全な方法の利用を義務づけられるものとする。このことは土地株式の本質に発するものであって、その所有者が自由人か隷従民かを問わない。従って、この本質を変更してしまうような契約はどのようなものであれ、株主に対して今後とも厳禁され続ける。隷従民がたとえその領主の合意を得ようとも、そうした契約を締結することはできない。もちろん地域の事情によっては、とりわけ土地株式を構成する土地が一定区画にまとまっているのではなく、共同耕地のなかに他人の土地と混在している場合は例外であって、そこでは所有者の人格があわせて考慮されねばならない。例えば、ローマ人の場合には時効取得における前書（プレスクリプツィオン）と使用取得（ウズカピオン）との区別[2]が、そのために行なわれた。使用取得という形での時効取得は株主相互の間でのみ有効であり、従ってそれを通じて、ある者の株式が会社の同僚の誰かの手中に移行することがありえた。これに対して前書を通ずる場合には、株式の一部分が会社のメンバーの手中を離れて、まったくの他人の手に渡った。こうした区分はその後、市民と住民とが混同され、国土に居住するすべての者が領邦の臣民として把握された結果として起こった人間の全般的な混交のゆえに、廃絶されるに至った。例えばフーフェ名簿もしくは自由裁判所に登録された土地が時効により自由な土地と宣せられることになる場合、この区別がもし残っていたら、さぞ有効であったろうに。こういう場合には当然に、時効によって何物かを取得しようと欲する人格の区別が尊重されねばならない。とはいえ、そのことは、人格に対して絶えず一瞥を与えることを要求するとはいえ、人法の混入を求めるものではない。

ところでこの物法を正しく発見し規定するには、ただ二つの一般原則のみが必要である。第一に株式は誠実誓約を行なった者［封臣］のみの手中に保持されねばならない。第二に、会社の業務は最小の負担によって運営されなければならない。人はある事業会社に対して現金あるいは信用で一定の資本を投下し、債券を受け取る。国家会社の場合は逆である。すなわちこの場合には株主は会社に義務を果たし、その代わりに資本を受け取り所有する。ところで、この株主が果たすべき義務は、はっきりと生じてきたか、いつの間にか現れたかにかかわらず、常に事柄の本質に由来するものである。従って、国家株主は株式に当たるものを、一定の義務を負った者としてあるいは誠実誓約を行なった者として、所有している。これは農場を給与として割り当てられた兵士の場合とまったく変わるところがない。その農場が［封として］委託されたものかあるいは受領したものかは、どうでもよい。負担最小限の原則についていえば、必要な事柄が一ヘラーでまかなえるのに一ペニッヒを会社の財産から用いることは許されない。この原則は永遠の自然原則であり、永遠の国家原則である。そして常に会社の重役会と会社のメンバーとの間に引かれた理想の節度であり続ける。いずれの株主も原則として、国家の公共的必要が求めるもの以上を義務づけられることはない。そして自由と財産とに対して信頼を寄せることができるのは、国家への義務が最小限に限定されているということに基づいている。これから逸脱することがある場合は、可能な限り契約と同意とに基づいて処理することになるであろうが、結局はそれは例外に属する。

以上の二つの一般原則から帰結するかもしくは容易に導き出すことのできる結論について更にとやかく言うつもりはない。第一の原則は各人に、レーエン法もしくは采邑法の［封授受の］全関係を指し示すのであり、そこにおいてほど物法が秩序正しくまた関係づけられて表現されているところはない。これに対して第二の原則は、一般公共的負担と小作料とが衝突した際に拠るべき大原則へと導く。会社の重役会が負担最小限の原則に従って要求するものはすべて、他のあらゆるものに優先する。海水が押し寄せて、国土や住民を救う手立てが他に見つからない場合には、祭壇といえども第二次的意味しか持たず、教会の石材で決壊しようとする場所の穴を埋めねばならない。

私はここで更に、現在のたいていの国において土地株式に対して圧倒的な影響を与えている主要な契約を瞥見しておきたい。わが国の大法学者たちはそれを世襲小作と呼んでいる。そして土地株式がこの世襲小作と多くの共通点を持っていることは、否定できない。だがもし、地主が世襲小作人を、相互的誠意が許容する範囲で［土地株式の場合と同様に］拘束することができるか、という問題が提起されたらどうするか。これは争う余地なく最も重要な問題であるので、この問題について決まって肯定的な結論を与えるしかないような世襲小作論はすべて無用である。そしてわれわれはこの学説の提示する結論を回避するために、他の道を探さねばならない。

　われわれの祖先は長い間、株式の貸し出し［小作］を原則に対する例外と見なしてきた。そしてこの例外が文書による契約を通じて最初に導入されたのは、歴史上いつの時期であったか、を明示することができる。それまではあらゆる占有がラント法による占有、荘園法による占有、騎士法による占有であった。それは賃租農場の賦与、自由農民の入植指示（ベハンドゥング）、農地定住（ラントゼシッヒカイト）、エルベ入植（エルベスベザッツング）であり、その法的な表現は多様であるものの、根本的な思想は、荘園領主、土地領主、農場領主が彼のために開墾された土地を、旧来の貢租を一切新たに引き上げたりなどすることなく、入植・貸与しなければならない、というものであった。多くの荘園法には「同様に、家共同体員たちは農場領主から高い小作料と新たな賦課金とを負担させられた場合、大昔より定められたものでなければ、従うには及ばない」と述べられている。そして農民は例外なく、新たな義務を自己の農場に受け入れる者は永久に浮かばれないという、きわめて政治的でありかつ周知の旧い慣行に根差す迷信にとらわれていたのである。しかし世襲小作は、農場に課す小作料がどの程度なら負担可能で、負担の意思があるのかを、両当事者の裁量に委ねざるをえないのだから、右の原則とは齟齬をきたすのである。

　だがひとたび、株主は国家ないし会社に対して誠実誓約を行なった者として株式を所持しており、農民農場とはこの株式のことであると捉えるならば、このような状態にある株式は重役会の求める負担に充分にこたえることができなければならず、株式が負債や小作料によって価値低下をきたして、会社が危機に陥ることがあってはならない、という結論がおのずと出てくる。たしかに世襲小作の場合にも、保有者の負担能力維持という点が顧みられることはありうるのであり、不定量の負担をも負う可能性のある世襲小作人であっても危険に耐えることはできる。けれども土地株式の価値維持という原則は、国家会社においてのみ当てはまるのであって、そこでは公的負担はもっぱら持株数に応じて定められ、世襲小作人が取得する自由な余剰に応じて定められるのではないのであった。

説明をもっと分かりやすくするために、次のような事例を挙げたい。ここに二人の完全株主がいて、それぞれがその土地株式から毎年一〇〇ターラーの収入を得ているものとする。だがそのうちの一人は五〇ターラーの小作料を負担しているのに、もう一人の方はそうした負担を免れている。この二人が公共の出費を分担する場合、その配分はいかになされるべきであろうか？ 両者は平等であるべきであろうか、それとも小作料を免除されている者は小作料負担者の倍の拠出をなすべきであろうか？ 第一の場合には、財政的に困窮している会社にとって、小作料負担者の小作料の多いか少ないかはどうでも良いことでありうる。公共負担の配分は持株数に比例し、その負担が重い場合には小作料が生じないだけである。ところが第二の場合には、公共的負担と自由裁量的小作契約とは対立する。そして公共的負担を確保するという立場から見ると、小作人と地主とが自発的に決めたからというだけでは、株式の価値の半分あるいは少なくとも固有の安全性を会社から奪うには、不十分であると見なされる。

さらに言えば、地主は一般に重役会に参加権をもっているが、世襲小作人はもっていない。ところで、もし地主がその小作料を全額自分のものにすることができるとして、公共的課税に際して小作料が控除されたならば、これは実際に現実の事態になる。他方、世襲小作人は重役会の承認するすべて［の公的負担］を受け入れねばならないとしよう。その場合には、そうした世襲小作契約によって、小作人は地主の恣意の下に置かれ、地主は法による義務を免れてしまう。そのような契約によって、一方は何物をも失うことなく、交渉に臨み、他方はすべて［の小作料と公的負担］を受け入れ、交渉の余地を何ももたない。それはあらゆる市民的自由の最後の基盤をも奪ってしまう契約である。それが仮にすぐには現実には危険にはならなかったとしても、それはやはり理論的には怪物であり、地主の多頭制的な専制支配である。

いくつかの国々では、これが怪物であることが認識され、したがって小作人に配慮して、小作料が収入の半分を上回ってはならないということが原則化された。これらの小作人たちは折半小作人と呼ばれている。公租の負担は地主と小作人とが折半している。そしてここでも小作人は重役会に席をも発言権をももっていないのだが、それでもその利害は重役会において確実に代弁されている。というのも、地主がもし小作料収入分について租税を免れたとした場合、小作人の収入に過大な負担をかけずにはすまないからである。そのような［折半小作］契約を一般原則に高める［地主が半分の負担を負うことを決める］や否や、疑念は解消する。というのも、株式を五〇〇ライヒスターラーと定めようが、一〇〇〇ライヒスターラーと定めようが、またそこからの拠出金の額をどのような仕方で定めようが、会社にとっては同じことだからである。しかしながら、もし一般原則を立てることがなく、ある地主は収穫の半分、別の地主は収穫の三分の一、四分の一、さらには一〇分の一でもって、小作人と折れ合い、しかもそのことを事前に会社に知らせないとしよう。その場合には、まず小作料率を自由に取り決め、次いで公共の負担をこの自由な余剰との関係で取り決めるという、きわめて不安定な交渉様式となるであろう。これを回避するためには、以下の二つのやり方のいずれかが、原則とならねばならない。すなわち、第一は株式の半分もしくは一般的な取り決めによって定められた部分が、会社の負担に対して義務を負い、残る半分について、小作人と地主とが自由意思に基づいて契約することができるというやり方である。第二は、株式全体が会社に登録され、必要とされる公共の負担がかさみ、その結果として地主が小作料を徴収しえなくなった場合には、地主はそのつど譲歩するというやり方である。これ以外のやり方では、最も公正な地主が不公正な地主によってだまされることとなる。しかしながらわれわれはなお、株式を所有する人格についても、なにがしか論及しておかねばならない。

　人格の分類には多くの困難が伴う。それというのもドイツ語には適切な表現がなく、語法が恣意的であって、しばしばきわめて矛盾した事柄を相互に結びつけてしまうからである。例えば自由貴族的（フライアードリヒ）という言葉は、その使用が広まったのはもっともであるとはいえ、まったく馬鹿げた言葉である。なぜかといえば、貴族（アーデル）という名称は、始原的な自由の最高の度合いを言い尽くすための言葉だからである。そこで、奉仕の義務を負い自己の貴族性を放棄した者をまで同情心から、貴人（エードレ）と呼ぶようになるまでは、自由貴族的などという言い方はできなかったのである。さらに自由な（フライ）という言葉も常に相対的でしかなく、ある例外的状態を意味している。体僕（ライプアイゲン）である人々も、特権によって公共の負担を免れている場合には自由人（フライエ）ないし上級自由人（ホーホフライエ）と呼ばれうる。この事情のせいで、分類がきわめて困難となる。

けれども私にはいずれにせよ、武装自衛民（ヴェーレン）と半隷民（ロイテ）という分類が最も適切であるように思われる。[3] 前者はその人身についてみると誰にも従属していないが、逆に後者は生まれながらにもしくは登録によって、他人に対して義務を負うかもしくは帰属している。ところで私は初めての試みとして、武装自衛民を貴人（エードレ）と平民（ゲマイネ）とに、すなわち、ノビレスとインゲヌオスとに分類する。そして両者がともに奉仕義務を負い、したがって現実に従者になることがありうるとしても、彼らは常に貴人であり、生まれによって自由人なのである。

だが半隷民をも私は貴人と平民とに分類する。第一の階級には、自由意思で半隷民として誓約を行なった貴人か、あるいはこの者たちが奉仕の身にあるときにその子として生まれた者が含まれる。第二の階級は、容易に理解されるように、ある者が身分を高めたり低めたり、あるいは高い身分に生まれたり低い身分に生まれたりするうちに、きわめて多様になり、混合していった。しかしどんなに多様であったとしても、ドイツ法はあらゆる種類の平民的な半隷民を三つの主要な種類に分類した。[4]

そのうちの第一種は、例えば家畜もしくは最良の動産に対してだけ課せられる小死亡税を支払う者である。第二種は、全遺産に課せられる大死亡税の支払い義務を負う者である　第三種は、その他の者である。彼らはいわゆるヒエンやホーデンに属し、小死亡税を支払っている。ところでこの者は、ランデスヘルによって放浪者として捕らえられ大死亡税を課せられるという事態を回避するために、自ら保護民であることを選ぶか、あるいは表には出せない原因によって選ぶことを余儀なくされた人たちであり、前者をクールフライエと呼び、後者をノートフライエと呼ぶ。

死亡税を課せられない者は皆、隷民もしくは体僕ではないということになる。これに対して保有変更税（ラウデミア）、財産分与、負債・売却承認その他の［農場利用に対する］制限を受けたとしても、それはある人が人格的に自由であることについて疑義をさしはさむ根拠にはまったくならない。そしてまた逆に、たとえある人が人格的自由をもっていても、彼が社会契約に反する仕方でその株式を抵当に入れ、株式を荒廃させ、細分する場合には、彼の株式所有はまったく保護されない。死亡税のみが北欧世界全体を通じて、人格的隷従の根拠なのである。もっとも、この隷従は国法、慣習、宗教、哲学の相違に応じて、国ごとにその強弱が異なりうるのだが。

総じて体僕令はすべて、冒頭に体僕制の起源に関する一章を含むのであり、そこにはしばしば戦争捕虜や奴隷にされたローマ人についての心を揺さぶるような物語が、それどころか聖書から採った旧い歴史物語が、盛り込まれている。ただそこには、それ以外の悲痛な話は登場しない。しかしながら、このような些細な根拠をいくら持ち出しても、自然のなかから生じ、古代世界全体に広がっていた人格的隷従の全体構造を説明しつくすことはできない。かの隷従は、真に自然的な国家の必要に根差すものであった。だがそれは、領邦の臣民という概念が、旧くはローマ人のもとで、ずっと後には北欧諸民族のもとで知られるに至るや、消滅してしまった。この点について詳論したとしてもは多くの人にとっては分かりづらいものであろう。だが、識者なら隷従が自然の成り行きであったことを容易に発見するであろう。

それゆえ人法のなかのこの章の説明は打ち切って、ただちに以下の問題に移ろう。株式を所有する人格はいかなるものであるか？　彼は隷従者であるか否か？

非隷従者は、自然状態にある財産すなわち株式として所有するのでないもろもろの財産を処分し管理する自由な権能をもっている。そして会社は、困窮や重い賦課のためにやむをえない場合を除き、対人税や財産税を導入し、それに従って個人のもっているすべての財産を株式に組み込むような権利をもたない。会社のこのような関与は最高度の抑圧を意味し、すべての対人税および財産税ができる限り忌避される根拠なのである。

これに対して隷従者は一般公共的な義務のほかになお、特殊私的な義務を負う。〔私的奉仕の責任を負う〕傭兵であるとともに〔公共的責任を負う〕エルベ地の農場主であるような人の場合がこれに当てはまるのであり、この者は一般公共的な負担を担うのみならず、それと並んで奉仕の誓約をしこれを果たす義務を負っているのである。一般公共的な義務に基づいて、彼が自己の木材を伐採しつくしてはならないと義務づけることはできる。これに対して特殊私的な義務に基づくならば、〔主人の〕指示なしには木材を伐採してはならないと義務づけることができるのである。そうした制限はさらに多くある。だが本来、特殊私的な義務もまた、中隊長と傭兵との間の自由な契約にではなく、一般的軍事規則もしくはラント法に根拠をもっているのではある。

ところでひとつの主要な問題でありうるのは、そのような義務を負う人々、とりわけそのなかでも人格的に完全に従属的であるような人々が、土地株式を所有することを、いかにして会社が容認しうるか、という点であろう。このことを問題にするのは、特殊私的な義務により、多くの人々が会社の公共の奉仕に参加することを妨げられる可能性があったからである。だが同様に、次のようにように問うこともできよう。いったいどうしたら傭兵を農場主と認めて、この者が農場に定住することを容認できるであろうか。けだし、農場経営者が［一般公共的義務によって］軍用道路改修に徴用されねばならないときに、傭兵も［特殊私的義務によって］出陣しなければならないことが起こりうるからである。これは時代状況によって多かれ少なかれ促されて、ひそかに進行した困難である。多くの国では、重役会はこのような義務の二重化に抵抗したのであり、それらの国では、あらゆる意味で義務負担者であると同時に体僕であるような者は存在しないし、したがってまた［一般公共的義務者としての］農場主であると同時に［特殊私的義務者としての］傭兵であるような者は存在しないのである。

こうして体僕とはがんらい株式をもたない人であった。だが株式による奉仕がもはや自分自身によって行なわれるものではなくなり、たいていの奉仕が貨幣化されるか代理人によって遂行されうるようになった後に、国家は現状と妥協した。ただしそれは、負担最小限の原則がそれを要請するところでは、特殊私的義務は一般公共的義務に譲歩しなければならない、という形においてである。このような国家の妥協の最初のきっかけとなったのは、おそらく甲冑騎士役であったと思われる。一二株で一人の甲冑騎士を立てねばならなかった。(5) いまや会社(6)が以下のことを許容することにもなった。すなわちこの甲冑騎士は自分の武装のために寄与した一一の株をだんだんと自分のものにしてしまって、自由裁量によるにせよ騎士法によるにせよ定住者をそこに定住させたのである。騎士役がツンフト的に行なわれるようになり、父親がすでに騎士であった者以外の者にはもはや許されなくなったときに、このことは避けられなくなった。こうして一一株の株主は永久に一二番目の株の所有者に対して義務を負い続けることとなり、会社はただ甲冑騎士を確保しておけばよく、残る一一株の所有者についてはもはや顧みることもなくなったのである。

しかしいまでは甲冑騎士の軍役さえも消滅してしまった。そしてその後は会社は常に、一二番目の株［領主］の権利を弱め、一一株［農民］を復興しようと努力してきた。だがそれに対して前者もまた、時効で取得した自己の権利を主張するために、自分の力の及ぶ限りで全力を挙げてきた。その結末が結局のところはどうなるかは、推測できるにしても、若干のありきたりのパターンによる憶測でしかない。しかしそれでも、会社の支出が増大するときには一二番目の株が損をし、会社の支出が減少するときには残る一一株が損をすること、後者の方が前者よりも適切に損失に耐えうることだけは、確かであろう。(7)

人法についてこれ以上論ずるには、紙面がない。

『郷土愛の夢』第三巻第六三番、一七七四年、（肥前・山崎訳）

＊ メーザーの国家株式論の中心論文。本論文に続く一連の論文つまり全集第六巻第六四―六九番（一七六八―七四年執筆）で、メーザーは「隷農の自由農化」、「農民債務」、「強制立ち退き」といった、当時の農民・農村政策にかかわる諸テーマを論じている。本論文はそうした政策のための「原則」＝基礎理論を打ち出したものである。原註はそういう基礎理論としての本論文の重要さを示したものである。

（原註） 筆者がこのテーマ［国家株式論］にかかずらわりすぎているなどと考えないでほしい。このテーマは国家の安寧にとっておそらく最も重要なものでありながら、公表された著述のなかで論じられることがいまもなお少ないのである。以下の一連の論説は何年にもわたって書き継がれたものであり、たびたび同じ考えを繰り返している。けれども政府の評議会に名を連ね、自由と財産とを何よりも尊重する立場に立つ理論に即して、日々もたらされる様々の苦

情や要望を処理するという任務を帯びている者は、そうした［行政のための］諸原則を維持することがどれほど大切かを熟知しているのである。

（1）「自然状態にある自由な財産」とは、社会契約の外にあり、こうしていまだ自然状態にある財産を意味すると解せられる。

（2）原田一九五五年、一一〇頁。

（3）「半隷民」（ロイテ）について。メーザーはヴェストファーレンでは隷農制（農奴制）が形成されたにもかかわらず、その隷農は「三分の一自由人」したがって「三分の二農奴」であると述べ、このような身分を「ロイテ」と呼んだ（全集第六巻、二二四―二三八頁）。そこでこれを「半隷民」と訳した。なおヴェーレンとロイテの分類については全集第一二巻二、一二三頁以下を参照。

（4）死亡税とホーデについては、全集第六巻、二九四―三〇八頁並びに山崎による解説を見られたい。ホーデ等の仲間団体に所属していた者は小死亡税の支払いで済んだが、そうでない漂泊の者＝放浪者は大死亡税の支払いを余儀なくされる。放浪者は郷土愛を持ち得ないというメーザーの理解については、肥前による解説を見られたい。

（5）これについては全集第六巻、二三二頁以下に説明がある。

（6）ここでのコンパニーは「会社」とともに「中隊」という意味をもたせていると思われる。

（7）この段落の議論は、絶対王政時代の農民保護政策を念頭においているものと思われる。またここでは、絶対王政の恒常税は一般的には平民身分が負っていたが、国家財政の逼迫時には免税特権にもかかわらず、領主貴族にも臨時税が課せられる場合があったことを、想起せねばならない。

一六　本当の所有について*

ドイツ人の思考様式と言葉から失われてしまった力強い概念や表現はいくつもあるが、すべてのそうした概念や表現のうちアイゲンまたはアイゲントゥム［いずれも所有・所有権・所有物の意味。以下、原則として「アイゲントゥム」を「所有」と訳す］という概念ほど完全に消失してしまったものはない。この概念を多少たりとも精査するには、いくつかの借りものの意味内容をあてがうだけでは不充分だ。なんといっても、その概念は言語の哲学や歴史の哲学にとって非常に大きな価値を有するものである。人々が感じているのは、その概念が地に埋もれ消え去るにつれて真の所有も失われたということである。その概念の衰退過程の最初の時期には、人々は真の所有のことをまだエルプエヒトないし——もうすたれてしまったが——エルプエクセンシャフトと呼んでいたのであり、また他の人々はそれをオルフアハトと呼んで、そこからまたある人々がトルフアハトという言葉を作ったのである。[1] そして、その概念の衰退過程の最後の時期にはこうした言葉さえ著しく消滅していったのであるが、それは次のことから容易に分かる。すなわち、自分の自由を買い取るや否や別の隷農付農場を手に入れたような隷農が獲得する土地支配権についても、本当の農場領主（グーツヘル）が有する土地支配権についても、われわれはひとつの表現・概念しかもたない、という事情がそれである。こうしたふたつの非常に異なった土地支配権があるしまたあるべきだということを誰もが――まだ漠然とであれ――感じているにもかかわらず、そうなのである。

本当の所有の、今なお挙げることのできる唯一の明らかな属性は、狩猟である。われわれが一六五一年の狩猟決議録に見出すのは、多くの貴族が自分の居住していない教区において狩猟権をもつことの根拠はその土地支配権にある、ということである。しかしわれわれは今、こうした判断がもはやまったくなされえなくなっていることに気づく。どうしてこんなことになったのだろうか。以前からの本当の所有者は、自分のエルベ農場をさしあたり隷農やマイアー［旧農民］に委ねたとしても、狩猟というものは手元においておいた。ところで、この隷農が貨幣で自らを自由にし、その相続財産の所有者ないし農場領主になった――こうした言葉を［本来の農場領主ではないのに］使わざるをえないのはそれを表現する言葉がないからだが――後にも、あるいはこの相続財産がさらに別の、自由となった者の手に渡った後にも、この者の所有なるものは、明らかに元の所有者のかつての所有とは著しく異なるのである。しかしもはや言葉上は区別されないし、概念上もしばしば充分明確に区別されているとはいえない。

本当の所有のもうひとつの――しかしそれほど明確ではない――属性は、国家における投票権であり、それは、われわれも徐々にドイツにおいて――まだ非常に曖昧ではあるが――認識し始めているのだが、世界中どこでも所有と結びついているものである。新参者のたぐいの農場主は投票権を獲得することがないし、したがってまた、国民集会での投票権と切り離せないような所有をもつこともない。われわれは現在この投票権を領邦議会有資格と呼ぶ。かつてそれは本当の言葉〔エヒトヴォルト〕と呼ばれていたのであり、この概念は、まだ国民集会があった時代には参審権という形で見られたのだが、その後そうした国民集会等がなくなり、国民集会と領邦議会との間の大きな隔たりも崩れてしまったので、共有地会議や森林会議においてのみ見られることになった。

中世のラテン人たちは、狩猟権・投票権・参審権と結びついた本当の所有をアドウォカティアと呼んだ。この言葉は、十四世紀に至るまではほとんど常にあらゆる地所売却において見られるのであるが、十三世紀には比較的頻繁に、十二世紀には最も頻繁に見られた。このことは、真の所有が近代になってますます消滅してきたことの有力な証明となる。今やその言葉は完全に言語から抜け落ちた。同じことはローマ人〔の所有概念〕にも生じた。最初は正市民ドミニウムに関して、ついでドミニウムに関してすらそうであった。いずれも〔本来は〕ローマの正市民だけがもつことのできるものなのだが。結局ここでも、ドミニウム〔支配かつ所有〕とプロプリエタス〔単なる所有〕が混同されることになったのである。

このようにいたるところで古い所有と新しい所有とが混同されていくという事態は、古い人格的名誉と新しい人格的名誉とが混同されていくことによって促されたという面もあるが、実際のところこうした事態は、人々が考える以上に大きな影響を国家と、純粋で優れた法律理論とに対して及ぼしたのである。その結果人々は、狩猟に関して上で見たような、古来の本当の所有に由来する素晴らしい大いなる種々の取決めから遠ざかってしまったのみならず、農場領主の諸権利を——これが極めて正当にも古来の本当の所有から来たものであることはすぐに分かるのであるが——まったく別の脈絡のなかに置かねばならなかった。このことは、所有令を見通す聡明な精通者なら容易に気づくであろう。

本来の制度においては、国民の各構成員は自分が購入した農場を本当の所有者として持っていなければならなかったのであり、本当の所有者には領邦身分権が分かち与えられていなければならなかった。農場というものは、本当の所有者のプロプリエタスのもとではいわば高貴なものだったのであり、本当の所有者はそれと同時にドミニウムをも有していたのである。しかしながら、いまや所有者が自分の農場をあるマイアーに譲渡して、このマイアーがあれやこれやの仕方でその農場のプロプリエタリウス〔単なる所有者〕になるにつれて、上記の関係が存続することは不可能となった。というのも、たとえその小作人が同様にしてその所有物を古き名誉をもつある〔別の〕人に売却したとしても、この購入者はそれによって真の所有を得ることはできないし、その〔買い取った〕農場に、自分の〔古き名誉の人であるという〕人格を通じてこれ〔真の所有〕を付与できるわけでもないからである。すなわち、先に挙げた例でいえば、最初の農場領主が狩猟権と本当の言葉〔投票権〕とを手元に維持していたのである。そうでなければ、まったく同じ農場についてドミヌス〔支配者かつ所有者〕とプロプリエタリウスの二人が狩猟と投票をせねばならないことになったであろう。土地支配権を今から購入する者は、それとともにただちに狩猟権とエルプエクセンシャフトをも受け取るわけではないのだ(2)。

大半の読者の方々にとって理解しづらくなるのを怖れなくてもよいなら、私はこのことについてもっと多くの事柄を例示することができよう。都市の裁判管区においても都市裁判権の根拠となる特殊な相続人所有（エルプエヒト）があるけれども、これも今や徐々に消滅しつつある。ここでも、最大のプロプリエタリウスであっても、その者が同時に市民でない場合には、真のアイゲンをもたない。このアイゲンという言葉はエーやエーエ［婚姻］に由来するものであり、ザクセン人たちにとっては法律と同じような重大な意味をもっていた。また法律に基づいた所有は、都市においては市民（ビュルガー）のみがもつことのできるものであり、［単なる］居住民（アインヴォーナー）はもつことができない。この本質的な相違がもはやしっかりと示されなくなれば、言語も哲学も非常に不充分なものとなってしまうにちがいない。人々がこの本質的な相違を維持しないままでやっていけるような国家は、ひどく落ちぶれてしまうにちがいない。たくさんの真の所有者で満ちている国民は、どれほど名誉あるものであることか。

『郷土愛の夢』第四巻第四三番、一七七八年（原田訳）

＊　ここでは、かつて土地の耕作権が「狩猟権・投票権・参審権」と結合されていたこと（「本当の」所有）が強調されて、そこからすれば現今のそれは耕作権のみ分離されていることが問題である、と指摘されている。

（1）「アイゲン」、「アイゲントゥム」、「エルプエヒト」、「エルプエクセンシャフト」、「オルフアハト」、「トルフアハト」の原語（ドイツ語）は、それぞれ"**Eigen**", "**Eigentum**", "**Erbecht**", "**Erbexenschaft**", "**Orfacht**", "**Torfacht**"である。

（2）「アドヴォカティア」、「ドミニウム」、「プロプリエタス」、「プロプリエタリウス」、「ドミヌス」の原語（ラテン語）は、それぞれ"**advocatia**", "**dominium**", "**proprietas**", "**proprietarius**", "**dominus**"である。なお、ラテン語はすべて主格で記した。

一七　土地保有者の娘達の嫁資について*

かつて、ザクセン人が自分の農場に散居して暮らし、周りに都市も村落もなく、自分の土地には母屋と隠居所しか住処をもてず、貨幣資産の存在も知らないような時代があった。この時代には、長子のこともあれば末子のこともあったろうし、また息子のこともあれば娘のこともあったろうが、いずれにしても一人の子供だけしか農場を相続することができなかった。というのも農場に二世帯用住宅を建てることなしには農場を分割することはできなかったし、また相続人は貨幣がなければ、その共同相続人に今日よく話題に出るような手切金を支払うこともできなかったからである。一般に農場が分割されるようになるのは、村に定住するようになり、農地が共同耕区化しその中で耕地が家から家へと――よく言うように――転々とするようになってからのことである。しかしザクセン人の場合は、今日と同様ほとんど分割されることがなかった。何故にひとつの農場に幾つもの住居があるのが好ましくないかという理由は、国家制度とあまりにも密接にからみあっていたので、容易には明らかにならない。今でもわれわれはひとつの農場に複数の狩猟権、木材伐採権、放牧権を認めはしない。しかし農場に幾つも住居を増やすことを認めれば、これらの権利も増やさないわけにはいかなくなる。せいぜい農場は一回ないし二回しか分割できなかったし、その場合でもかってそうであったような［単独相続の］状態に復帰したのである。各々の家族においては、子供達の数は農場や寡婦住宅よりも常に多かった。このためたとえ成年になるまで両親の家で暮らしたいというのがすべての子供の願いだからといって、農場に若い嫁がやってきて、これまで叔父や叔母が占めていた暖炉脇の席を自分の子供に譲るようにと要求したなら、その後まで居座るわけにはいかなかったのである。

彼らは遺産分与も嫁資も受け取ることはできず、皆がどこかの農場に婿（嫁）入りするわけにはいかなかったのだから、一体こうした子供達の行く末はどのようなものだったのかとここで問うことは、至極もっともなことである。聖職禄も慈善院も修道院もまだ存在しなかった。健康そのもので青い目をしたザクセンの娘達がみな独身で終わることを決断したなどとは、主張したくないものである。別の機会に既に述べたことであるが、[1] 若者達は五年ないしは一〇年毎に群れをなして、外国に冒険の旅に出かけた。タキトゥスが次のように言うとき、それを証明しているように思える。「ドイツ人においては妻は夫に嫁資をもたらすことはない。男達は結婚するに際して馬と武具を望む[2]」。明らかにこうしたことが当てはまるのは農場相続人ではなく、冒険旅行に出かけるような［非相続人である］年少の息子や、あるいは土地を所有せず大抵の期間は野営地で暮らすようなスエーヴィ人である。農場相続人が結婚するのは農場が欲しいからであって、馬や武具が欲しいからではない。彼の妻は寡婦になった時には隠居所を得るが、これに対して馬と武具が目的で妻に迎えられた寡婦は馬の背以外に居場所はなかった。

だが若者が群れをなして動いたかの民族移動の時代が常に好条件であったわけではない。何故ならローマ人達がしばしば、フランク人がさらにいっそう、そしてついにはキリスト教が完全に私たちのそんな祖先を阻止し、封じ込めたからである。このため古代においてはこれまでのやり方ではやっていけなくなった。そこで貧しい娘を扶養し、また年少の息子を兄弟や親族の奴隷に追いやるのを避けるため、別の方法を考え出さねばならなくなった。しかし既に述べたように、都市も村落もなければ、新しい住居が建造されることもなく、入植契約も受け入れられないような体制において、どうやってそんなことを達成できたであろうか。あらゆる公共奉仕が農場所有者自身によって輪番で担われる負担であったり、常備軍などなかったようなその体制において、また気圧計や鼠捕り器を売りに来るようなティロル人やイタリア人をこんにち私達が見かけるよりさらにまれにしか、小商人や手工業者を知らなかったような体制において、そして利子生み資本を持たなかったゆえに誰も利息で暮らすことなどできなかったような体制において、どうやったらそんなことが可能であったろうか。

私は、このような体制においては妙案を見出すことはできないし、神意によってぬかりなく恩恵を受けた民族移動の他には、方法がないと率直に告白する。従って結婚して、自分の一族を名誉のうちに繁栄させようと望む多くの若者の必要に応じて、この体制を徐々に変化させる他には手がないと私は考える。このことについては、歴史を見るならば以下のような状況が明らかになる。

すなわち、皇帝は常に従者をますます増やしたし、公爵、司教、伯爵、男爵も次々に同様のことを行ったため、ここに最大の余地が生じることになったのである。皇帝や公爵、司教、伯爵、男爵の下で保護を受ける権利が生じ、小商人や手工業で生計をたてようとする者がそこに招き寄せられた。時間がたつにつれ、ここから都市や田舎町、村落が成長した。それと並んで、さらに守護聖人を持つ様々なホーデやエヒトが成立したのだが、それらが次第に、農場保有者の許可を得て各自の小屋を建てることを認められた者達や、教区教会の灯り用聖蝋燭一ポンドを奉納したり、郵便の運搬や、あるいはその他の細々とした共同体諸役を引き受けて小屋に住まわせてもらうような人達を受け入れるようになった。この間に、貨幣がローマ帝国やフランクの豊かな邦々から私たちの所に流れ込み、戦争や芽生え始めた商業に向けられていった。北欧地域に対する最初期の規則によって、教会は身分に相応しい結婚をした娘には十分な嫁資を与えるよう主張していた。また昔から膨大な貨幣資産や多くの市民的資産、多数の共同耕区内私有地やさらに傭兵軍があった体制下において、ローマ的な結婚持参金が成立したのであるが、それは同じような事情や必要性が生じるにつれて、私たちの祖先に対しても推奨されるようになった。しかし他方、自分ではなにひとつ稼ぎ出すことができず、主人からパンを恵んでもらうことの方を、自由の中で飢えることに満足するよりも優先するような様々な体僕の数も増えていったことも特筆される。

　歴史においてこのような現象はみな、今ではもう移住することもできなくなったような若者のために、生活の糧や職を国家が調達してやる必要が増えるに従って生じたのであった。ある程度の若者は修道院が面倒をみる。そのほか常備軍や奉公人の職も彼らに別の道を切り開いてやるし、また新種の病気や疫病でも減少できないような過剰人口は、海外交易や新世界が減らすということもある。こういう関係次第で修道院の収容者も増えたり減ったりするのである。

　こうした要素が相俟って導き出される結果は、年少の子供達に対する適度の手切金であって、ローマ人達が導入したような財産の平等分割や遺留分確保ではない。確かに貨幣資産が過度に膨張して、軍役も家や農場を保有する者が担うのではなく、貨幣を給与される傭兵によるようになった後の市民的体制下で、この平等分割や遺留分をローマ人が導入したのはもっともなことではあったのだが。一方もしドイツ人の法律や証書を詳細に検討したならば、彼らがかつて平等分割の可能性や、あるいは一定比率の嫁資を検討した痕跡さえないことが明らかになる。唯一西ゴート人の考え方は異なっていたが、しかし彼らがそのように考えるようになったのは、豊かなスペインに定住し、将来の妻には彼の財産の一〇分の一以上は分け与えないこと、彼女が持ちこんだ持参財以上には彼女に対して遺贈しないと決めた後のことであった。しかもこの法律は単に、真っ先に外国法をありがたがるのが常である枢要な国王宮廷役人にのみ効力をもったのであって、自分たちの裁判集会で、常に旧い慣習にしたがって判決を出すような人民には当てはまらなかったのである。

　農場保有者から成る国家にとってはいつの時代も、農場の維持こそが重要なことがらである。確かに、農場の所有者がなお軍隊に召集されて戦場に動員されなければならなかった往時と比べれば、いまはそれほどでもなくなったとは言えるだろう。しかしそれでも、農場の細分化や債務の増大を防止するために、農場の維持は今なお十分重要なことなのである。自然もこのような原則を求めている。最初の社会関係が生じた瞬間に、この原則は自然より与えられたのであり、この農場の維持という原則が滅亡したなら必ずや、国家はその全制度を奪われることになるに違いないのである。この自然の法が、いったん統合されたいくつもの農場を、再度分割することを禁じるといった場合さえ存在する。例えばカロリング朝時代には、一二の農場を持つ所有者が甲冑をつけて軍に召集されていた[3]。もし自然の法が父親に農場の分割を許可したなら、子供達は誰一人として甲冑をつけた騎士となることはできないだろう。その場合彼らは輪番衆の一兵卒に戻る他にはない。しかし、防衛上甲冑をつけた騎士が必要な以上、彼らを兵卒にすることはできないのである。こうした農場維持という原則は、永遠にすべての平等分割と相容れないのである。また農場とその所有者を、彼が輪番衆の兵卒としてであってもあるいは騎士としてであっても、十分な防衛能力をもちえなくなるほど消耗させてしまうような全ての嫁資や財産分与すべてとも、相容れないのである。

　父親の農場を去らねばならないにしても、もはや背嚢を背負って広い世界に旅立つこともできないような息子や娘に対して、程々に生活の手当てをしてやるために私達の先祖が選んだ手段が適度の手切金であった。どこかの農場に奉公に出る子供には、ちゃんと支度を整えてやり、礼服を持たせ、またいざという時に恥をかかないように金銭を用意してやったのである。営業を始める者は、設備のためになにがしかを必要とした。聖職禄や修道僧の地位を求めようとする者も、無一文ではたいした地位を得ることはできなかった。一頭の立派な馬と数頭の牛を持参財とすることができた娘が、恋人に手綱をとられ小包を携えて馬の背で揺られてゆくしかないような娘より農場で厚遇されたのは疑いないことである。そのような場合、なしではすまされないものが何か、必要不可欠な豊かさとは何かが先ずは考慮され、それに従って嫁資、持参財、手切金、嫁入支度、結婚準備、結婚後の必要品、財産の取り分けなどが整えられた。一五世紀[原註1]以前には、聖職禄を与えられた息子や嫁資を分与された娘が、たとえ財産放棄しなかったとしても、将来の両親の遺産に対してなにがしかの要求をし、相続人に対して遺留分を請求するといったような前例は、存在しなかったのではないだろうか。最初は、嫁資や結婚準備は私達がこんにち持参財、嫁入車[4]と呼んでいるところのものすべてを含み、また同時に両親の財産からの完全なる手切金も含んでいた。当初、嫁資は財産に応じて決められるというよりは、むしろ聖職についたり、どこかの農場に仕事に行ったり、あるいは仕方なく営業の道に入った者の必要性によって決められた。家を離れる子供に持参財も遺産分与も与えないとするような習慣(原註2)から、被相続人の財産規模に比例して嫁資を与えるという考え方に一挙に転換したとするならば、それはとんでもない飛躍であったことだろう。それはこの種の人間行為の自然史ならびに政治史に反している。フランク帝国成立とキリスト教信仰導入後に教会や国家において生じた変化が要請したのは、既に移民に出た子供に対してもより良く適度の手当をしてやる、ただそれだけのことだったのである。その頃流入してきた貨幣はこのような手当てを容易にした。時とともに贅沢になることで、それに応じて嫁資の改善も行われるようになる。おそらく初めは、農場保有者の娘の行李はすべての農場仲間によっていっぱいにされ、このようにして一財産が集められる。それは今でも行李詰と呼ばれているが、もし最上級の宮廷や領邦の君主の娘であったなら王女嫁資税と呼ばれる。ザクセン人が名誉ある農場所有者だけをもち、一時的なだけの寄留民が存在しなかった時代には、どんな場合でも喜んで拠出し合い、これによって一時的な多額の出費を回避したのである。もちろん農場を去る子供の親が、拠出してくれた隣人や領地の仲間よりも多くを持たせてやるのは当然のことではあるが。そしてここからついには嫁入車まで登場することになる。後には持参金と呼ばれることにもなるが、行李詰めされた貨幣のごときものも、そのうちに嫁入車の一部に含まれるようになった。

しかし農場を離れる息子や娘の当面の必要のために嫁資を持たせるというやり方は、そう長くは続かなかった。なぜなら虚栄心や誇りが人間のあらゆる行為に混入し、それが慶事の機会に顕在化せざるをえなくなったからである。ひとより多くの支度をしてやりたくなり、いまや全般的堕落へと導くこのような楽天的欲望に歯止めをかけるための手段を、見つけ出さねばならなくなった。この悪弊に対処するために、ソロンやリュクルゴス（原註3）（5）は娘に嫁資を持たせることを全面的に禁止した。彼らによると、娘達に徳があるならば夫を見つけることができるであろうし、もし各々の自由人がただ彼女たちの徳のみを評価したなら、貧しい娘も豊かな娘同様に嫁に求められるというのである。当初はこれと同じ原則で行動していた私たちの祖先は、いったん嫁資が導入されるとその原則を守れなくなったが、それでもリュクルゴス法の精神を同様に踏まえていた身分的な慣習だけは彼らに残った。ブルヒャルト・フォン・アッスヴェーデ（原註4）が、アルベルテン・フォン・ブッシェを褒めたたえたのもこのためである。後者は、自分は娘に持参財を持たせてやるが、娘を競りにかけるつもりはない、自分ほどに持参財を用意できない者がいるかもしれないから、と言ったというのである。このことは、豊かな者が貧しい者を市場において没落させるのを全面的に禁止したリュクルゴス立法の精神に明らかに則っている。持参財によって誰とも競いあわないという保証は、ある身分的慣習を前提としている。しかし貨幣資産が増大し、またこの結果これまで土地所有において分け隔てられていた諸身分が混じり合ってしまったことで、このような身分的習俗は先ずは財産に応じた嫁資に、そして最後にはローマ的な財産遺留分やローマ的遺産分割に行き着いてしまった。

もし外国法がどのようにして国内法にとって替わったのか、その様を歴史の中で描こうとするならば、われわれはいつでも地位の最も高い者から始めて、最も低い者へと下降していかなければならない。逆に古いドイツ的慣習を探し出そうとするならば、低い身分から始めて上向していかなければならない。例えばローマ法はここオスナブリュックにおいては、一七六八年になってようやく農奴のドイツ的持参制度にとって代わった。[6] ここで、それまでどんな若い法学者も考え出さなかったような相続財産の分配比率が導入されたのであるが、そんな比率で手切金を決定することがそれ以前に誰かの頭に思い浮かんだかといえば、そんな例は一七三〇年以前には見出すことはできないだろう。貴族はそれより前にローマ法の影響を受けていたが、誰よりも早かったのは諸侯であった。両親の遺産の受け取りを放棄した最初の例は一二一四年のロートリンゲン家の公女であった。伯爵の息女の場合、最も古い例は一二三六年、下級貴族の息女の場合は一三一三年、そして平民の農場保有者の娘においてはどうみても今世紀のことである。ここにはローマ法が上の身分から下の身分へと受容された過程がはっきりと現れているが、このような遺産放棄は娘の側がローマ的な遺産分割を要求したり、あるいは要求しようとすることに疑念がもたれるようになったことから生じたのである。それが本当かどうか実際に確かめたいと思う者は、諸家族がいかにこの悪弊の帰結に対して自衛手段を講じたか、その自立のあしどりを捜し求めればよい。領地の統合を維持するために結ばれた最古の家族内契約や法は、諸侯家や伯爵家に由来する。かなりの期間を置いて貴族の長子相続権や世襲財産制、遺言による財産分割を定めた諸法規がそれに続いた。そして自由を自ら買い取って農奴身分より解放された最初の平民農夫が、ここオスナブリュック司教領で最初に世襲財産を設定したのは一七五六年のことであった。

しかし以上を、高い身分の者が始め、低い身分の者が最後に見習った流行の作用にすぎないなどと考えるべきではない。そうではなくて、すべてを各々の身分が求めるところに応じて秩序づけてきた切迫性のなせるわざなのである。平民の農場保有者は多数者であったので、彼らは太古の時代より農民会議をもち、互いの間で共通の法を定めることができたのであるが、この法はいかなる遺言によっても変更不可能であった。そもそもこうした法のおかげで、この階級の人びとにおいては遺言自体まったく利用されていなかったのである。他方貴族の方ははるかに離れ離れに暮らしており、そうすぐには全体的な会議をもち、仲間の間で法を定めることはなかった。諸侯はさらに少数であり、諸侯に対する法が皇帝の面前で告示されることはもっと稀であった。それゆえに諸侯たちは先ずは自ら律することにし、独自の法と契約によって自身を守らねばならなかった。個別ばらばらで仲間的な法規則をもたず、こうしてラント法に頼らずに存在するような人間である諸侯に対して、外国法は最初に攻撃を加えたのである。二番目に攻撃されたのは貴族であった。三番目に攻撃されたのはやっと小規模土地保有者であったが、この土地保有者は農場仲間名簿から一人切り離されるか、農奴より解放され諸侯や貴族と同じく共通の農場法をもたないような一匹狼として、外国法によって飲み込まれてしまったのである。当初はやはりばらばらに分散し、同様に共通の法をもたなかったような聖職者については語るまでもない。また市民についても同様である。何故ならば、聖職者は遺言を残す必要が生じ次第、諸侯よりも早くかつ当たり前のようにローマ法を利用したし、他方で市民の法は自然よりもむしろ人為の産物であるからである。そのためにここでは、外国法が当然かつ不可避的な必要性によって時に受容され、または時には押し止められ、このようにして事態は着々と進行するだけであった。

ローマ法が攻勢をかけ、前進した経過について語っているうちに少し横道にそれたが、私はここで嫁資がどのようにして身分の習慣に応じて適切に査定されたか、という問題にたちかえることにしよう。諸侯家の最古の結婚契約と相続放棄について調べてみるならば、嫁資は、君侯家の人たちにおいて昔から伝来され、現在のザクセンやヴュルテンベルク諸侯家でも行われているのといつの時代も同様のものであったことが明らかになる。身分や一族の慣習にたちかえった規定は無数存在する。労苦を惜しまない者ならば、娘達がみな持参財として何を受け取り、または将来何を期待できたかについて、あらゆる国王、諸侯、伯爵一族からこうした規定の事例を集めることができる。こうした規定はいまではただ一族の慣習を範としているだけである。そして一族が債務を抱えていようと蓄えがあろうと、息子や娘がたくさんいようと少なかろうと、嫁資が現金で渡されない場合でも、それについての規定はたいてい似たり寄ったりのものであった。相応な持参財こそが、規則にのっとらない場合には避けえないような数多くのごたごたや厄介、感情のもつれ、悪口から新郎新婦双方を免れさせてくれたため、こうした規定を踏みにじるようなことを軽率にはしなかったのである。

新時代の世襲財産制や長子相続制が習慣とともに家族的慣行を形成するようになるまでの間は、貴族においては先ずは貴族的で道徳的であるようなひとつの身分的慣行が導入されていた。たとえ地位や財産に応じて嫁資を与える余地が生じたとしても、最高の財産家は同身分の者にあわせ、並の者も仲間にあわせて嫁資を与えたにすぎず、財産の試算を行い、平等な財産分割や一定比率の遺留分分与、財産分配比率を考えるまでには至らなかったのである。

平民の土地保有者は教区の慣習や農場保有規則を拠り所としていたし、農場領主も農奴を扱う際には同様の規則に従っていた。一七二二年にオスナブリュックで策定された財産令(原註5)さえも、良好な状況にあるマイアー農場［農民農場］を農場相続人が相続放棄した場合、三〇ターラーの手切金を認めているのであるが、それは三年間に毎年一〇ターラーずつ無利子で彼に払い出されるとしていた。財産令は子供が何人いるかなど問題にもしていない。財産令は正確な資産評価も求めておらず、ただ良好なマイアー農場であることを条件としてその場合、農場相続を放棄した農場相続人に対して三〇ターラーないしそれ以上の手切金を認めているだけである。なるほど「ないしそれ以上」という追加規定によって、領主には若干の条件の緩和が認められたが、それはまったく些細なものであって、この緩和は何ら面倒な影響を及ぼすことはなかったであろう。私達は一七六八年一二月五日の財産令以降、その法源がローマ法にのみ由来するような裁判所の審査や法令を多く見聞することになったが、そういったものも財産令以前においては、ひとつとして見出すのは困難であろう。諸侯や伯爵、貴族はこれとは違って家内契約、家族的で身分的慣習、遺言、相続放棄、協定によって保護されていた。これに対して、今世紀初頭になって初めて外国法に由来するこれらの法令の支配下に入った貧しい零細な農夫はといえば、かつてはどこでも何時でも所領内の仲間である限り所領裁判官の許可を得て自分達独自の自治を享受し、騎士領の農奴である場合は領主に心配してもらっていたのだが、いまではそれにかわってローマ法の渦に巻き込まれてしまい、自ら救済方法を工夫することを一度として彼らには認められなかったか、あるいは認められたとしても救済方法を見つけ出すことはできなかった。そこでやむなく新しい一種の自主的方法である遺言――これ自体、前世紀には一般の土地保有者には思いもよらないものであった――によって、少しずつ自力救済しようとしたのであるが、しかしそれとておおよそのところ、その相続人を訴訟に巻き込むのが関の山だった。

　これに対して市民たちの貨幣財産は目に見えず日々変化するため、安定的な家族的・身分的慣習とはなじまない。また市民達を、目に見えず形に現れない資産に即して二分の一農民、完全農民、四分の一農民などと分類することはできない相談なので、その貨幣財産は空間において外見的な比率関係の形をとることができない。まさしくこのような市民達こそが、財産相続や平等分割のローマ的方法を最初に受容せざるをえなくなったのである。そして都市税も、狭い行政区画内ではいち早く各自の支出や財産に応じて調整されえたので、諸侯や伯爵、貴族、土地保有者に比べるならば、ローマ的な制度については都市では異議を申し立てられることも少なかった。これに対して後者は、〔貨幣財産ではなく土地所有によって〕国家や広く帝国、領邦の繁栄に対してまったく別のかたちで関わり合いをもっていたのである。

それにもかかわらず、昔のラントの慣習はどこでもすべての息子に父親の遺産やレーエンを平等に分割させてやったなどと反論する者がいるかもしれない。いったいこうした議論はどこから生まれるのだろうかと問うならば、それは以下のような事情による。召集民兵が動員されなくなり、かわって報酬とひきかえに兵役につくようになると、兵士は多数必要になったが将校は少なくすみ、将軍はさらに少なくてよくなった。このため兵士のレーエンにおいてまず財産の平等分割を導入し、これに対して将軍や連隊長のレーエンだけはまとまったままで維持した。（原註6）ランゴバルト法はひとつの軍用パンを六人の兄弟達で分割し、それを糧に彼らが勤務することには反対しなかった。封建主君が家臣の増えることを歓迎するのは当然のことだったからである。それゆえに兵士のレーエンが分割されうることは国家利害と合致したのである。そして兵士の軍役農場が細分化のために一人の兵士も支えられなくなったからといって、いまになって農場の不分割のようなかつての原則を主張したとすると、それはまったく間抜けな政策であるということになろう。封建主君というものはむしろ皆、自分に奉仕してくれる家臣の息子達が兵役中できるだけ良好な状態を維持できるならば、当地で大変推奨されているローマ法の保護の下で、父親の端切れのような各自の世襲地をさらに分割してしまうことさえも、好意的に見たのであった。このような正気のさたではないことが、レーエン軍役があった間は存続していた。そしてそれが廃止されるやいなや、貴族たちは世襲財産を設定することによってそれまでの時代の方向とは逆に向かい、レーエン軍役義務によるのではなく、その世襲農場から甲冑で身を固めて出征した時のかつての自分の地位を再び取り戻そうとしたのである。召集民兵軍の時代に存在した［ゲルマン時代の］公法は、近年になってやっと過去の遺制として再び拾い集められているのだが、これは長きにわたって闇に隠されていた。そこで先ずはレーエン制の精神の息の根は再度止めなければならないし、ローマ法学者の考えも先ずは改めさせなければならないし、各々の国家が大小の土地保有者を維持することにおいて持つ利点は、広く注目を集めるためには、その前にまったく新しい観点から見直されなければならなかったのである。しかし各自が、長子相続や世襲財産制によって定めうるものは何なのだろうか。なにゆえにそれらを一般法によっては制定することはできないとされたのだろうか。世襲農場の維持のために世襲財産制を奨励し、彼を先祖とする遥か後の時代の子孫達を、遠い将来まで法で縛ることを許しながら、そこから普遍的な真実を導き出す精神を持ちえないような政策はみすぼらしい政策であるとすべきである。これに対して私たちの先祖はただ自然に導かれて、各自の農場を世襲農場と見なしていた。カール大帝の時代になると、一二の農場が一単位の世襲農場を構成し、そこから一人が甲冑をつけて出征した。それゆえ常に年少の息子達を財産の平等分割から排除し、彼らを娘と同様、適度な支度と身分に相応しい手切金で満足させることができたのである。

しかしもし適度な支度とは何か、身分に相応しい手切金とは何か、立派な結婚資金とは何かについて意見が一致しなかったら、どうしたらいいのか。またラントの慣習が個々の事例に適合しなかったならば、どうしたらいいのか。一族がある時はひどく負債を抱え、また別のある時は法外の富によって暮らし向きがよくなり、家の慣習がいつでも守れるというものではない場合、どうしたらいいのか。ある時は手切金を支払うべき子供は一人しかいないが、別の時は一〇人もいるという場合、どうしたらいいのか。もし後継ぎがけちな人間で、幸福を踏みにじったり、あるいは何かを決めても他の名誉ある人間が誰一人としてそのことで彼に賛成したくなくなるような場合は、どうしたらいいのか。もし年少な子供が貪欲であって、ほどほどの手切金では満足できず、そのため個々の事例ごとに何が高貴で道徳的であるかを細部にわたってまで決定してくれるような裁判官に助けを求めなければならない場合、どうしたらいいのか。その時にはすべての財産が記録をとられ、見積もられ、正確に計算されなければならないのだろうか。またその場合、屋根の瓦や森の木まで数え上げ、すべての土地を評価し、すべての記録を引っ張り出し、すべての書類の封印を破り、すべての宝石を査定し、すべてのスプーンやポットの重さを計り、すべての債権者を公示の招請状によって呼び出さなければならないのだろうか。そこでは債権者の請求について、それが正しく作成されているかどうか、法的に調査しなければならないのだろうか。農場の権益について、すべて正確を期さなければならないのだろうか。その価値について意見が一致しない場合、農場は何回でも、あちこちで買い手を探さなければならないのだろうか。

もし友好的に折り合うことができなければ、もちろん双方の側と話をつけてくれるような第三者を選ばなければならない。しかしその第三者は、財産目録の全形式に通じ、あちこちの国の債権者を呼び出させ、世襲農場の売却価格を多くの官報に公示させうるような裁判官である必要はない。むしろ双方の側が数名の仲裁人を選び、全権を委任し、当該事例において何が高貴で道徳的で適正であるのかを決定してもらうべきである。正規の裁判官がこうした事を行えば、必ずや独裁者に変身してしまう。これに対してこれらの人物の選択を当事者に任せた場合には、たとえこれらの人物がさいころによって主席仲裁人を選んだとしても、彼らの全権は、案ずる必要のない程度の大きさに、法によって限定されうるのである。

したがって仲裁人、しかも双方の当事者と同じ身分の仲裁人を選べばよい。この仲裁人は自分自身が子供と農場をもっているので、一家の主はどのような重荷を背負っているかもよく知り感じ取ってくれる。その重荷とは、つまり自分の名前と身分の名誉を主張し、自分の身分上の義務を十分果たし、農場の被った不運を耐え忍び、不幸な目にあった兄弟姉妹の名誉を支えてやらなければならない場合の、そのような重荷のことである。またこの仲裁人は、父親が子供に嫁資を指定してやらねばならない場合、どのような立場に置かれるかを、その身になって考えてくれるような人物である。そしてこの仲裁人が、「自分が同じ立場に置かれ、父親として行動したり思いとどまったりする時に自分が下すであろうように、私は判決します」とそこで宣言したならば、費用と時間がかかる司法的調査を行うことをせずとも、高貴で道徳的で妥当であるのは何なのか、十分明らかにすることができると私は確信するのである。そしてこのような判決がいったん、例えば前に紹介したように、「良好な状態にあるマイアー農場からは三〇ターラーは与えられるべきである」

との一文を含む場合には、残りのあらゆる事例もそれにならって簡単に片づくことがわかるだろう。そして最大で最良の貴族家が同様の場合に行った事を想起してみて、そこからより下級の貴族家について考えてみるならば、貴族家の場合において同じような決定を下しうるであろう。もちろん裁判官が数字や基準をあげて調停できないような場合は無数あるし、本当の意味での決定が不可能な場合も無数ある。しかし正しい中庸の道を探し当てるための全権さえ与えられれば、自分の良心や名誉、財産を損なうことなく、この中庸の道を探し当てるような場合もまた無数にある。ドイツ帝国の高地地方の邦々にも、低地地方の当地にもこうした中庸の原則はあるし、家の慣習に従ってあちこちの家族で何が行なわれているかをただ観察しさえすれば、どこであっても中庸の道を見出すことができるのである。自分の子供全員を愛する父親ならば、誰でもどこでもこのような家の慣習を定めたものだ。父親のこの精神は身分の精神でもあるので、同じ身分に属す何人かの父親が行ったところのものは、同じ身分の者にとって相当に確かな目標と考えることができるのであるが、これは裁判官としての目標ではなく、選任された仲裁人としての目標である。そしてその場合、農場の価格査定が問題になるわけではない。高地ドイツ地方やライン地方の諸侯家や伯爵家、貴族家においてはそれは問題になっているようであるが、当地では農場の査定額が若干高かろうが低かろうが、たいして問題ではないのである。

私の知る限り、騎士身分としてはブレーメンのそれのみが近年に確定的できちっと定められた比率に拘束され、これに従って年少の息子は自分の取り分を得ることができる。（原註7）しかし他ならぬそのブレーメン騎士身分こそ分割によって一番弱体し、多くの弱小貴族があらゆる健全な政策に反対しているのである。これに対してマルク伯領の騎士身分は協定をもち、（原註8）しかもこれは国王によって認められてもいたのだが、その内容とはこの種の相続関係の訴訟がどのような正規の裁判所にも提訴できず、違反した場合は五〇ターラーの罰金を科すというものであった。要するにマルク伯領にはかつてドイツ全体にあったような仲裁人がいまもいるのである。この仲裁人はローマ法典には拘束されておらず、むしろ彼は原初ローマ的概念によるならば善であり公正であるものが何なのか、その身分が広く最も繁栄することにとって必要となるものが何なのかを、自分の裁量によって決定する全権を有しているのである。たとえ諸侯、伯爵、貴族、市民どんな身分に属そうと、正規の裁判官の場合はこのようなことを行うこともできなければ、許されてもいない。裁判官が選挙されたのではなく、任命されたのである場合、彼は日常的な公正さや約束事を十分尊重することがない。そしてそのような裁判官が、利害当事者に対して調停をまかされるのは、極めて例外的で稀な事例だけである。これに対して選挙された裁判官は、どのような身分に属していようが、当事者から与えられた全権と信頼によって全員を代表する。その場合、自分と同じ身分の者から好んで仲裁人を選ぶのは、各自が自分と同じ身分の者に対して抱くところの礼儀正しく、道徳的で公正な感情というものを、別の身分の者はそう簡単にはもつことがないからである。

娘達が要求できるのはローマ的な遺留分や、何か他の厳格な比率によって確定された遺留分ではなく、むしろ礼儀にかなった相応の結婚持参金であると規則がいったん定められさえすれば、正確な財産目録を踏まえたどんな手切金も免れえないような多数の争いが、これによってすべて解消されると、私は特に確信して疑わない。実際当事者達はみな、だれそれがどれだけ手切金を得たのか、たくさんの事例を挙げることができるし、相続人である者も兄弟姉妹の持参金は名誉にかかわる問題であり、自分を笑い者にしたくなければ、自分の身分の公然の期待を裏切ってはならないことをよく自覚している。このため仲裁人も、正しい中庸の道を探し当てるのは、そう難しいことではない。そして本来的に名誉にかかわる問題を、法的に決定すべき事項に変えてしまうことは常に全体を害すると、私はつい言いたくなる。紛争が裁判官に任され、厳格な民法によって実行の責任がないと判決された場合に行わずにすませられていたたくさんのことを、逆に多くの人間が実行していたのは、名誉・理性の感情やあるいは自然法的義務感からではなかっただろうか。こうしたことは、いかなる正式の手続きも欠くような遺言書において、日常的に見られることである。教会法学者達は遺言書の問題を裁けるのは、当事者の良心を裁くことのできる教会裁判官だけだと思いこんでいるが、これは根拠のないことではない。しかるにこの問題がどの裁判官にも持ちこむことができるようになって以降、裁判官が法に従って義務づける以上のことに対しては、誰も良心の上で義務を感じなくなってしまった。完全な義務と不完全な義務の間にある大きな違いが、問題にされなくなってしまった。法の判決によって良心の問題は片づくと、生意気な屁理屈をもって主張されている。しかしこれによって、人間の真に高貴な感情は著しく狭められてしまった。けちな義務感が寛容な名誉心に取って代った。嫁資についても同じことがいえるだろう。一方が自分の取り分を一銭たりと取り忘れまいとし、他方は相手を卑しい厄介な債権者として厳格な法に従って対応をしなければ、などということになっているのだから。

『郷土愛の夢』第四巻第五二番、一七七七／七八年（山崎訳）

＊　小林昇がフリードリヒ・リストに対するメーザーの影響を論じた際に、後者の農場制度論として「農民農場を株式

として考察する」「農民農場の過度な小作化（アウスホイエルング）ほど有害なものはない」とともに重視した論説。小林昇「リストの生産力論」『小林昇経済学史著作集Ⅵ』未來社、一九七八年、所収を参照。

（原註1）修道院に入った娘が財産放棄した最初の最も旧い例として一四九八年のロジーネ・フォン・ヴェルデマンの事例がある。ヨハン・クリスチャン・リュニヒ編著の『帝国法令集』第一二巻、四五六頁参照。

（原註2）持参金は、妻が夫にもたらすものではなく、夫が妻にもたらすものである。タキトゥス『ゲルマーニア』第一八章。

（原註3）『ソロン』［ステファヌス版］八九頁（プルタルコス（柳沼重剛訳）『英雄伝1』京都大学学術出版会、二〇〇七年、二五九頁――訳者）、『ラコニア箴言集』［ステファヌス版］二二七頁（プルタルコス『モラリア』第三巻（*Apophthegmata Laconia*, in: Plutarch, s Moralia III: Loeb Classical Library 245, p. 227）――訳者）、「彼は持参金なしで乙女を結婚させるよう命じたが、それは輿入れするのは妻であって、金ではないとするためであった」『ユスティヌス』第三巻第三章（ポンペイウス・トグロス／ユスティヌス抄録（合阪學訳）『地中海世界史』京都大学学術出版会、一九九八年、九三頁――訳者）。

（原註4）嫁資のラントでの習慣について。一五九八年九月二六日に行なわれたオスナブリュックの証人訊問。

（原註5）財産令第三部第二一条。

（原註6）フリードリヒ一世の明白な禁止にもかかわらず、将軍のレーエンが分割可能となったことは、法変容の歴史の一部をなしている。これが禁止されようとしたのは、公国、辺境国、伯国は召集軍の将軍管区であったのだが、ここから次々と兵士が脱落し、召集軍の将軍下での従士となるか、そうでなければその他の下で仕える者が生じたからであった。こうして召集軍を率いる公爵の地位は、おもしろみのない古くさい地位に成り下がってしまった。これに対して新しい宮廷公爵の地位は、召集軍が脱走によって数を減らすにつれ、高まっていった。そして宮廷公爵の地位

もまた、それについて制定された家族契約や慣習法によって分割が許されなくなった。

（原註7） ブレーメン騎士法を見よ。プーフェンドルフ氏［サミュエル・プーフェンドルフの甥フリードリヒ・エザイアス・プーフェンドルフ］の著書『ハノーファー国法集成』第二部の補遺一二頁。騎士法では、すべてが土地の慣習と習慣によって規定され、程々の持参金だけが想定されていた。しかし理屈ずくめの今世紀［一八世紀］がもたらした困った事態の下で、娘の嫁資を定めなければならない場合には優良地のマルシェ［低湿地］の農場は六％の利子率で、劣等地のゲースト［高燥地］は五％の利子率で［資本還元されて］査定されることになった。その他の身分に関しては、オスナブリュック司教領の農奴の嫁資とほとんど同じ扱いであった。

（原註8） 貴族家の一体化とそれについての保証は、シュタイネンの『ヴェストファーレン史』第七巻、一九三一頁。

（1） 本書所収作品八「寄留民の人口増加が立法に及ぼす影響について」七四頁。

（2） タキトゥス『ゲルマーニア』第一八章（泉井久之助訳、岩波文庫版、八九―九〇頁）を典拠としているものと思われるが、タキトゥスがドイツ人という用語を使うことはありえず、また原註2にもあるように、馬や武具などの持参財は夫側が受け取るのではなく、逆に夫から妻の側に提供されるもの、というのがここでのタキトゥスの主旨である。

（3） 自由農民が農奴化し領主制が形成されると、農民たちは一二の農場を一単位として一人の甲冑装備の騎士を養ったとメーザーは考えた。この点については、山崎による解説の「一 危機現象としてのアウスホイエルング」を参照。

（4） 一七、一八世紀のヴェストファーレン地方では、農村内での農家の社会的地位、格によって持参財は標準化され、大農層では結婚契約においても持参品の内容を一つ一つ列挙せずに、「嫁入車」として一括することですませる場合が多くみられた。貨幣や家畜、穀物、家財道具（ベッド、寝具含む）、衣服などより構成されていた。Sauermann, 1971/72, 127ff. を参照。

（5）リュクルゴスは前七、八世紀頃のスパルタの伝説的国制改革者。ソロンは前七世紀後半から六世紀前半のアテナイの国制改革者で、中小農民の救済や市民団の再建を試みたとされる人物。メーザーは、彼らについての知識をプルタルコス『英雄伝』『モラリア』より得ている。

（6）オスナブリュックでは一七六八年の財産令によって、農場の資産評価にもとづいて共同相続人に対して遺留分の配分が認められた。これについては、山崎による解説の「三　農民相続制度」を参照。

一八　人間の権利、すなわち隷属*

やはりひとつのパラドクスである――多くの読者はこの表題を見ればそう思うだろう。しかし、もし私の側から読者に対して、農業で人々が生計を立てているすべての国々において隷属〔または農奴制〕（ライプアイゲントゥム）[1]の痕跡が非常に多く見られるが、これは何に由来するのだろうか、とあらためて問いかけるとしたらどうだろうか。ここにおいてひとつの大きな原因を想定しなければならないのではなかろうか。しかも、その原因を、様々な至極当然な必要性のうちのひとつに求めるべきではなかろうか。このように問うなら、親愛なる読者はおそらく軽率に判断を下すことはできないだろう。それはともあれ、少しばかりのパラドクスというものは〔古くて貴重な物を扱う〕古物商には付きものである。私がますます多く敬意を払うにいたったのは、われわれの時代のいわゆる哲学者たちが人間の限界を超えて舞い上がるときの天空の軌道に対してよりも、自然人が自らの必要にしたがってたどってきた道筋に対してである。だから私は、古い風習や古い慣習に出会うとき、それが近頃の人たちが出す〔理性的な〕結論とはどうしても一致しないものであっても、昔の人たちはそんなに愚か者だったはずはない、という思いを手放さないでおく。それについての筋の通った原因を発見するまで、そうする。そしてその原因を見つけると、それについてしばしば何の見識もないまま古い時代や古い時代の偏見を引きずっている人びとを安易に貶めようとする近頃の人たちに、(いつもというわけではないが)彼らの愚弄の言葉をそっくり投げ返すのである。次いで、私が望ましいと思うのは、最近の騎士物語の著者たちが単に古い世界の言葉を大切にするだけでなく、その世界の風習や習慣の精神のなかに深く入って、それらがその時代の要求に対してもっていた関係を――すべての立法においてまず立ち返るべき点として――後の世代に教示・教導すべく示すようになれば、ということである。しかし、生気のない古代の研究についてはハイネ[2]がいるが、生き生きした古代の研究についてはドイツにはまだ誰もいない。

隷属を生み出した最初の最も本来的な諸条件のうちのひとつは、下僕(クネヒト)は自分が得る物すべてを主人のために[主人の名において]得ているということにある。人間が隷属によって達成しようと試みてきた目的は、ほとんど唯一この点に尽きる。それは、必要それ自体が――無限に多くの諸状況において――その目的をより明確に要請すればするほど、目的はますます容易に達成されうるものであった。

自然状態においてまず最初に姿を現わすのは親と子供であり、主人と下僕である。子供や下僕がそれぞれ親や主人に向ける要求関係は、明示的な契約を――しばしば暗黙のうちにではあるが――代行するものであろう。その場合、すべての決定は父親と主人の権力から発せられるのだが、子供と下僕とが得る物は、彼らが自分の長[親・主人]のために得ているのである。

こうした要求は終末をむかえることがありうるし、下僕が主人なしで、子供が親なしで、自立できるや否や、新しい家系が生起しうる。

しかし、子供や下僕が自立できない場合というのは、けっして稀なことではない。そのことから、共通の長や理念としての父親といったものが生ずるのであるし、そのもとで家族が形成され、みんなが力を合わせてそれを維持することになる。この理念としての父親は、神政国家においては神と称し、いくつかの別の場合にもやはり聖人の名前をたずさえたりする。理念としての父親は、その家族が自ら望むとおりの優れた父親を選ぶ〔理念として設定する〕ことが可能だから、たしかに非常に適正な父親なのである。しかしながら、理念としての父親は——まるで現実の父親がそうするように——その子供たちの財産を自分のものとし続けるのであるが、子供たちが得る物は子供たちが理念としての父親のために得る物だからである。とはいえ、理念としての父親はまた、死亡時の財産納付をなんらかの適正なもので替えることを子供たちに許すこともある。それは——もともと決まっている条件によるが——子供たちには比較的容易であり、他の親戚にとっては難しい。

このような制度において、人々は最初、ペクリア〔隷属者の個人財産〕なるものを考案している。ペクリアの名のもとで、子供にせよ下僕にせよ自分の分け前を得ることができるのであり、それに対しては共通の長には何の権利もない。このペクリアは当初、子供や下僕が父親や主人の家畜群のなかに〔自分のものとして〕保有することを許された一部の家畜だったかもしれない。ひょっとすると、これが彼らにとってのレーエンだったのかもしれない。誰が聞いても、下僕も主人ために賃金を得るべきであるといった主張は不自然だったはずだ。

ありとあらゆる種類の隷属者がいるのであるが、そのなかでもヨーロッパで一番位の高い隷属者はポーランド王である。彼は、自分が得る物すべてを王室（クローネ）なるもののために得ている。[3] そしてこのことは、王の息子または娘が父親の財産を王室と同時に継承する――この方が偶然ともいえるのだが――のでなければ、すべての王国に当てはまる事柄なのである。残りの子供たちは単に補償として扶持が与えられるだけであり、本来の意味においては、われわれが日常的に見る隷属者たち――つまり農場の相続者の兄弟姉妹たち――と同じようにほとんど何も相続しない。

それと同じで、もし良き守護神が［神聖ローマ帝国の］帝室（カイザークローネ）の維持のためにぬかりなく見張っていてくれていたら、もちろんその帝室は、それが今ある状態とはまったく異なった状態にあったであろう。しかしながら、ここでは帝室守護神は欠けていたのだし、帝室はしばしば長期にわたってひとつの家族［ハプルブルク家］のもとに留まっていたから、一皇帝が自分の治世において手に入れたすべての物は、同時に帝室と不可分であった。帝室財産を帝位継承者の個人財産から区別することによって、帝室財産の正しい目録を作りあげようとしても、それは不必要であったし不可能でもあった。

家父と主婦とが唯一の主権者で、自由というものが野蛮状態として嫌われていたあの幸せな時代において、当地では――すなわち樹齢を重ねたオークの木の根元のあちこちで今なお古い城壁の廃虚が見つかるG…では――五〇〇人もの隷属者たちによってひとりの主人が生活していたが、この隷属者たちは主人のために種をまき収穫もしたけれども、逆に主人によって最高の状態で養われていた。その主人は隷属者たちが健康であるようにとまさに注意深く――実直な家父が自分の家畜全体の面倒を見るときの注意深さと同じ注意深さで——彼らの面倒を見ていたし、ひとりひとりの子供はすべて——子馬がそうであるように——主人の財産の増殖なのであった。主人は隷属者たちの勤勉のおかげで剰余物を得たけれども、隷属者たちはやはり主人の剰余物によって生活していた。この彼らにとっての幸福は主人の恩恵に依存するものではなくて、主人自身にとっての利益に基づいていたのであり、こうした利益こそいつの時代でも堅固な基盤となる。隷属者たちはなんといっても厚遇をあてにすることができたのである。それというのも、主人にしてみれば、みすぼらしくて不健康な人間は働き手としての価値がなかったし、もし主人がそうした人間を売ろうとしても、安価にしか売れなかったからである。主人が隷属者たちに与える仕事がなかった場合にも、彼らをやせ細るがままに放っておくことは許されなかった。だから、隷属者たちには、休日においても他の日々とまったく同じように食い物が与えられたのである。

『「郷土愛の夢」に付随する手稿』(全集第一〇巻)第八五番、一七七〇年代末(原田訳)

＊ メーザーは、一方で人間が「自立できる」可能性を否定していないどころか、それを望ましいと考えていたが(例えば「付論」一、二を参照)、他方、自立できないことが「けっして稀なことではない」状況において、「隷属」「従属」の一般論を示す必要がある、として書かれたのがこの論稿であると思われる。

(1)「隷属」と訳した"Leibeigentum"は「農奴制」「隷属制」「体僕制」とも訳すことができるが、ここではむしろ「隷属」や「従属」一般を意味する傾向が強いので、そう訳した。

(2)クリスティアン・ゴットロープ・ハイネ(一七二九—一八一二年)。古典学者・考古学者でゲッティンゲン大学教授。

（3）一六世紀から一八世紀までのポーランドではシュラフタと呼ばれる貴族身分が選挙によって国王を選んでいたので、「王室」の存続それ自体が重視されても、それが一家系による継承を意味するわけではなかった。

一九　理論と実践について*

カント教授が理論の名誉を守るために言ったことに対しては、たしかに何も反論できはしない。とはいうものの、私には常に、経験家たちは次のような理論家たちをほどひどく理論それ自体を軽蔑しているわけではないのではないか、と思われてならなかった。そうした理論家たちとは、自分たちの原理を高く設定しすぎるがゆえにそうした原理から所与の事例までの道筋がその裸眼にはいつまでたっても見えてこない理論家たち、または、自分自身の地平線がやっと見渡せたばかりなのにすぐに世界地図を描こうと意気込む理論家たち、である。

第一の場合の例を示すなら、私はただちに次のようなカント氏自身の主張のみを挙げたい。

国民全体が臣民たちのなかの特定の階級に対して支配者身分としての特典を世襲的に与えるべきであるということが、いかに不可能であるか。(1)

そして、ヨーロッパのすべての国々においてそうした逆の事態を見るすべての人ひとりひとりに向かって、あなたにとってそれはまったく可能であるというわけではないのですか、と尋ねてみたい。上の主張を含む［カントの］優れた論文が声高に読まれている社会には、少なくとも、良き実践理性をもつ人が何人かはいるのであるが、そうした人たちはみなその論文を誤解し、ひとりのかくも偉大な哲学者の言に基づいて、君公による世襲統治を明らかな簒奪と見なし始めた。逆に別の人々は、古今の歴史から、方々の公国で国民が君公統治の世襲性に賛意を表明してきたし、また賛意を表明してきたにちがいない多くの事例を示すことを心得ていた。

農奴制［または隷属］（ライプアイゲントゥム）[2]がヨーロッパでどれほど広範に行き渡ってきたか、またそれに関していかに実践と理論とが相互に異なった態度をとっているかということを思うならば、いくつもの国で農奴制を取り入れ、かつこれまでなお保持してきたことについては大いなる奥深い様々な理由があるはずであり、すべての個々の事情に即した、農奴制の活用を心得た実践というものは、高く飛躍してしまい多くの事柄をまだ見渡しているしかない理論よりもやはり事柄をより良く理解しているにちがいない、という思いをしばしば禁じえない。だが、農奴制が地上から完全に根絶やしにされるのが望ましいという要望がこのところたえず一般化されているから、そうした要望に相対しつつ、農奴制が本来何をなすものかを一度その根拠に基づいて正しく考察し研究することは、不必要なこととは思えない。そうすれば、農奴制の目的をより少ない犠牲でもって達成し、かつこうして注意深い立法者の仲介を通じて実践を理論と和解させる、といった手段がもしかしてなお見つかるかもしれない。こうした観点に立つ場合、私はまず、以下の歴史的な真実を挙げるのが一番良いであろう。すなわち、高度すぎる様々な前提からよりも、現実の様々な出来事からの方が正しい結論が出ることが多い、ということである。

ポーランド王の財産を相続するのは王室なるものであり、しかもこの王室は王の自然的相続者たち［自分の子供たち］を排除する。同様のことは、退位する王の――最も近い自然的相続者たちへの相続に基づいた――相続遺産とともに王室そのものも偶然滅びてしまうようなことでもなければ、すべての王国において起こるであろう。最高位から最低位までのすべての帝国官僚たちの財産は彼らの上長によって相続されるが、上長は彼らの遺産を当該官職のために預かり、さらにその後継者に貸し与えるのである。さもなければ、その官職そのものは簡単に強奪されたり、対等の相続者たちの間で細分されるであろうから、その［これまでその官職を担っていた］臣民は、この官職の後継者への新たな俸給支払いについて配慮せねばならない。そうなればまた、どれだけ多くの人たちがその管区で自分自身の財産を得るために自分の官職と名声を利用しなくなるであろうか。官僚の部下たちにも上級役人は同じようにふるまった。司教は主席助祭の財産を相続し、主席助祭は助任司祭の財産を相続するのであり、それはまさに皇帝が司教の財産を相続するのと同じであるが、それぞれの教区と結びついた諸収益をひとまとめにして維持し、その諸収益をさらに後継者に貸し与えるためなのである。皇帝オットー四世[3]がマクデブルクの教会とその傘下の諸教会とに対して死亡した司教たちの聖職者遺産を永久に譲渡して以来、また時とともに同様の恩恵が他のあらゆる帝国官僚たち与えられて以来、こうした貸与が今ではもう古い形式においてはなされていないとはいえ、それでもなお彼らの誰もが封土貸与を受けねばならず、前任者の聖職者遺産を現在規定されている額の貨幣でもって買い戻さねばならないのである。

だが、事柄のこうした成り行きに多少なりとも注意を払うなら、もとからある複数の官職収入をひとまとめにして維持することだけが問題ではなかったことが、すぐに分かる。人々はまた（どの官職も停滞して伸張しなくなったときには損失が生ずるものだから）新たに達成した成果を——言いかえれば官職によって好機に乗じて得た物や改良した物を——容易に手放さなそうとしないし、そうした物を自然的相続者たちのために残してやろうとするものであるが、他方ときには人々はまた、誰かが官職の不利益となっても自分と家族とを富ませようと試みるのを阻止しようともするものである。このような場合、こうした諸収入と、それと並んで新たに獲得した物とが——以前は現物であったが——奉仕・運搬・穀類および種々の家畜から成り立っていたことを考えるならば、ただちに分かることは、ある官僚の獲得した物と委託された物とをその死後に区別する作業を行なうことがきわめて困難であったとともに重要でもあった、ということである。したがってまたポーランド王は自分の獲得物〔王の名において手に入れた物〕を王室に委ねざるをえないのであるが、他方、ザクセンの場合は改良分はレーエン〔制度そのもの〕に帰属せず、私有財産の相続人がそれに権利をもった。(4)

レーエン小作人が改良した物はレーエンに属さねばならず、言い換えれば、下僕が得る物は彼が主人のために〔主人の名において〕得ているのである。この原則がまさに農奴制の全本質と目的をなす。農奴制を最初に導入しかつこれまで保持してきたものは、抑圧でもなく、戦争俘虜でもなく、質朴や信心でもない。そうではなく、実践的な人間知性（メンシェンフェアシュタント）は、官職に就いた人や他人の保有地を使用する人がこれらによって得た物をその官職のために、その保有地のために、後に残さねばならないという契約の、全般的な必要性と必然性とを、要請したのである。

このことからして、またすべての貸与における実践がまったく同一形態で進行すること――これに反する例はひとつとして出されはしまい――からしても、次のことには明らかに反論の余地がないと私には思われる。すなわち、公国の貸与者や司教区の貸与者は、農場の貸与者がふるまっているのとまさに同一の諸原理に基づいてふるまってきたこと。さらには、どちらの場合も、貸与される官職・領地・農場のそれぞれの保有者はすべてその保有によって得た物を通して、貸与された物の改良に今度は貢献しなければならない、という大いなる目的をもっていたこと、である。

健全な人間知性がそうした制度によって目指してきたものすべてがまさに、物的な農奴制の目的でもあるのだ。強い高位者から低位者を守る責務を負う――それゆえ非常に大きな経費でもって低位者を養う責務を負う――一人の人間を可能な限り高い位置にもち上げてまず神格化してしまうといったことを、もはや――人々が賢明になって――要求しなくなれば、人は王を［その役割に即して］王室の農奴と呼びうるであろう。

『「郷土愛の夢」に付随する手紙』（全集第一〇巻）第八七番、一七九八年（原田訳）

ただしブランディ版選集 Brandi（Hrsg.）, 1921, S. 256–259 に従い抄訳。

＊ カントが支配者の地位の世襲的継承を批判したのに対して、メーザーはそれが普及している現実を見すえる必要があるとして、現実離れした理論を批判する。ただし、この論稿をよく読むと、メーザー自身が世襲性を積極的に提唱しているわけでもないことが分かる。手稿のため仕方ないとしても、彼の判断が明瞭ではない論稿のひとつである。

(1) カント「理論では正しいかもしれないが実践には立たないという俗言について」(一七九三年)から取られているが、引用はメーザーの手が加わっている。カントの元の文章は「言い換えれば、国民全体がそれに同意することが不可能であるようなそれ[公法](例えば臣民たちのなかの特定の階級が世襲的に支配者身分としての特典をもつというようなそれ[公法])は不当である」である。Kant, 1793, S. 297, 北尾宏之訳「理論と実践」、坂部恵・有福孝岳他編『カント全集』第一四巻、岩波書店、二〇〇〇年、一九八頁を参照(訳は参考にしたが、原文により適宜変更した)。

(2) 作品一八では同じ語を「隷属」と訳したが(作品一八の訳註1を参照)、ここでは農地や土地・財産をめぐる制度の意味が強いので「農奴制」と訳した。

(3) オットー四世(一一七五頃―一二一八年)。ブラウンシュヴァイク公。一二〇九年に教皇インノケンティウス三世から神聖ローマ皇帝の帝冠を受けたが、間もなく教皇と対立し、破門された。

(4) ポーランドは選挙王制にあったが(作品一八の訳註3を参照)、一六九七年にザクセン選帝侯フリードリヒ・アウグスト一世(ポーランドとしてはアウグスト二世)が選ばれてから六〇余年にわたりザクセン・ポーランド同君連合が続いた。両国の制度的な相違が現実問題であったその時期は、本論稿執筆以前ではあるが、メーザーの生きた時代と重なる。

付論

付論一　ヴェーア・グーテについて＊

農場相続者（エルベ）、共同体成員（メナー）あるいは武装した完全農場所有者（ヴェーラー）の権利については、以上に述べたことで足りよう。自衛と完全農場（ヴェーアグート）――あるいはわれわれの語法によるならば――国家株式（シュターツアクツィエ）の所有とがその本質をなす。[原註1] 完全農場と区別されるのが不完全農場である。後者は共有の土地を大枠によって区分した際に端数になるような小地片である。このような小土地の所有者は、貨幣の使用とそれによる完全な調整とが可能となる以前には、その土地を共同防衛の対象とする資格を持たなかった。そのような小地片の所有者あるいは保有者は、共同体集会で投票権を持たず、また自己の首長を持たなかった。こうして、ある共同体成員の身分的地位はまたその所有地に関わっていたのである。[原註2] すべての自由民が共同体成員としての権利を得たわけではないし、他人の土地を借り受けた者は投票権と自己の完全農場の諸権利とを放棄しなければならなかったのである。

『オスナブリュック史』第二版第一部（一七八〇年版）第二四節（肥前訳）

＊　フリードリヒ・リストが『農地制度論』の冒頭で引用したのがこの個所である（全集第一二巻二）。小林昇訳、岩

波文庫、一九七四年、一一頁。同訳注三にはヴェーアグートについて簡明な説明がある（二二三頁）。グリムの『ドイツ語事典』（Deutsches Wörterbuch von Jakob und Wilhelm Grimm, 2004（Der Digitale Grimm）の“Wehrgut”の項目には、「武装した（ツー・ヴェーレ）完全農民（フォルバウアー）の農地（グート）」と説明された上で、メーザーのこの文章の主要部分が引用されている。

（原註1）完全農場と不完全農場との差異は、マンズス権と非マンズス権との差異と同様消滅した。しかも同一の原因からである。イタリアの土地と農場とにかかる負担は長らくの間、共同防衛義務のみであった。そして防衛義務を負うローマ市民以外には誰もそうした土地を所有し得なかった。けだし、その他のすべての手は［相続権のない］死手であったからである。だが共同防衛と負担の方法が変化し始めるや、マンズス権と非マンズス権との差異が消滅した。ドイツの場合も、ケッターがエルベと同様共同防衛に参加し、常備軍がヴェーレンのために戦うようになってからは、事態はまったく同様だったのである。

（原註2）私はもっぱら、古来の高い身分的地位を出生によってのみ判定する人々に対して、このことを指摘する。都市例えばローマでは、解放奴隷は一時的にしか市民権を獲得できなかった。だが彼が都市で生活し生存し致富し市民としての義務を負担する仕方は、独立の居住者のそれとははなはだしく異なっている。しかも後者の場合も、高い身分の者の息子が完全農場にとどまらない場合に、その一族が名誉のうちに繁栄しうるかどうかは分からない。また彼が完全農場地を持たない場合に、なぜ国土の共同防衛に駆り出されるのかも分からない。名誉と防衛（エーレ・ウント・ヴェーレ）また名誉と負担（ホーヌス・エト・オーヌス）は、おそらく分かちがたいものなのであろう。

付論二　『オスナブリュック史』第二部への序文*

私が一二年前に本書の第一部を『[オスナブリュック史]序説』と題して刊行した際、いくつかの理由から、この度の続編を刊行することになろうとは思ってもいなかった。そして実際、集めた史料も長らくのあいだ放置されたままになっていたのである。ところが、この度、顧問官シュミット(1)氏の著作ドイツ人の歴史を手にし、彼が多くの些細な断片をうまく利用し、秩序づけた精神に打たれた。そこで私は直ちに作業に着手し、私のささやかな史料収集をも公の利用に供しようと決意した次第である。

その際私の立てた構想は第一部と変わらない。それは、当司教領における土地所有者の運命、あるいは私の名づけた武装自由農民（ヴェーレン）の運命こそが導きの糸となり、その他のあらゆる出来事はできうる限りこれに結びつけられるべきである、というものである。私がこの観点から逸脱した際には、その咎は史料の欠如にあって私の本来の意図にあるのではない。一国の歴史は人類の歴史ではなく、商事会社の歴史であらねばならないというのが、私の変わることなく確信する真理である。最初の結合体がありとあらゆる偶然的な事情のもとで被る変化は、私がそれを学び教訓としたいと思う出来事である。一言で言えば、一国の歴史は、この結合体の自然史であり、しかも実用的な歴史として構想されるのである。

何人かの読者は、この最初の結合体がもっぱら土地所有者のあいだで結成されたという前提から私が出発していることに対して、異を唱えた。厳密に言えばこの前提は、きわめて正しい場合でも一つの理念的な線に過ぎないのかもしれない。しかしたとえそうだとしても、それはやはり［歴史的現実を説明する］指針として役立つに違いないであろう。完全な直線などこの世のどこにも存在しない。それでも数学者は曲線を測定するために完全な直線を仮定する。自由と財産とのうえに国家の始原的な契約を基礎づける歴史叙述者は、まさに同じことを行っているのである。そして歴史が提示するあらゆる出来事は、実際にはこの主要な線に近かったり遠かったりするだけだけれども、それでも歴史を叙述する者は、［この指針のおかげで］奴隷制を通則としたり、また自由を逸脱としたりする間違いを犯さないですむのである。

論述の仕方においても私は何の変更をも行わなかった。すべての道徳的な考察に対する私の反感は、仕事を進めるなかで強まった。道徳的考察は人類史に属するものであり、国家史に属するべきものではない。国家史においてはすべてがもっぱら政治に関わり、そして政治は確かな契約という前提を要請する。政治というものが、常に普遍的に規定された人間だけを扱っているわれわれの自然法や国際法のように、すでに周知の普遍的命題に解消されるべきでないとするならば。——歴史が市民にもたらす利益が乏しく、また歴史の講義が力を持たないのは、国家の構成員が株主としてではなく人間［一般］として扱われているからであることは確かである。私は望むのだが、農民もまた歴史を利用するべきであり、政治制度が彼にとって正しいものかそれとも不正なものか、またそれはどの点においてであるかを、歴史を通じて見抜くことができねば

ならない。(2)

総じてわれわれの普遍史に力がないのは、それを叙述する歴史家がしばしば、行為する人間の政治的権能よりも身体的、道徳的な能力の方を重視するか、あるいは政治的権能をあまりにも無規定的なままに放置してきたことによる。

例えば司教は、規定によれば三人に一人が常に従軍司教として軍隊に同行しなければならなかったのであるから、戦場に赴いて宗教上の職務を遂行することがある。だが彼はまた自分の兵士たちの司令官として甲冑を身に着け、兵を率いて戦うこともありうる。だが彼はこのように二種類のヘールバン奉仕を行いうるにもかかわらず、この二つは相互にきわめて異なったものである。けれどもこの二つはしばしば混同されており、カール大帝が後者について認めた免除が前者にも適用されたりしている。同様にまた、ヘールバン奉仕とレーエン奉仕とが十分に区別されていない。土地所有者は前者の義務を負っているだけだが、レーエン保有者は、公共の土地を貸与されている限りにおいて、両者の義務を負っている。それにもかかわらず普遍史の叙述者たちは、これら二つの政治的特性のいずれによって司教、公爵、伯爵その他が出征しているかを滅多に見ようとしないのである。もっぱらキリスト教会と帝国との防衛を目的とするヘールバン奉仕とそれ以外の義務を含むレーエン奉仕とが区別されておらず、従って正しい結論に達することができない。仕事全体が図面なしに行われており、叙述には力がない。帝国防衛の義務を負うすべてのヴェーレンたちの最高指揮官として、あるいは自由な国民の首長として、皇帝が有している権利は、廷臣たちの最高レーエン主［封主］として持つ権利とはまったく異なるものである。けれども時代の流れのなかで利益を得、損失を被ったのは皇帝かそれとも諸侯かと問われる度に、両者は常に混同されてきた。皇帝を最高レーエン主、諸侯をレーエン保有者と見なすならば、両者共に古い時代のヘールバンや［フランク王国の］五月軍会では知られていない。彼らの損失といい利益といい、いずれももっぱら国民の自由と国民の土地所有との利害得失にこそ関わっているのであり、この視点に立脚しない歴史叙述者は誰であれ、真に大地を動かすことはできない。

だが地域史においては、取り扱われる人物の数が少なく、しかもそれらの人物は近隣の住民であるため、より速やかに社会契約に立ち返ることができ、それが変化するたびにその変化の構造と影響の仕方とを検証できるから、対象の多様さに直面してそれぞれの事情を十分正確に考察し得ない普遍史の場合に比べて、右に述べた欠陥をより容易に回避することができる。普遍史は自然の勢いでますます人類史化し、それゆえに壮大で輝かしい絵画にますます多くの素材を提供するが、市民には養いになるところが少ない。とりわけ現在われわれを批難しようとする何人かの人々の場合のように、素材が二次的なものである場合にはそうである。読む限りそれは魅力的であり、せいぜいのところ周知の場合については教訓を与えるが、助けを必要とする現実的な場合に答えを出してくれることはあまりない。ところで生憎なことに、このような地域史にあっても小さな歯車は常に大きな歯車に組み込まれており、前者の作用を認識するには、時として後者をも動かさねばならないのだ。［以下略］

オスナブリュック、一七八〇年五月一二日、J・M（肥前訳）

＊『オスナブリュック史』第一部に対して加えられたガッテラー（Johann Christoph Gatterer）の批判に応えて、「自己の『歴史叙述の論理』の自然法的基礎」に言及したもの（Paul Göttsching, 1977, S. 115f.）。坂井榮八郎、二〇〇四年、

一四八頁をも参照。その理念型論はヴィンケルマン（J. J. Winckelmann）のギリシャ芸術史からの影響によるものであった（Peter Schmidt, 1975, S. 35f, S. 113-142; Joachim Rückert, 1994.）全集第一三巻所収。

（1）ミヒヤエル・イグナツ・シュミット（一七三六—九四年）。ヴュルツブルクの歴史家。メーザーの愛読者であり、彼のような領邦国家の政治指導者による歴史叙述の意義を強調した。

（2）コッカ、一九九四年、二〇七頁を見よ。

付論三　ヴィルヘルム・ロッシャー「経済学者としてのユストゥス・メーザー——一八世紀の諸理念に対する歴史的‐保守的反作用——」

一

すべての急激で広範な動きには、常にそれに対応した反作用がつきものである。とはいえドイツでは、一八世紀後半を突き動かした自由、平等、世界市民、啓蒙といった大きな理念の実現が著しく国家権力そのものにゆだねられ、そしてまさしくそれゆえに、多くの場合適時かつ適度に——一部には遅まきにかつおずおずと——実行されたので、その結果、それに対する反作用が民衆のなかに大きな共感を見出しうる可能性はなかったと思われる。新時代の動きが極端にまで至ったのは、元来机上の議論、思想家の頭脳においてのみであり、まさしくそれゆえ反作用もまた概して、ほんのわずかの傑出した著作家に局限された。

ドイツ史学史のなかにユストゥス・メーザー（一七二〇—一七九四年）が占める高い意義[原註1]は、常に承認されてきた。ゲーテが『詩と真実』の第一三章で次のように賞賛して以来、彼はドイツの国民作家としても同様に古典的な地位を占めている。いわく、「優れた、たぐいまれな人物、…きわめて特殊な諸事情に対する徹底的な洞察、…完璧な実務家、…驚嘆に値する取り扱い方、…対象を常に超越し、…市民的世界と道徳的世界において生起するいっさいの事柄を論ずる」その「精神、知性、軽妙さ、巧みさ、趣味、個性」を通じて限りなくゲーテを感嘆せしめ、また「青年にきわめて大きな影響を与えた」と。(1) ゲーテはメーザーの断片的作品さえをも、「金粒と金粉であって、その価値は金の延べ棒に匹敵し、金貨にまさるもの」であると、後年述べている。(原註2)

だがメーザーは同時にまた、一八世紀ドイツ最大の経済学者でもあり、従来注目されることの少なかった彼のこの側面は真剣な研究に値する。それというのも、経済学の領域における彼の独自性が、それを失えば必ずや国民としての偉大さやそれどころか存在そのものが完全に失われかねないであろう、あのドイツ国民の全般的特徴にきわめて合致しているからである。もちろん、メーザーが何らかの経済学の体系を創りあげたというのではない。彼は当時何人もいた重要な断編作家(フラグメンティスト)(原註3)の一人である。われわれは彼の学説を、一部は彼の『オスナブリュック史』(一七六五年)から、しかしとりわけ一七七四年以降『郷土愛の夢』という題のもとに発表された素晴らしい小論説集(原註4)――ゲーテはこれを正当にも「真の統一体」と呼んだ――から、構成しなければならない。

経済学者としてのメーザーの意義は、主として以下の三つの特徴に立脚している。

彼は上流の、いわば高貴な社会をも、日常的な、ありふれた民衆生活をも、分け隔てなく重視し理解した数少ない人々に属する。〔だがまさしく、たいていの人間にあっては相互に排除しあう諸傾向のこのような結合こそ、優れた経済学者にとっては不可欠なのである。別のところで指摘しておいたように、肥料はただ汚いだけだとか、ごみ屑は何の役にも立たないとか、相場表など味も素っ気もないとか、簿記には詩情などなにもないとか言うことは、経済学者には許されない。しかも同時に経済学者たるものは、きわめて包括的な世界史的思想、きわめて深遠な哲学的思索を受け入れるのみならず、彼なりの仕方で独創をし、あるいは少なくとも再生産しなければならない。このことはアダム・スミスにおいて最も明瞭に認められるのであり、彼スミスはその大著〔『国富論』〕のほとんどすべての章において、否それどころかほとんど同じページにおいて、「最も高貴な」ものと「最も卑俗な」ものとを同時に扱っている。だがメーザーもスミスに劣らない。〕彼がある時には、学問の原理を巡ってカントやルソーのような思想家ときわめて対等に渡り合い、カール大帝のような英雄像を描くかと思えば、また別の時には歴史家というものが一枚の古いワイン勘定書からいかに多くのことを学びうるかを、詳細に示しているのを見れば、このことが分かる。(原註5) メーザーが貴族や役人、農民や手工業者、農奴やホイアーリングの暮らしぶりをきわめて細部にわたって叙述し、芝土採取と豚の世話、脱穀場と紡ぎ部屋、コーヒーとおしゃれとダンス、結婚と育児、訴訟処理と負債、人相書と地域広報新聞、要するに家庭生活と市民生活の内実をなす無数の「細部」のすべてを、それも国民生活全般を見渡す深い洞察を常に忘れることなく、物語っているのは、画期的なことである。このようにしてメーザーが学問に革新を導入した貢献（詩の世界ではハラー〔アルブレヒト・フォン・ハラー。一七〇八―七七年。スイスの自然科学者で詩人〕の一七二九年の「アルペン」によって先鞭をつけられていた）、を正当に評価しうるには、彼以前のドイツの歴史家たちがほとんどみな、指導者ないしは国家の行動、戦争、宮廷史、帝国議会の討論、要するに文献的に際立った諸事象のみを扱ってきたことを忘れてはならない。経済学者もまたほとんど常に、主として国家全体、政府に関わる事象つまり財政、輸出入、貨幣制度等にのみ関心を寄せ、国民個々の幸福や不幸に深く関わると思われる事象をなおざりにしてきた。そのような経済学がすべて、いかに皮相なものでしかなかったかは、明らかである！

以上に述べたことと関連するのだが、メーザーは民衆生活の温かい友であり、深い理解者であった。この場合、民衆（フォルク）という言葉は、単に下層階級という意味と国民全体という意味との、二重の意味に理解される。彼はすでに初期に、ゴットシェート［ヨーハン・クリストフ・ゴットシェート。一七〇〇―六六年。合理主義を奉じた啓蒙文学者。フランスの古典主義文学を範とした］によって厳かに追放されたハルレキン［道化］を擁護し、自らこの分野で創作を行なってさえいる[原註6]が、同様に実務家として円熟の極みに達した時期にも［一七七一年］なお、商人や農民の交易のために最古に民衆の間で行なわれていた借金割符（ケルブシュトック）を勧めているのである。[原註7]今日われわれは、とりわけJ・グリム以来、この上なく地味な村の慣習や単純極まりない童話や、それどころか民衆の迷信の諸相のなかにさえ、学問研究の貴重な資料を見出すことに慣れている。だがそれはメーザーの時代にあっては大革新だったのであり、それゆえにこの人物が古典学や法学や政策学の高い教養を身につけていたにもかかわらず、その大革新は硬直した学説を奉ずる何人かの大学教授たちや宮廷風の洗練を身につけた何人かのサロン人たちから、ひどく嫌われたのである。例えば、いわゆる民謡のなかに、いかに豊かな真のポエジーの黄金が秘められているか、についてのヘルダーの発見が広範な公衆の前にもたらされたのは、ようやく一七七三年（「ドイツの芸術と様式について」）であり、一七七八年

（「民謡に示された民衆の声」）であったことを思えば、メーザーの革新性が理解されよう。メーザー自身もまたようやく徐々にこの洞察にたどり着くことができた。それというのも、彼の初期の著作にはフランスやゴットシェートの影響が顕著に認められるからである。――だが同時にまたメーザーの主要作品はすべて、ドイツ国民の特徴を明瞭に示すその内容によって、当時支配的であった外国かぶれに対する事実上の抗議となっており、その限りでまたレッシングの作品と並ぶ位置を占めている。同様の意味で、フリードリヒ大王を相手取って、ドイツ文学を堂々と擁護したことによってもまた彼は、ニコライやゲーテなど様々な文学上の諸流派のなかで、正当にも人気を博した。

だが経済学者としてのメーザーは、これら二様の民衆性［民衆の友であり、ドイツ国民の一人であること］を尊重したおかげで、他の多くの経済学者たちを挫折させた二つの岩礁を避けることができた。その一つは、個々の国民から、従ってまた総じて活きた現実から離れてしまう、あの抽象的な万民主義（コスモポリティスムス）であり、二つ目は、物的な富に目を奪われて人間の幸福を忘れてしまい、こうして通常、多くの貧民を犠牲にして少数の富者を優遇する、あの拝金主義（マンモニスムス）である。これら二種類の悪習は一八世紀をとりわけ特徴づけており、それも前半には拝金主義が、後半には万民主義が、優勢であった。

最後に、メーザーは歴史的方法の最大の巨匠の一人である。断定的な判断を下すことを、彼は決して好まなかった。彼自身、裁判官の仕事は嫌いでむしろ弁護士の仕事を愛してきたと告白している。（原註8）彼が自説を述べるにあたって最も好んだ形式の一つは、同一の主題に対する賛成説と反対説とを展開させるべく、二つの見方を対置することである。これは何ほどかトゥキュディデスの弁論と反対弁論を想起させるのだが、もちろん時としてメーザー自身の見解を理解することを困難にする。哲学については彼は決して多くを語らなかった。彼は「実務」を哲学に対置している。実務は「往々にして常識という最短の道を選ぶ」のであり、メーザー自身も常識を重んじている。だが真の歴史家として彼はこう付言する。「私は、古い風習や古い慣習に出会うとき、それが近頃の人たちが出す［理性的な］結論とはどうしても一致しないものであっても、昔の人たちはそんなに愚か者だったはずはない、という思いを手放さないでおく。それについての筋の通った原因を発見するまで、そうする。そしてその原因を見つけると、それについてしばしば何の見識もないまま古い時代や古い時代の偏見を引きずっている人々を貶めようとする近頃の人たちに、（いつもというわけではないが）彼らの愚弄の言葉をそっくり投げ返すのである(原註9)」。

現代にのみならず、同時に過去にも生きる真の歴史家というものは、彼の時代の一面性に常に何ほどか対立するであろう。過去の事情や見解を単に知らないというだけの理由で、［彼の時代の事情や見解を］自明の真理であると自称している支配的な偏見に対してはとりわけ、彼は批判してやまないであろう。このことはメーザーにあっては、一八世紀に対する正真正銘の反抗精神にまで発展しており、時代のもたらすあらゆる革新に対してほとんどの場合、明るい面よりも暗い面を、あるいはせいぜいのところ新しいもののやむを得なさをのみ、強調する。いくつもの彼の矛盾した主張は深刻に受け止めてはならない。それらはむしろ彼のいたずら心(原註10)に由来するものであり、あるいは、ある種の事柄はこうした形式で表現したほうが受け入れられやすいという、一定の実際家的意図(原註11)に発しているのであろう。けれども何といっても、本心に発する時代精神に対する反対が基調をなしており、それは一部はまさしく一八世紀に著しかったドグマ的で反歴史的な思潮から、しかし一部は彼の純個人的な性格的特徴からも、説明できる。古きものを理解し、擁護するとき、その古きものが相対的で、時代に制約された正当性しか持たないにもかかわらず、それをまったく別の時代や事情の下でも固持したがるのが、歴史的方法につきものの主要な危険であって、メーザーもまたしばしばそれを免れていない。——けれども、ありふれた保守主義者やましてや反動派の群れから彼がはるかに抜きんでているのは、彼が中世の諸制度を解明しその復興を推奨する際に、それらの中から常に、実際に復興可能で未来を持つような諸点を摘出し特に強調する、その天才的な洞察力によってである。最近一〇〇年間に政治および経済の領域で行なわれた重要な改革の多くは本質的に、一部は騎士の時代に、また一部は後年の王朝的絶対主義の時代に廃止されたいにしえの文物の、時代に即した若返りとしての復興なのである。この点でメーザーはしばしば、まさしく予言者的である。(原註12) それゆえにまた、同時代人が進歩と見なしたたいていの事柄に対する彼の反感は、気難し屋の老人という印象をまったく与えない。通常彼は、自由を擁護して平等思想と戦っており、こうして自由の全面開花と深化とを強いることによって、その発展に貢献している。真に歴史的なものと真に実務的なものとの、また真に保守的なものと真に進歩的なものとの、素晴らしい結合がここにある!

(原註1) 他のいろいろの貢献と並んで、私はメーザーを歴史法学派の父と呼ぶ。J・G・シュロッサーやフーゴーは人間的に彼より大きかったかも知れないが、業績のほどは疑わしい。だがメーザーは時代的に先行していると共に、精神的に優越している。私の論文［原論文を指す］を見られたい(Tübinger Zeitschrift, 1865, 546ff.)。

(原註2) 一八二三年の『芸術と古代』第四巻第二冊、一三〇頁。

(原註3) シュトゥルツ、リヒテンベルク、ハーマン、メルク、ヤコービ、レッシング、ヘルダーなど!

(原註4) これらの小論説の最初のものは一七四六年に、最後のものは一七九一年に書かれているが、大部分は一七六六年から一七八〇年に執筆され、メーザーが一七六七年から一七八二年にかけて編集していた『オスナブリュック週報』に始めて発表されたものである。

(原註5) 『郷土愛の夢』(I, 8; Bd. 4, 8)

(原註6) IX [Kleinere Schriften III; Bd. 2, C, 8-9].

(原註7) II, 28; Bd. 5, 28.

(原註8) 私の依拠したアベケン版メーザー著作集に収められた、F・ニコライの「メーザーの生涯」を参照されたい。Fr. Nicolai, Leben Justus Möser's. In: Abeken' schen Ausgabe der Werke, X, S. 25.

(原註9) V, 38 ; Bd. 10, 85; S. 133. 作品一八

(原註10) 例えばII, 67, 70; Bd. 5, 67, 70.

(原註11) この点については、『郷土愛の夢』第Ⅲ巻の著者前書き [III, S. 1-4; Bd. 6, S. 9-10] に明示されている。

(原註12) 〔彼の保守主義のこの側面に、ブルンチュリはメーザーを扱っているその著『一般国家法史』(S. 414ff) のなかで、充分に着目していない。〕

(1) ゲーテ『詩と真実』一九八〇年、一四九―五一頁

二

政治の領域においては、メーザーは、当時際限なくもてはやされていた普遍化と集権化に対する徹底した反対者である。彼は、貧民の扶助やとりわけ捨て子の扶助において各人の自己責任の原則（II, 38; Bd. 5, 38）を強く主張しているが、それと同様、総じて、小さな都市ひとつひとつが異なった体制をもつべきことを求めている（III, 20; Bd. 6, 20; 作品一三）[原註1]。「普遍的に妥当する法典という支配的な時流」は、メーザーを「正当な不信」（II, 1; Bd. 5, 1; 作品八）で満たすだけである。「それによって、われわれは、多様性のうちにその豊かさを示している自然の真のプランから離れていってしまい、あらゆる事柄を少数の規則に基づいて強制しようとする専制政治への道を拓いてしまう」（II, 2; Bd. 5, 2; 作品九）。普遍的人権の理論は「誤った哲学の見地からすべての人間に同一の威厳と同一の権利とを見出だし、全員が平等である神の前の人間と、これとは別の関係のもとにある人間とを混同するのであり、国土の居住者すべてからその原初的な団体に由来するすべての尊厳を奪って、統治者だけをますます高めるのである」（II, 1; Bd. 5, 1; 作品八）。例えばメーザーはまた、合理的思考による近年の法学は、証人の陳述によることなく単に理性的根拠にのみ基づいて議論するので、「まちがいなく奴隷制に行き着く」（I, 22; Bd. 4, 22）[原註2]、と考える。

同様に彼は、同時代の教養人たちが先入見というものに対してもっていた嫌悪を、共有しない。というのも、先入見とは、一八世紀においてしばしば、よく調べもしないで、間違った判断と取り違えられていたものだからである。例えば教育においては、青少年に対して理性という根拠だけが用いられるべきではなく、名誉心や概して人間の感情と情熱も重視されるべきなのである（II, 69; Bd. 5, 69）。メーザーは、子供の遊戯的［ゆとり］教育に反対する。それは、甘美な雑談や軽率なファンタジー、空虚な幻影しかもたらさないからである。子供たちは逆に、体力と精神力とが損われない限り、鉄のような勤勉へと育て上げられるべきである（III, 33; Bd. 6, 33）（原註3）。

それに対して、彼は、近代の時代精神によって忌み嫌われた数多くの中世的な諸関係から優れた側面を歴史的に拾い出すことを、心得ている。腕力権［自力救済権］のあった時代を彼は「われわれの国民が最も偉大な名誉感情を、最大限の身体的徳性を、そして独自の国民的な偉大さを示していた時代であり、最高の様式の芸術作品である」と呼ぶ。各人が闘う権利をもっていた当時、個々の略奪行為が偶然に生じもしたが、そうした略奪行為は、今日の戦争が引き起こす荒廃と比べるなら無に等しい（I, 54; Bd. 4, 54）。──同様にメーザーは身分の相違に対して肯定的である。ただしその際、彼は、無数の貧しい貴族のあり方に対してきっぱりと反対し、したがってまたイギリスの貴族の権利に倣うことを推奨している（IV, 52. 55; Bd. 7, 52. 55, 一七七七年と一七八〇年：前者が作品一七）。彼は、古い貴族を新しい貴族よりも──とくに財産を単に相続しただけの成金に比べて──高く評価し（IV, 57; Bd. 7, 57）、「国家株式の所有者」としての土地所有者と、始源には自由ではなかった、株式をもたない人間との間に根本的な相違があるとするが（III, 63; Bd. 6, 63; 作品一五）、同様に、市民身分の内部においても農民身分の内部においても多くの諸階層への厳格な区分を堅持しようとする（I, 24; Bd. 4, 24）。弁護士をさえ、彼はひとつの特別な団体（コルポラツィオーン）に統合しようとする

(I, 50; Bd. 4, 50)。その場合、彼が推奨するのは身分制裁判所であり、したがって係争に際しては「両当事者にとって仲間としての同等性を有さぬ学者がそうした事件に対して法律が定めたことを言い渡す」ようなことでは駄目であり、「同等の仲間である人が自分の考えに基づいてそれがどうあるべきか言う」(I, 51; Bd. 4, 51) のが望ましいのである。彼は明らかに、今日われわれにおいて見られる商業裁判所や営業裁判所などを先取りしている。

メーザーは彼の時代の官僚制をまったく好ましく思っていない。しばしば漏らされる彼の不平は、近頃いかに勤務が――とりわけ君侯への勤務が――独立の自由を圧倒してきたか、というものである (I, 24; Bd. 4, 24)(原註4)。当時人々が大きな価値を認めていた、完成された官職階層制と官僚による人為的な操作とに対して、メーザーは何ら期待していない。「すべてを自分で見聞し、知ろうとする君侯は、私が見るところでは、一匹の狐を捕まえるために一万人の家来でもって狩りをするような人である。私なら、その狐に一羽の鶏を放って〔事足りるので〕、狩りはやめるであろう」。(II, 68; Bd. 5, 68)〔真に実践的なのは、メーザーが後任継承権〔地位・職位の後任に関する請求権〕の授与に対して警告するときの根拠である (V, 2; Bd. 9, 59)。〕他方において目立つのは、単なる業績による昇進について彼が表明する強い疑念である。平均的な人々が統治しまた勤務するところでは(原註5)、常に出自・年齢・勤務年数が、昇進にあたってなお最も確実でかつ最も不快感の少ない規準である (II, 40; Bd. 5, 40) と彼は言う。同様にして、彼は、国家が「株主」のみから構成されているわけではない場合の原始時代の残酷な刑罰には、原則として言及に値するものと考えていない。〔例えば、凶悪犯に対して、目をえぐったり、売り飛ばしたり、焼印を押したり、といったことには反対なのである。〕

われわれの時代において刑罰が極めて軽微であることの帰結は、われわれが一人をではなく十人もの人々を罰せざるをえないことであるが（IV, 37; Bd. 7, 37）、それはまさに、人間が文化の向上とともに善良にではなく、ただ狡猾になっていくだけであることと対応している（II, 71; Bd. 5, 71）。他方、彼は、拷問が廃止された後に陪審裁判所が必要とされることをも認識している（V, 33; Bd. 10, 10）。

理論と実践に関する彼の論文において、メーザーは、国民全体が特定の階級を世襲的な支配者身分として容認しておくことなどありえないというカントの議論に、言及している。メーザーは、ヨーロッパのすべての国においてその正反対のことが見られる、と考える。経験家たちは、理論を軽蔑するのではなくて、ただ次のような「理論家たち」を軽蔑するだけである。すなわち「自分たちの原理を高く設定しすぎるがゆえにそうした原理から所与の事例までの道筋がその裸眼にはいつまでたっても見えてこない理論家たち、または、自分自身の地平線がやっと見渡せたばかりなのにすぐに世界地図を描こうと意気込む理論家たち」[原註6]がそれである。こうした彼の見地はルソーやその他、自然状態と社会契約に基礎を置くすべての理論家たちに真向から対立するかのように見えるが、メーザーもまたある種の自然状態・社会契約理論家なのである。彼が警告するのは、自然状態というもの——それはとりわけ婚姻を欠いている——の様々な特性を市民的統治の状態に当てはめようとすることに対して、である。[原註7]次に彼は、ふたつの前後する社会契約を区別する。すなわち、ひとつは始源的な土地所有者たちの間の社会契約であり、もうひとつは始源的な土地所有者たちと後でそこに加わった人たちとの間の社会契約である（V, 42; Bd. 9, 66. 一七九一年初出）。土地が豊富にある諸国においてのみ——例えば北アメリカがそうであるように——ひとつの［前者の］契約で事足りる、と彼は言う。この議論は、一般に彼の同時代人たちがイギリス人の植民地に見られる発展を自然で・すべての人々に普遍的な発展と取り違えていたがゆえに、メーザーに特徴的な補足である。ちなみに、彼はまた、例えば死刑についての議論のなかで、実践的な観点から「根源契約」にさかのぼっている（IV, 34; Bd. 7, 34. 一七八〇年初出）。——メーザーの学説は、明らかにルソーよりも豊かな歴史認識と人間認識とから導き出されている。だがその他の点では、彼はルソーに劣らず教条的である。彼は、例えば古代ラケダイモン〔スパルタの古名〕ではスパルタ市民が始源的な株主すなわち「醸造所所有者」である、と考える。ヘロット〔スパルタの奴隷身分の農民〕はホイアーロイテになぞらえられる。(原註8) ルソーの自然状態が詩的・歴史的な回想、新たな旅行観察、感傷的な創作といったものから組み合わされているとすれば、メーザーの自然状態は、タキトゥスの研究とメーザーをとりまく現実の観察——とりわけ農民生活におけるそれ——とからなっている。彼は、「人々が通常考えるほど愚か者ではなかった」最古のドイツ人と、今日のニーダーザクセン農民との間に、ほとんど違いを見出していない。(原註9)〔—— 同じような混同に帰するのは、彼が非常に大雑把に、われわれの祖先は「理論に照らして判断していたのではなく経験によって自らを御していた」と言う場合である（II, 33; Bd. 5, 33）。〕

（原註1）〔もちろん時として、特殊なものへの愛着のため彼はおふざけを言い出すことがある。例えば、メヴィウスをモンテスキューよりも高く評価するなど（II, 44; Bd. 5, 44）。〕

（原註2） 引用した二論文は一七七二年と一七七三年に既発表。

（原註3） この論文は一七七六年に初出、バゼドウの初等教材は一七七四年に出版。

（原註4） たしかに共同体の自由から騎士制度への移行期においてもまた同様の事態が生じた。けれども、メーザーの場合一貫して、およそカール大帝［七四二―八一四年］までの中世初期のみが本来の黄金時代と見なされる。

（原註5） フリードリヒ大王のような支配者とは対照的に。

（原註6） Werke, IX, S. 158; Bd. 10, S. 142; 作品一九。

（原註7） P. Ph. II, 33; Bd. 5, 33.

（原註8） W., X, S. 144［アベケン版全集Xは "Briefwechsel mit Friedrich Nicolai" にあたるが、新全集には所収されていない］.

（原註9） W., IX, S. 204, 208; Bd. 2, S. 122, 125.

三

メーザー独特の経済学の最高原則は恐らく、あらゆる高度の分業に対する彼の嫌悪であろう。この点ではアダム・スミスの大作〔『国富論』（第五編第一章第二項）以下〕[1]と著しく対立するとはいえない。「絶えざる修練と努力とによって個別的な技能を高度に発展させている人はみな、真に健全な精神を持たない。彼らが自然に持ち合わせている諸能力の多くが、麻痺させられ、恐らく刈り取られてさえいる。しかも、〔個別的な技能を高度に発展させたいという〕意図を達成したいなら、こうした麻痺や刈り取りが若いときから起こらざるをえないのだ」[原註1]。それゆえにメーザーはすでに、分業が生み出す一面性を克服するために、こんにちの体操のようなものを勧めている。(原註2) 商業については彼は、港湾都市はすべて単なる貯蔵所にとどまるべきであり、すべての製品はその製造場所ですでに完成品に仕上げられておらねばならない、というハンザの原則を完全に承認している。彼はこの論点を推し進め、ついにはオスナブリュックの人々は［南米］スリナムにさえ自分たちの大農園を設立してよいと言っている。(原註3) ただ、古くからある国際的な事情が問われるような分業に関してのみ、彼は分業に対する嫌悪を抑えている。北ドイツにおいては例えば、ヴェストファーレン人のオランダ渡り、南ドイツから来た煉瓦積み、イタリアから来た左官、ティロルから来た貯水池掘りなどである（I, 15; Bd. 4, 15; 作品二）。逆に家族生活のためには、彼は分業に対する反感をより徹底的に表明する。例えば、高貴な家にあっても娘たちは「外で織らせたほうが安上がり」の場合でさえ、自分で織り、編まねばならない、と言う（I, 21; Bd. 4, 21）。

メーザーの時代に学の高みに立ったと信じた経済学者のほとんどすべてが、人口増加を無条件に賞賛していた。〔例えば、タッカー、バークリ、フォルボネ、ネッケル、ゾネンフェルス、ユスティ、ダルイェス、ジュースミルヒ等である。国民経済のあらゆる変化を、人口の増加に及ぼすそのプラスの影響もしくはマイナスの影響に従って、評価もしくは批判した、この人口論者の学派を、われわれは、重商主義のより洗練された新版であると特徴づけることができる。その最も粗野な初版は、国民経済のあらゆる進歩を測る尺度として貨幣量を考えていたが、いまや、経済人である民衆の真の目的、その教養、その権力、その幸福とはるかに直接的に関わる一基準が獲得されたのである。とはいえ、この観点もまた、依然として一面的であった。〕そして、彼らが人口増加を達成するために実行しようと考えた手段は、時としてその基礎となる理論

からの不条理な演繹（アド・アブスルドゥム・デドゥクツィオ）に等しかった。[原註4]

メーザーはこうした態度とはまったく無縁であった。彼は現在「人口［増加策］のことばかり考えている」偉い人々に対して、そんなことをしていると「屠殺台へ送ることになりかねない人畜を沢山飼育することになる」と非難している。[原註5] 種痘に反対するある若い既婚婦人の書簡には、過剰人口に対する驚くほど厳しい皮肉（イロニー）が含まれている。すなわち、天然痘は恐らく、地球に過剰な負担をかけないようにという摂理からこの世に送り込まれたのであり、結局は［子沢山に陥らないよう］夫婦別居をしない限り問題は解決しないのだから、無益な小細工［種痘］を医師に禁ずるべきであると、あからさまに主張されている（IV, 15; Bd. 7, 15）。更に容赦なく、いわゆるマルサス主義を最も極端なかたちで示しているのが、中国における捨て子の皮肉に満ちた擁護である（V, 26; Bd. 10, 28）。メーザーはあらゆるプロレタリア的な人口増加に対する最も断固たる敵対者として一貫している。国民が、完全フーフェを持つ生え抜きの株主と並んで、寄留民からも成り立つようになるや否や、古来の民衆の自由は消滅し、とりわけ刑事裁判が変容せざるをえなくなった。完全フーフェ農民のみから構成された共同社会は、司教座聖堂参事会に似ている。そこでは、そのメンバーすべてが自分とその仲間を誇りに思い、その義務を守るのは懲役を怖れるからではなく、むしろ教会禄の没収あるいは集会からの追放が最も厳しい刑罰だった（II, 1, I, 42; Bd. 5, 1, Bd. 4, 42; 作品八、六）。これとは異なり、寄留民はその人身によって［懲役によって］責任を負い、償いをするしかない。それゆえにメーザーは、このような群集が専制的にしか扱われないのを、当然のこととする。寄留民が盗みを働いたときには、詳細な取り調べなしに彼を追放することができる。彼に慈善を施したいという甘美な衝動を野放しにするならば、そのことによって怠惰と物乞いの癖が強まることを恐れねばならなくなる（II, 1: Bd. 5, 1: 作品八）。ちなみに、［反面において］メーザーは、かつて農奴制を生み出した主要な原因が人口増加と共に消滅することを、見落としていない（IV, 61; Bd. 7, 61）。彼はまた、「すべてが金銭次第」の時代にあっては、［寄留民の］かの弊害も「華美な上流社会から無視されるに違いなく、また良き条例によって除去しうる汚点」に過ぎなくなること（I, 15; Bd. 4, 15; 作品二）をも認めている。人間が「商品」に対比され、「売れ行き急増につれて製造も急増する」のを常とするのであれば（I, 40; Bd. 4, 40）、人口増加の基本法則を表現するこの形式［寄留民］に対してメーザーの同時代人たちがそれほど強く反発するいわれはなかったのであろう。［しかし］それだけ一層、流入民の招致に対するメーザーの嫌悪は孤立したものである（I, 60; Bd. 4, 60）。その際、アメリカ植民の性格について、極めて深い洞察が加えられている。中世初期の民族移動を彼は、人口稠密からだけでなしに、当時の国制からも説明している。それによれば、当時人々は農場相続人と隣人の娘で彼の妻となった者とのみを家内に留めることができ、その他の者を一定期間ごとに、蜂の群れのように他の土地へ群がって移動させねばならなかった。それというのも、当時は都市や寄留もなく、また徴兵も海外渡航もなかったからである（II, 1; Bd. 5, 1; 作品八）。メーザーの人口観にとってとりわけ重要なのが、いわゆるオランダ渡りについての賛否の議論である（I, 14ff.; Bd. 4, 14ff.; 作品一〜四）。けれどもある意味では彼は、マルサス以来受け入れられたこんにちのわれわれの見解よりもはるかに後退している。すなわち彼は、早婚と早死とを世代交代の緩慢なことほど有害ではないとしている（I, 15; Bd. 4, 15; 作品二）。もちろんわれわれは、まさにこの個所で、心配性の保守主義者に勇気を吹き込むために存分に用いることができる、りんごの木の素敵な比喩に出くわす。「虫の付いたりんごをたくさん落してしまうりんごの木は、一般にそのようなりんごをまったく落さない木よりも実りが多いのである。地面ばかりを見て上を見ない者は、容易に誤った判断に陥り、前者が後者よりも多くの実を付けることが分からないであろう」。しかしながらメーザーはこの場合、人間という者は各人すべてが自己目的であって、不死の魂を持っており、何といっても、個々のりんごが木に対して持つ関係とは違った関係を国民全体に対して持っている、ということを見落としている。

高い賃金と文化の繁栄との緊密な関係を、メーザーは極めて明瞭に把握している。「お偉方の都合のためには恐らく低い賃金が最良である。しかし立法家を養い、従って立法家によってもっぱら配慮されている下層大衆は、別の意見を述べるであろう。しかし、手仕事が安価である国では、住民数が非常に少なく、手仕事が高くつく国では、住民が最も多いということだけは、いつの時代にも（？）確かである。更に、後者のような国で稼がれる手間賃は、国家の外へ逃れたりしないのも確かである。地主は、小作人がその耕地をもっぱら安価な労働者によって耕作しうる場合には、小作人からより多くの金を手に入れることができる。しかし、地主がより多く手に入れたものが、恐らくぶどう酒を購入するために国土から流出してしまうのに対し、小作人がより多く稼いだものは、国内にとどまって、穀物に支出されるのである。最後に、手間賃は、穀価従って地価が下落しない場合には、低くはならないということも明らかである」。(I, 15; Bd. 4, 15: 作品二）ここではただ、高賃金が良質の労働を生む条件であり、逆に低賃金が低質の労働の条件であるという事実のみが見通されている。だがその他の個所では、メーザーはその高賃金が望ましいというこうした見解によって、同時代のたいていの立法者や理論家たちと鮮明に対立している。彼らはあるいは国内の雇用主の、あるいは商品輸出の、利益のために、賃金を押し下げようとしたのである。ちなみにメーザーが真に国民経済的観点から、労働と並んで休息もまた必要であることを考慮している次第は、残業は「暴利のむさぼり」に帰着するだけであるがゆえに、これを法的に禁止することを彼が望んだことから見て取れる（III, 40; Bd. 6, 40）。

メーザーの資本観は誤謬と真実との混合物である。ある宗派の構成員が相互に寄せ合う特別の信頼を一種の資本と見なす思想には（II, 26; Bd. 5, 26）、まさに近代になってようやく発展した貴重な萌芽が含まれている。これと異なり彼は、信用についてはピントーの謬説を共有している。もちろん、こんにちもなお（例えばマクラウドによって）復活させられていることからも分かるように、そこには極めて魅惑的なものが含まれているに違いないのだが。メーザーの表現はピントーのそれよりも慎重である。すなわち彼は、「借金による致富」については明らかに、現存する財が流通力のある指図証券によっていわばまどろみから目覚め、処分能力を増し、こうしてより生産的となる場合のみを考えている。けれどもやはり彼の議論（II, 75; Bd. 5, 75）では、金属貨幣と紙幣との、紙幣と証券（無記名証券）との、貨幣と資本との区別がまったくあいまいであることが分かる。同様にまた彼は、抵当化しうる定期金証券を[2]、現金貨幣よりも優れてさえいる、利用可能な流通手段であると見ている。いわく、現金貨幣は取り決められた価値しか持たないのに対して、定期金証券は「土地が地震によって飲み込まれてしまわない限り、そしてパンを食べたいと思う人間がいる限り、不可欠で直接的な必需品に属するような証券を代表するのである」と（II, 18; Bd. 5, 18; 作品一〇）。——ちなみに、実務家的な観点からのメーザーの信用観は優れている。例えば、信用制度においては厳しさと優しさとが混じりあわねばならないと彼が判断していることは、とりわけそうである。「取引を盛んにさせたいなら、［債務者に対する］司法による救済措置が［債務者の］寡婦の涙や孤児の号泣によって維持されてはならない。神が債務者を不幸な出来事によって罰し給うとき、苦しむべきはその債務者であって、債権者ではない。ただ単にその債務者が——他の［名誉ある］立派な人が、ではない——あれこれの農場に住めるようにするためというだけの理由で、妻子を持つ債権者が厳しい困窮にさらされねばならないのであろうか？」(III, 68; Bd. 6, 68) 彼はまた破産処理費用を有利な判決を受けた債権者に分担させることにも、断固反対している。(III, 58; Bd. 6, 58) これは、その実務的遂行が近年の抵当制度改革の主要な成果に属する原則である。［このように厳しさの必要を論じた］その後に、これと並んで、債務者——少なくとも土地所有者である債務者——に対する個人的な要求権を一定年に限定するための立法措置が奨励される。(I, 23; Bd. 4, 23; 作品五)

消費一般について言えば、メーザーはすでに、適切な需要充足の慣習化が人間全体を高めるものであるという大真理を認識している。「きれいな白い長靴下は、常に人間の道徳形成にこの上なく大きな影響力を持つものである」(II, 6; Bd. 5, 6)[原註6]。だがまた需要の多くが実は、どうしてもなくてはならないものとは限らないことをも彼は明瞭に認識している。すなわち、人の社会的地位が高まるにつれてその需要は増大するが、しかしもちろん常に一定の倫理的限界内においてである。「ヨーハンは生きていけなかった」という物語 (I, 29; II, 68; Bd. 4, 29; Bd. 5, 68参照) のなかで、需要のこの両側面がたくみに説明されている。ヨーハンの需要はその社会的上昇を常に超えて高まっていったのだが、ついに妻と共に刑務所に入るに至って「いまやっと生きていくことができた」のである。——奢侈に対してはメーザーは一般的に、これを敵視してはいない。

国民全体の家計には、穀物畑だけでなしに花畑も必要であり、双方が適切な比率に立ちさえすれば、それらのいずれかを軽んずるいわれはないと、彼は考える（IV, 9; Bd. 7, 9）。だがここでもまた、メーザーの古めかしい趣味が明らかとなる。功名心に駆られての浪費であっても、国産品によるものでありさえすれば、問題ないと、彼は考える（III, 37; Bd. 6, 37）。同様にまた彼は、中位ないし下位の文化水準の人々の、日常生活の単調さと際立って対照的な、祝祭日のけばけばしいお祭り騒ぎにも、余り異論を唱えていない。かつては毎年一回だけ酒盛りをある特定の日に盛大に行なっていたのに、今では小さな酒盛りで我慢する代わりにそれを毎日行なうようになり、その結果として一年のうちには大樽一本を消費するようになる事態を、メーザーは進歩と見なして良いのかどうか極めて疑わしいとしている。「以前には年に一、二度二日酔いに苦しめば済んだ人々が、［今では毎日の］慎ましやかな愉しみによって破滅している。そして行政にとっては、年に一度暴れ牛を施設に追い込むほうが、毎日子牛の番をするよりたやすい」（IV, 7; Bd. 7, 7）。その際われわれの著者は、個人の人生においても青年期と壮年期以降とでは飲酒の仕方が異なることを見落としている。(原註7) そして慎ましやかな愉しみによる破滅なるものは、裏づけるのが難しいと思われる！

救貧政策についてはメーザーは、直接的には多くを論述してはいない。彼はロンドンの乞食の楽しい生活ぶりを、皮肉たっぷりに描写している。自分の仕事の恥辱を気にしさえしなければ、乞食の生活は働く貧民の生活よりはるかに恵まれているのだ。彼はあるオスナブリュックのホイアーリングの妻をこれに対置している。彼女は自ら麦刈りをし、束ね、その間に時折、畑の畝あいにあどけなく眠っていた、三ヵ月になるわが子を取り上げては、乳房を含ませていた。「この婦人こそまさしく偉大で豊かではないか、と私は思った。麦を刈り、それを束ね、乳を飲ませ、妻の仕事をする、これは普通なら四人分である。しかし彼女の健康さと巧みさとが、彼女に四人分の仕事を可能にしているのである」。彼は続けていう。「乞食の貧困は、その貧困が何らかの特別な不幸によるものとして名誉を回復されない限り、恥の対象でなければならない。そのとき、かの婦人に対するわれわれの敬意は倍加するのである」と（I, 10. 11; Bd. 4, 10. 11）。〔行政的に見るならば、貧民には以下の三階級が区別されるべきであろう。第一に、病弱者、あるいはその他の不幸のために貧民化した者。彼らは在宅のままで救助されねばならない。第二に、失業者。彼らは労働救貧院において仕事を得る。最後に、勝手気ままな乞食。彼らは労働を強制される。労働救貧院を設立維持するためにメーザーは、イギリスの例にならって、固定貧民税を提案している（I, 11; Bd. 4, 11）。同様にまた老齢の奉公人のために養老金庫をも提案している。そのための掛け金は、彼の勤務期間中に、彼自身からかもしくは彼の主人から、奉公人に茶やコーヒーを断念させるなどして、拠出するものとされる（I, 13; Bd. 4, 13）〕。


（原註1）（III, 34.; Bd. 6, 34.）

（原註2）論説「学者はみな手工業を学ばねばならないこと」（III, 32 ; Bd. 6, 32）において。

（原註3）論説「内陸都市における商業の没落についての考察」（I, 2; Bd. 4, 2）において。

（原註4）例えば、〔フリードリヒ大王が人口増加を達成するために、陵辱された少女を非難するすべての者を罰しようとした事例。〕ザクセンの元帥が新兵増募を実現するために、五年毎に結婚を解消することを提案した事例。一七五〇年にコペンハーゲンにおいて、内密の出産を行なう「無料産院」が設立された事例。そこではすべてが無料で、助産婦は宣誓して守秘義務を負い、母親には国費で養育されているわが子をいつでも訪ねることができるよう、証明

書が交付されていた。

（原註5）もちろん「オスナブリュック司教領のある貴族の苦情」（I, 33; Bd. 4, 33）という題のこの論説は、その結論からわかるように、とりわけ皮肉をこめて書かれている。

（原註6）〔アイルランド人レディ・モーガンの次の言葉とまったくよく似ている。「アイルランド人が靴や靴下の必要性を認識できるなら、有益なことであるのに！」〕

（原註7）例えば若者と彼が正常に人生を送って高齢になった場合との飲酒の仕方を比較してみると良い。若者は老人に比べて、年間を通じてより少量だが劣悪なぶどう酒を飲み、はるかにしばしば酩酊する。

（1）原論文では「第一編第一章以下」となっていたが、本論文では消除されている。分業の弊害を指摘した個所としては不適切であると気づいたからであろう。

（2）中世において定期金売買（レンテカウフ）に伴い、都市参事会もしくは都市裁判所から債権者に交付された一種の有価証券。

四

農業の分野ではメーザーは、それの導入が近年のあらゆる農業政策の指導的思想となっているあの厳格な土地の私的所有に対して、極めて断固たる戦いを挑んでいる。彼は、あるいは国家のために、あるいは共同体のために、あるいは家族ないし農場領主のために、そのつどの土地保有者に課された、中世的な〔所有権〕制限の諸形態の解明と擁護とにおいて、独創的でありかつ倦むことを知らなかった。真の所有を彼は自然状態もしくは［公課免除の］例外（エクゼムツィオン）状態においてのみ、見出す。大地は神のものであるというモーセの原則に対応するのは、現今の国制にあっては、大地は国家のものであるという原則である（III, 65; Bd. 6, 65）。有名な農家の歴史（I, 56; Bd. 4, 56）は、押し寄せる海に対する築堤作業を軍役に比定しつつ、あらゆる農民の自由の制限、貢租、賦役を、先ずは国王の動員令（ヘールバン）の、次いでは封臣の従軍義務（レーエンスゲフォルゲ）の、最後には傭兵軍（ソルドヘール）の必要から説明しようと試みている。それは、こんにちの進んだ研究によって明らかにされた現実とは部分的にしか合わないかもしれない史的夢想をもって、しかしながら全体的にはまさしく開拓者的に、中世の理解に貢献するものといわねばならない。輪番義務を負ったすべての農民農場は国家の俸禄（プフリュンデ）である。それゆえ、無能な農民は追放されねばならない。それも、彼がその農場を所有しているか否かに関わりなく、である。姦通等を理由とする強制立退（アブマイエルング）をも、メーザーは完全に肯定する。「また兵士はどれほど体格が良く、またどれほど勇敢であろうとも、服務上の名誉にそぐわないようなことをしでかしたら、直ちに連隊から追放される」（III, 65; Bd. 6, 65）。

分割された共同放牧地を土地台帳に登記し課税することの当否という問題に、否と答えつつ（II, 41; Bd. 5, 41）、メーザーは太古の耕地共同体についての、正当で当時にあっては珍しい理解を示している。メーザーは、ドイツでは散居制農家のみが始原的であり、村落はそれらの集合ないしは発展の結果として現れた、という前提から出発しており、そのような前提は最古の定住事情の正しい洞察に対して少なからぬ障害となっただけに、このことはそれだけ一層注目すべきである。(1) その際この同じ人物はヴェストファーレンの農民家屋を古典的に描写しつつ、封鎖性、共有地分割、耕地整理の、総じて耕地共同体の近年における解体の、利点をもよく理解していた（III, 37; Bd. 6, 37）。

『郷土愛の夢』は、農民の信用制度については、とりわけしばしばかつ真剣に取り組んでいる。各農民農場は国家株式としてのその義務を果たすために、負債を負うことを禁じられた基幹財産（フライシュタム）を持たねばならない。このフライシュタム分を越える農場資産価値の余剰によってのみ、子供たちに嫁資を分与し、あるいは債権者への弁済を行なうことができる。そうしなければ、兵士が負債を弁済しもしくは子供たちの嫁資を調えるために、武器や背嚢を売り払い、棒を担いで出陣するのを許すことにもなりかねないであろう。中世にあってはこうしたことは自明であったと、メーザーはいう。当時、土地保有者は一年のうちにその年の一回分の収穫物以上を消費することはほとんど不可能であった。農民は嫁いでいく姉妹たちに子馬一頭、牛一頭もしくは亜麻いく束かを調えてやった。国家に対しては彼は自前の装備で奉仕した。農場領主には彼は、土地と家計とが許す限りの貢納をした。多額の負債を負うことはできなかった。だが貨幣が導入されて後には、農民は二〇回分もの収穫物を一年のうちに消費することができる、等々（III, 62; Bd. 6, 62; 作品一四）。メーザーの理論はその主要な諸点のすべてにおいて、モーセの律法に一致するものであるが、しかしその際、モンテスキューのいわゆる中間権力（ピュイッサンス・アンテルメディエール）なしに後者［律法］を復活させることはこんにち、絶対主義（「最も恐ろしい奴隷制」）を生み出すであろうことが認識されている（I, 23; Bd. 4, 23; 作品五）。農民に対しては、あらゆる個人的な要求権は一定年限内に限って有効とするべきである、という。これは明らかに、債務者自身の［債務からの］解放と同時に債務行為［自体］の制限を目指す思想である（I, 23; Bd. 4, 23; 作品五）。メーザーが最も遠い過去を研究する様式が未来をはらむものであることが、まさしくここに最も明瞭に示されている。彼は［地代（＝定期金）請求権の売買である］定期金売買（レンテカウフ）を、［内容的には貸借であっても、形式上は売買である結果として］、［債務者側からのみならず］債権者側からの解約［元本返還請求権の行使］が不可能であるがゆえに、推奨する。[2] ちなみにその際、メーザー自身の時代にその議論が当てはまるかどうかという問題においては、いくつかのカトリック的な諸国〔フランス、スペイン、イタリア〕のような遅れた地方の事例に力点が置かれ過ぎているように思われる（II, 18; Bd. 5, 18; 作品一〇）。だが、農業者が随時の資本回収告知に必ずしも常に適切に対応できないのはなぜかについては、極めてたくみに説明されている。彼らは「別の資本提供者が愚かにも資本を再度前貸ししてくれるとき［には返す］」という、不確実な条件でしか約束を守り」えない（III, 62; 作品一四 IV, 56; Bd. 6, 62. Bd. 7, 56）。これとは逆に償却原理、従って近代の信用組合等の根本思想は暖かく推奨されており（II, 19; Bd. 5, 19）、同様にまた近代の抵当簿の本質も暖かく擁護されている（II, 18. 20; Bd. 5, 18. 20）。[原註1]

農民の負担に関していえば、メーザーは多くの人々から農奴制の擁護者であるとみなされている。実際、彼は「農奴制は、およそ耕作されているほどの土地すべてにその根が拡がっているのだが、［そうであるだけに］それほど広範でない他のいかなる原因よりも更に一般的な必要に発するものと見なされねばならない」と考えている。[原註2] 役人、農民等が獲得するものは、官庁、農家等に所属し続けるべし、というのがその根本思想であろう。従って、永小作契約もまた農奴制との類推で整序されるべきである、とする。[原註3] 論説「貧しい自由人」（V, 40; Bd. 9, A 65）には、自己を売り渡して奴隷になることを禁じられるのは「おそらく最も過酷な奴隷制であろう」という言葉がある。——もちろん別の個所ではメーザーは、友人ニコライに宛てた手紙のなかで、こう言明している。もし［当地の］官庁とラント等族がもっぱら農場領主から成り立っているのでなかったら、私は必ずや農奴制に対して公然と宣戦していたであろう。だが［現実には］、もし私が軽率にもそれらの農場領主の愛顧と信頼とを失うようなことがあれば、必ずやすべての良き制度を損なうことになってしまうのだ、と。(原註4) 彼はこの点をとりわけ、何ゆえに不定量の農奴制諸負担を定量化しなければならないかについての綿密な論証を通じて、明らかにしている。(原註5) その際とりわけ、例えば死亡税はキリスト教徒である善意の農場領主によって騎士法に基づいて取り立てられていることはほとんどどこにもなく、従って農奴を絶えざる不安に陥れ土地取得をためらわせるだけの、不必要で有害な怪物であるとされている。同様に断固としてメーザーは、奉公人（ゲジンデ）強制の貨幣による償却を支持している。（IV, 66; Bd. 7, 66）十分の一税支払い義務者に対しては、この負担が教会税としての歴史的起源を持ち、その当初の税としての性格が失われた後にも、少なくとも一度として引き上げがなされたことがないという彼の周知の見解が、味方をしている（IV, 67; Bd. 7, 67）。

メーザーは農業の社会的側面に熱烈な関心を寄せている反面、その技術的側面はほとんど扱っていない。芝土採取を巡る賛否を見事に論じてはいるが（III, 54; Bd. 6, 54）、やはりとりわけ農場保有者［フーフェ農民］とケッターとの関係を論じているのである。オスナブリュックの地質学的な土壌地図についての提案は、時代に先んじている。まさしくそれゆえに、その実現にはかなり懐疑的ではあるが（I, 58 ; Bd. 4, 58）。メーザーは真に実務家的に、貴族が行なったほうが良い農業上の実験というものを農民が行なうことに対して警告を発している（I, 35; Bd. 4, 35)。

〔林業についても彼はあまり言及していない。彼は一方では旧時代の制度のやり方で、まったく自由な農民にも木材の気ままな利用を許そうとしないでいる（IV, 63; Bd. 7, 63）反面、他方では木材の高価格を、人々を元気づけ、植林する気を起こさせ、木材の浪費を阻止するものとして賞賛しているが（III, 3; Bd. 6, 3）この点に含まれている矛盾に気がついていないようである。〕

一七七一年に始まる物価大騰貴に際してはメーザーは、ライマルスやフォン・ミュンヒハウゼンと同時期に、(原註6) 穀物取引の完全な自由を支持する発言をしている。その他の点で見られる彼の中世的諸制度に対する偏愛は、ここでは痕跡も見当たらない。「穀物の騰貴を予防しあるいは騰貴した際に自助するための最良の方法は、価格を騰貴するに任せ、取引を完全に自由な成り行きに任せ、官庁の側からいささかなりとも干渉しないことであるように思われる」（II, 3; Bd. 5, 3）。騰貴中の穀物輸出でさえ阻止されてはならない（II, 7; Bd. 5, 7）。不当と思われる利得がいくらでも正当な利得とされてしまうような穀物取引の特別の危険性を、メーザーは恐らく知っていたのであろう（II, 9; Bd. 5, 9）。火酒醸造所を倉庫として利用し、安定の確保・安定した穀物在庫の維持・安定した価格での当局への提供・の意志を持つ者にだけそれを利用させるのが、最良であろうという（II, 8; Bd. 5, 8）。当局が直接的に関与しようとする際には、メーザーは彼の自治体重視の原則に従って、各教区に自営させたほうが良いとする（II, 3; Bd. 5, 3）。しかしこれは極めて疑わしい勧告である。というのは、購買競争によって極めて容易に、まったく不合理な価格上昇が生み出されかねず、教区相互の買占め戦争が起こりかねず、その悲しむべき結果として、最も弱い者つまり、最も支援を必要としている者が、最も被害を被ることになるであろうからである。

（原註1） その後の戦争時代の信用難はメーザーの見解を恐ろしい仕方で裏づけた。

（原註2） W. IX, S. 167ff.; Bd. 10, S. 149ff.; 作品一九（ただし引用個所は略省）。

（原註3） IV, 63; Bd. 7, 63.

（原註4） W. X, S. 170.; Bd.（?）

（原註5） III, 66; Bd. 6, 66

（原註6）〔しかしフィリッピより後にである。彼の『ユダヤ人穀物商の擁護者』はすでに一七六五年に刊行されていた。〕

（1） ロッシャーの時代には原始共同体＝耕地共同体説が支配的であった。こんにちではこの説は批判され、むしろメーザーのような原始散居制説が支配的となっている。古風なのはロッシャーの方である。

（2） この思想は一九世紀末プロイセンの内地植民政策において定期金農場（レンテングート）として実現された。

五

古い時代の状態へのメーザーの愛着は、彼の主張する営業政策において、とりわけ以下のような見解を通じて表明されている。

彼は小経営の友である。彼は営業における労働分節［分業］の利点をよく理解しているにもかかわらず（I,

32; Bd. 4, 32)、国家にとって多数の小親方の方が少数の大親方——多くの職人を抱える大親方——よりも重要であるにちがいないと、明確に主張している (I, 48; Bd. 4, 48)。彼が非常に嫌っているのは小商人 (クレーマー) である。小商人は [一般に] 手工業者よりも高尚であると思われているが、実のところ他所者ばかりを利し、享楽欲を煽り、国内の仕事を破壊するものである。小商人へのこうした嫌悪は、一部には重商主義的な原理に基づくが、それよりも、工場の盟友たる小商人が手工業者にふっかける競争に由来する。「小商人は世界中あちこちで、どこかに貧しい国民がいて一個の製造品を数プフェニヒでも安く提供してくれないか、と聞き耳を立てる。そうして小商人は [その安価な製造品を輸入して] 自分の同胞市民から生活の資を奪うのである。というのも、同胞市民は多くの負担のため、また高い労賃のため、製造品を貧しい国民と同じように安く供給することなどできないからである」(I, 2, 4; Bd. 4, 2, 4)。

メーザーが優れたツンフト史を学問にとってさしせまった必要性をもつと述べていることから分かるように (I, 7; Bd. 4, 7)、彼はまさに古い手工業の名誉について極めて生き生きとした感覚をもっている。『郷土愛の夢』の一論説には「金持ちの子供たちは手工業を学んだ方がよい」というタイトルが付されている (I, 4; Bd. 4, 4)。この論説では、手工業者出身の市長や議員のいるイギリスの手工業者が賞賛されている。[メーザーによれば] ドイツでも以前はそれと似た状況であった。ところが今や、市民なら誰でも職人となり財政局参事官が親方となれるといった「トルコ的な仕組み」が追求されているのであるが、幸福な体制の下では、すべては王冠から下に向かってゆるやかな諸階層をなして進んで行かねばならぬし、各々の階層はその特性に応じた特定の名誉をもっていなければないのである。だからメーザーは、ツンフトを下に向けて開放した一七三一年の帝国議会決議にはまったく満足していない。以前のいわゆる無名誉なるもの［名誉のないこと］は、人間の尊厳に反する恥辱として捉えるべきものではなく、それどころか、まさに特定の身分的名誉を欠く状態のことなのである。「侯爵には皇帝の名誉がなく、伯爵には侯爵の名誉がなく、平貴族には伯爵の名誉がなく、平民の召集軍人には貴族の名誉がなく、貧民には平民の名誉がない」（II, 32; Bd. 5, 32）（原註1）。名誉が七つの身分序列（ヘーアシルト）に分けられていたのだから、市民社会における無名誉の階級とは最下層の階級つまり第八階級に他ならない（I, 49; Bd. 4, 49）。メーザーはしたがって、より高い身分の人たちが傲慢にも手工業者身分の同意を得ないでその名誉を意のままにすることを、非常に不公正であると考える（I, 49; Bd. 4, 49）。とりわけ私生児のツンフト加入資格については、メーザーは極めて不機嫌に、いくつかの国でこの一〇年ないし二〇年の間に売春婦と売春婦の子供に対して、一〇〇〇年の間に既婚女性に対して与えられたよりも多くのツンフト資格が与えられた、と言う（II, 33; Bd. 5, 33）。――今日では、誰もこの教説の危険な側面を見誤らないであろう。すなわち、行政的に無名誉または非貴族であると言われるのは、単に程度による区別ではなく類別上の差別なのである。また私生児を役所が取り扱う際、単に親の罪にのみならず――親は罪を犯した時点では子供のことなどまったく考えていなかったのであるから――子供には罪がないことにも注意を向けねばならないのである。しかしそれに加えて、メーザーが古い市民軍の復活を推奨し、次のように付言するとき、それはまさに予言者的である。「何よりも確かなことは、諸事情が引き起こした転変の後で一〇〇年のうちに、国民的民兵がいたるところで主要な制度をなし、さもなくば［それが主要な制度とならないならば］われわれの現在の［悪しき］国制がこの先続くことによって没落するにちがいない自由と所有と[原註2]を、新たに堅固にするであろうことである」(I, 32; Bd. 4, 32)。

　都市専益圏域（バンマイレ）は、都市がその城塞を維持するために出費の多い特別の義務を負うことから、歴史的に説明される（I, 32; Bd. 4, 32)。ただし、このような説明からは、もちろん近代においては必然的にそれが廃止されると結論づけるのが首尾一貫したやり方であろう。水車製粉所の特権に関しては、メーザー自身がこうした一貫性を示している。最初の水車製粉所を作るとき、もしもそれを企てる者が独占によって幾人もの競合相手から守られていなかったら、非常にリスクの多いことになってしまったであろう。ただし、住民数の増加その他によって、競争も生じてくる方が望ましい、とメーザーは言う[原註3]。その際メーザーは、一七四六年以来多く目につくようになり、今日では広く深く成果を上げるに至っている手工業学校（III, 34; Bd. 6, 34）や実業学校（III, 31; Bd. 6, 31）の設立といった技術系の教育の普及への努力に、積極的に賛同している。

　産業が全体として国民経済の他の諸部門に対して占めるべき位置という点では、メーザーは〔いわゆる〕重商主義の支持者であった。それどころか彼は、外国から「すべてのものが調達される」(I, 2; Bd. 4, 2) ことに対する重商主義の非論理的な不安を共有している。彼は、オスナブリュックのエルンスト・アウグスト一世〔在位一六六一―一六九八年〕がオランダからなら銀半オンスあたり一グルデンで手に入れることができたにもかかわらず、半オンスあたり四グルデン費用のかかる国内での銀採掘を行わせていることを、利益が大きいやり方であると見なしている。「というのも、彼〔エルンスト・アウグスト一世〕にとっては貧しい臣民にパンを与えるということにまさる利益はありえないからだ」(I, 4; Bd. 4, 4)。彼は、重農主義者の基本的な見解を「イロコイ族の哲学」であると言う（一七七九年初出のIV, 10; Bd. 7, 10)。そのようにして彼は、商業と農業のどちらが国家の第一の関心事であるべきかという問いに対しても、「コルベールに賛成し、ミラボーに反対する」(II, 26; Bd. 5, 26; 作品一二)ことを決然と表明する。確かに、産業の人工的な奨励に際しては、原料輸出の禁止という重商主義者に常に好まれる禁止策が、冷やかされている。〔彼は言う。〕亜麻栽培の利益を自らのうちに留めておきたいのなら、人々は単に亜麻の種子だけを輸出禁止にすべきではないのであり、亜麻も、また糸も、そして未加工および加工済みの亜麻布も——布切れや紙になるため——輸出が禁止されるべきである。結局のところ、人々はそれどころか、ラファエル・メングス〔アントン・ラファエル・メングス(一七二八—一七九年)。ローマで学んだドイツの画家〕が自分の絵画によって一挙に四エレの亜麻布〔画布〕を一万ドゥカーテンの価値にまで高めたことを、よく考えてみなければならない。したがって、最も望ましいのは、すべての亜麻を国内に留めることであり、同様の仕方で洗練された品物に仕上げるために一〇〇人ものメングスを入国させること、である(V, 25; Bd. 10, 97)。けれども他方、外国で安く買うのと国内で高く買うのではどちらが好ましいかという問いは、全体として行政官庁(ポリツァイ)によって決定されるべきなのである(I, 4; Bd. 4, 4)、と。メーザーは、極めて多くの人々が不完全にしか就労していないことを規準として仮定しなければならない、と考える(I, 4; Bd. 4, 4)。現実には、まさにこの前提条件が正しいかどうかをめぐって、自由貿易論者と保護貿易論者の争いが繰り広げられている。自由貿易論者の出発点となる議論は、誰もが自分の労働力・資本力・地力を常に可能な限り良好に利用するのであり、しかもそれはより自由になされるほど多くの利益をもたらす、ということである。もちろんこの議論は、民族や個人が未発展の場合には、いつも正しいというわけではない。その場合は、怠惰の悪弊を克服し、眠っている諸力を覚醒させるために、しばしば特別な拍車が必要である。複数のそうした拍車のうち最も自然なものはとなると、たいていの場合それは、新しい生産物にとって有効な販売が確保されていることである。――ひとつの産業がまさに殖産されねばならないその仕方について、メーザーは、純粋に歴史的な、そしてまさしくそのゆえにまた純粋に実際家的なヴィジョンをもっている。彼は言う。「いきなり立派な建物を目指して始めるべきではない。それが完成するまでにすでに半ば疲れた状態となっていてはいけないからである。すべてをただちに外国人を雇い完全な報酬を払って強引に推し進めようとしたり、播いた種が芽を出し、開花し、実るに至る年月を待てないとすべきではない。自国の子供たちが外国人の指導のもとに教育を受け、更にこの子供たちが自分の子供を教育したとき、新しい世代がわき目も振らずに勉強し、必然的に増大していったとき、この者たちにおいて労働が欲求となり勤勉が楽しみとなって、怠け者の扶養がもはや慈悲深い行為と言われないとき、習得された技能がその土地固有の家計の様式と共存し完全にひとつになったとき、そのときになってはじめて、問屋商人が高いところに位置し、国民を統治して、最も豊かな国々をも勤勉な清貧によって征圧するのである」。(II, 25; Bd. 5, 25) 読者は、ここでの記述全体は近年の大工場のシステムにはほとんど適合しないけれども、メーザーの時代にまさに支配的であった家内マニュファクチュアのシステムにぴったりと当てはまることを認めるであろう。

その際、メーザーが非常にしばしばとりわけ営業問題において――個々の諸領邦よりも――帝国諸クライスがより大きな活動を展開すべきことを力説するとき、近年のドイツの発展が思い起こされる。ドイツの発展は、確かに深く望まれていたことであったが、いつもたいていは満たされない望みであった。[原註4]「世界中で、規模と状態が同じようなところで、われわれのニーダーザクセン・クライスとヴェストファーレン・クライスほど海外貿易においてみじめな容姿をさらけ出している国はない。それはなぜか？ ひとつひとつの村が自らの利益ばかり考えおり、統一して貿易に臨む大いなる全体が存在しないからである」。(I, 32; Bd. 4, 32)[1] クライスを通じ、例えば保護制度が設立されるべきであり、われわれに公正な貿易利益が与えられるよう外国に強制すべきであろう。また例えば穀物価格の高騰を火酒蒸留の停止によって防ぐことも、クライス連合が体をなすならば可能である(I, 64. II, 30; Bd. 4, 64; 作品七. Bd. 5, 30)。しかし、多くの事柄においてもっと高みにまで、すなわち帝国にまで進むべきであろう。「輸出入を国内の需要に応じて抑制したり促進したりする制度をもたないような国など、今や世界中どこにもない。ありとあらゆる諸隣国から貿易によって巻き上げられ、かつ国内ではすべての海港の利益が内陸部の利益と明々白々に対立しているような国は、明らかにドイツだけである。これまで内国路をとっていた商業を下心ある諸隣国に向かわせることなしには、ドイツ内の個々の国が自分たちのために大きな変革を成し遂げることなど不可能である」(II, 74. III, 50; Bd. 5, 74. Bd. 6, 50)。ツンフト特権の悪用に対処するうえで有効な自由親方の制度も、帝国を通じてのみ――フランスにおいてそうであるように――本格的に発展させることができる(I, 32; Bd. 4, 32)。ドイツの艦隊についてさえメーザーは考えている。それは、まさに時宜にかなった古いハンザの復興が少なくとも、海洋諸強国がわれわれを犠牲にして数々の独占を取得するのを妨げるのに貢献すべきであるから、である(I, 43; Bd. 4, 43)。ちなみに、メーザーがそうした集権化に対する領邦諸権力の側でのありうべき嫌悪を次の議論によって和らげようとしているのは、彼らしい。すなわち、どの帝国等族(ライヒスシュタント)もいまや自分の領地で内実のともなった完全な君主となっているから、自由意思でクライス仲間たちと協定することによって自分の完全な権力がいくらかの制限されてしまうとしても、それを自分の不甲斐なさによる皇帝と帝国に対する新たな服従と見なされるとして恐れる必要などないのである、と（I, 64; Bd. 4, 64; 作品七）。

（原註1）一七三一年の帝国議会決議の後なお存続していた最後の無名誉関係もまた廃止された一七七二年の帝国議会鑑定書が、執筆の動機となっている。

（原註2）イギリス的な自由（リバティー）と所有（プロパティー）！　メーザーは一般に、彼の国の領邦君主の父君であり後見人である国王ジョージ三世との官職上の関係から、また仕事上の長期的なイギリス滞在（一七六一年）からも、極めて多くを学んでいた。

（原註3）「最初の製粉所の自然的権利――ジャマイカのある新しい村での講演」（II, 62; Bd. 5, 62）参照。

（原註4）〔一六世紀初頭の帝国統治庁の活動、一六二七年以降のヴァレンシュタイン〔一五八三―一六三四年〕の諸計画、今日の関税同盟などをだけでも考えてみるがいい。〕

（1）原文では "II, 32" と記されているが、誤りである。

六

商業（ハンデル）に関しては、メーザーはもちろん心底ハンザ諸原則の支持者である。極めて壮大にも、彼はドイツの歴史を領邦諸権力と貿易（ハンドルング）との闘争として描いており、この闘争はイギリスのように帝国議会によって調停されたわけではなく、それどころか領邦諸君主の勝利でもって終わった、とされる（I, 43; Bd. 4, 43）。したがって、ドイツの外交はドイツの商業に対して何の貢献もしなかったも同然であるという非難は正しいのである。メーザーは、外交の役割を幾分なりとも肩代わりしたものとして、民間の商人たちの先駆的役割を、例えばブレーメンの商人が近年成し遂げた輝かしい成果を、紹介している（I, 2: Bd. 4, 2）。

ヨハン・ヤーコプという署名の付された論稿「貨幣のますますの不足に際して慰めとなる根拠」では、貨幣のネガティヴな諸側面すべてについて機知に富んだ整理がなされている。貨幣の発明によって初めて、ありとあらゆる度の過ぎた集権化、蓄財、高い課税、常備軍といったものが可能になった。また貪欲と浪費、長い裁判と戦争、人格的な根拠がないままに深まる身分的な差異、債務などもそうである。「もしもわれわれが再び貨幣なしで何でも穀物で支払うことができるなら、なんと慎ましやかに、落ち着いて、安全に暮らしていけることだろう！」（I, 28: Bd. 4, 28）。もちろんこの論稿の議論全体の皮肉な性格は、後からつけ加えられた次の後書きから明らかである。「私が望むのは、読者の皆さんがたとえソフィストの基本的な言説に賛成できなくてもソフィストに気に入られるようになることであり、また一クロイツァーたりとも浪費しないことである。また私が読者の皆さんにさらに望むのは、われわれの時代の自由思想家たちが宗教と道徳の基本的な原理に反対してふるうような熱弁を同様の仕方で「それに反対して」読むことができること、である」。メーザーはまた、普遍化については他の点では嫌悪すべきことが多々あるとしながらも、次のような見解を述べる。「おそらく鋳貨・度量衡といった国家行政（ポリツァイ）の重要な部分は同一形式へとまとめられるものである。理論的な構想者の目から抜け落ちる諸困難がどれだけ大きくまた多様であるとしても、やはりそうなのである」（II, 2; Bd. 5, 2; 作品九）。〔発券銀行の本質については、非常に深いというわけではないが模範的に明快な議論が見られる（II, 76; Bd. 5, 76）。為替相場についての説明（I, 2; Bd. 4, 2）は、主として、鋳貨の多様性の帰結についてほとんど考えられていない点で、問題がある。〕

身分的区別に対するメーザーの偏愛は、商業の領域においては、商人（カウフマン）と小商人（クレーマー）の間に彼が引く厳しい境界線に見られる。小商人は手工業者の下にランクづけられるべきであり、高い名誉ある位置すべてから締め出されているべきであるが、それに対して、次のような人々のみは商人の名誉を享受することができる。すなわち、一定量以上の国内生産物を毎年国外で販売するか、一定量以上の原料を国内の製造業者に供給するか、あるいは大きな商取引を外国から外国へと営む、といった人たちである（II, 37; Bd. 5, 37; 作品一二）。いにしえの商業が諸団体（コルポラツィオーネン）と緊密に結びついていたこともまた、メーザーにとっては重要である。中世の商事会社が護送船団や貨物集散場所を、総じて彼らの諸特権を有していたことを、安全の確保の必要から生じたものとして彼が説明した点は、すぐれている（III, 50; Bd. 6, 50）。しかもまたその時代において、彼は、例えば良質のクローバーの種《たね》や外国産の穀物の調達を、最も好ましい仕方として、イギリスやオランダの東インド会社を範とするような株式会社に委ねようとする（I, 6. 52; Bd. 4, 6. 52）。在留外国人遺産没収権でさえ、彼は、中世の諸関係のなかでも「最高の公正さに基づいている」（III, 67; Bd. 6, 67）と考える。一七九〇年のフランスにおけるその無条件の廃止は、相互関係を保証しない諸国に対するものでさえ、彼にしてみれば大きな愚行である（V, 48; Bd. 9, 61）。発展途上の国民経済の状態の内部に極めてあざやかに、かつ深く入り込んで、行商人（パッケントレーガー）を告訴し、弁護し、そして最終判決を下している諸論稿がある（I, 36ff.; Bd. 4, 36ff.）。この判決が行き着くところは、外国人たちは年市においてだけは完全に自由であるが、それ以外では彼らの故郷で自ら作った商品のみ行商することが許されるべきである、ということである。(原註1) 同じく重要なのは、週市についての賛否であり（II, 57; Bd. 5, 57）、そこでは、そうした市が家計の独立性を脅かすことへの彼の告発からして、流通と分業の高度な諸形態に対してメーザーが総じて反感をもっていたことが、見て取れる。

幾分両義的なのは、［質を尚うことなく］単に延ばすだけの道路建設をメーザーが推奨していることから「われわれが」受ける印象である（II, 65; Bd. 5, 65）。彼が戒めているのは、交通量の少ない小国において極端に多くの村落道が軍用道路と見なされ、その後それが良すぎるぐらいに——すなわち多すぎる費用をかけて——整えられるという事態に対して、である。このような場合、必要最小限の改修を春と秋にだけ行なうべきであり、逆に夏には日照りによる乾燥を、冬には凍結をあてにすべきである。荒地以外に何もないところでは、広めの道筋を道路に仕上げないままにしておき、そのことによって人々がかえってよりしばしば足跡を付けることができ、本来の道路の維持作業から解放されるということも、あながち不得策ではない、と彼は言う。「確かに宮殿は藁ぶき小屋よりもよい。しかしながら、宮殿が農民農場のなかにあって、住まいとして維持されねばならないとすれば、そんな宮殿などたちまち無分別の記念碑と見なされてしまうであろう」。——A・ヤング［一七四一—一八二〇年。イギリスの農業経済学者］が一七八七—八九年になおフランスについて、私はフランスに壮麗な橋や大通りを見るが、その諸都市は旅館が貧弱なことから人の往来が稀であることが明らかに分かるため、私は常にフランス政府の異常性と専制性を非難する、と言ったことを考えるなら、上記の警告が一定の場合には妥当することを、争えないであろう。しかしながら、マリア・テレジアがオーストリアの交通システムをドイツ随一のものへと高めた時点で、人口稠密なオスナブリュックがこの観点からして〔促進のための〕拍車よりも〔引き締めのための〕手綱を必要としたのかどうかという問いは、公平にみて、未解決のままに留まっているようだ。

メーザーは、財政問題を詳細に論ずることがほとんどなかった。このことは、財政制度における当時の理論と実務が少なくともドイツでは何ら際立った刷新を試みていなかったこと、およびまさにそのためメーザーの歴史主義的な反骨精神にとって魅力的な事柄が多くはなかったこと、と関係しているのかもしれない。

〔臣民の納税義務がどのようにして徐々に土地財産から動産や人物にまで拡大してきたのかをめぐる議論は（III, 63; Bd. 6, 63; 作品一五）、メーザーの歴史的視点の最も深い基底と、分かちがたく関連している。〕それに対して、財政的ならびに経済政策的な理由からコーヒー貿易を国王収益特権（レガール）に属するものとする提案は（III, 46; Bd. 6, 46）、後のフリードリヒ大王〔プロイセン王フリードリヒ二世、一七一二―（在位四〇―）八六年〕の政策に事実上対応するものである。その他の点では、全体としてやはり、メーザーが国王収益特権の制度に対してとくに好意的であったわけではない、と推測することはできる。例えば、彼は、当時まさにその数が増えていた富籤の弊害を知り抜いている。(原註2) 彼は富籤を認めるのであるが、それは、ひとたび人間に宿ってしまった遊戯欲はどうすることもできないが、少なくともより悪質な充足の仕方は避けるべきである、という観点からである。その際、彼は明らかに娼館との対比を念頭においている。彼は、富籤制度の初め、とりわけ一六世紀には通常そうであったように、富籤の収益が慈善的な目的——しかもまだ定まった財源のないそれ——に使われるのがよいとする（I, 27; Bd. 4, 27）。

（原注1） つまりは、イギリスの航海条例になぞらえた発想である。
（原注2） 週刊誌『富籤、または富籤論への批判的寄与』（一七七〇、一七七一年）は、第一号が第二刷まで出るほどであった。

七

ひとりの偉大な人物の特徴について補足するには、彼がたどったのと同様の方向を今度は他の、彼ほど強力でなかった同時代人においても示すことこそ、有益である。こうした意味で、本章を結ぶにあたり、メーザーと思想的類縁性をもつ若干の思想家に、いわば彼自身の引き立て役として登場してもらうこととしよう。

ダーヴィト・ゲオルク・シュトルーベ（一六九四—一七七五年）は、一八世紀にハノーファーを（以前のザクセン選帝侯国に代わって）ドイツの地方法の古典的な立脚地にした知的・実務的な法律家グループの中心人物である。彼は、いくつもの小論文を集めたふたつの大きな論文集『閑暇』（一七四二―一七六五年）と『法的考察』（一七六一―一七七七年）において、メーザーの『郷土愛の夢』に比較しうる論点以上のものを提示している。シュトルーベは、歴史についての見識が多くはないとはいえ、古い事柄についての彼の見解は、例えば十分の一税や醸造権の起源についてなど、たいていは正しいものである。その際、彼は、存続している事柄をその良き核心において維持しようとする点や、穏当な改革を志向する点などで、メーザーと似た傾向をもっている。彼は、当時もてはやされた、狩猟や石炭採掘などにおける国王収益特権の概念の絶対主義的な拡張に反対して、断固として闘っている（『考察』II, Nr. 77）。彼が非難したのは、牧羊権は君侯の授与により生じたものであるとか（R. B. IV, 117）、すべての未耕地は国家のものである（『考察』IV, 109）といった考え方に対してである。農民農場（バウアーホーフ）の利益のために農民の子供たちへの土地分割などに反対する彼の情熱は、しばしばメーザーを思い起こさせる（『考察』II, 92）。非常にうまく説明されているのは、支払いにおいては鋳貨の名称ではなく、鋳貨の金属価値が決定的であること、したがって受取人は極端に多種多様の補助貨幣を我慢して使いこなそうとする必要はないこと、である（『考察』II, 21）。ただ、すべてが純法学的な観点でしか論じられていない。シュトルーベのメーザーとの違いは、メーザーに見られる形式の美しさがないこと、概して天才的なところがないことにあるが、同様にして、シュトルーベには、メーザーにとって重要な経済学的な色調もまったく欠けている。彼の経済学といえば、貨幣に関する貧相で、月並みに重商主義的ないくつかの見解に限られるのである（『閑暇』III, Abh. 19, S. 308, 321）。

思想的に［シュトルーべよりも］より洗練された要素を含んでいるのは、しばしば歴史法学派の創始者と見なされる（原註1）ゲーテの義兄弟［ゲーテ（一七四九―一八三二年）の妹コルネリア（一七五〇―一七七七年）の夫］ヨハン・ゲオルク・シュロッサー（一七三九―一七九九年）である。彼もまた、多くの点でメーザーを思わせる。ただ、彼の保守主義ははるかに刺々しく、また特別な内容に乏しいものであり、このふたつの点からしてはるかに非実際的なものである。われわれの目的にとってとくに重要なのは、彼が重農主義者イーゼリーン［イーザーク・イーゼリーン（一七二八―八二年）］の雑誌『人類の日誌』に発表した諸論文である。

　そこで彼は、例えばバゼドウ［ヨハン・ベルンハルト・バゼドウ（一七二三―九〇年）。ドイツの教育（学）者］に異議を唱える。ソクラテスほど善良・賢明・純粋ではない者、概してソクラテスほどの徳性をそなえていない者は、あえてソクラテス流にふるまおうとなどしないことだ（一七七六年、XII, S. 215fg.）。彼が警告するには、［バゼドウの設立した］博愛学校で育て上げられた若者たちのうち、三分の一はピストル自殺し、三分の一は疲れ果て、残りの柔弱な三分の一は自らの家族にとじこもるであろう。ただし、それも［三分の二はかろうじて生き残るのも］、その若者たちが「硫黄の臭気――それを浴びながら彼らは散策せねばならない――の立ち込めるような、その高等学校の不条理な教育方法のなかで、すなわち家庭教師たちの卑下すべき教育活動とその作為的な弁護とのなかで、自分たちにかつて注がれていた［健全な］エーテルの香りをとっくの昔に消し去ってしまった」（I, 37）ということなどなければ、のことである。ひどく辛辣なのは、イーゼリーンの『博愛家の夢』についてのシュロッサーの書簡である（IX, S. 225ff）。愚かで悪徳な人間たちにどのようにして自由を導入できるというのか。隣人などわれわれに何の関係があるというのか。オランダが貿易に専念するため自国のナツメグの木を根絶やしにするとき、どうしてイギリスがオランダに自由港を許すべきだというのか。もし全世界が私の兄弟愛を認めないのであれば、世界は私の兄弟ではない。ルソーの言う自然の道筋とは埃まみれの「はっていく」道筋であり、イーゼリーンの言う道筋とは雲のなかの「空想にひたった」道筋である。――シュロッサーの『政治的諸断片』（一七七七年）[原註2]では、悪しき政府の犯す罪は君主などのせいではなく、その家臣のせいだとされる。最も必要とされるのは、優秀で独立した官僚である。「毎年その富裕が見込まれるわけでもない国は幸いである。……不動産・法への帰属と不動産を守る暴力とは、かつて貴族に自らの価値をもたらした。国内平和によってドイツの貴族は没落した。……立法と課税に参与する権利を農民よりも多くもっている者などいるだろうか。農民だけが土地に結びつけられており、農民のみが国民をなしている。……学識が商売（ゲシェフテ）にとって必要になったときから、学識と商売がさかんになった。……法は壁なりということで、法に抵触する者は破滅するし、法の上に住む者は快適に暮らす。公正さは法を砂丘にする。ぜん虫ならばどれでもそれを通り抜けることができるが、その上に住むのは不快である」。まったく両立しえないものとして、次のことが描かれる。すなわち、国家が豊かでありながらその道徳がよいこと、法律が充分に存在していながらそれが短かめであること、すべてが安全でありしかも抑圧されているわけではないこと、すべてが秩序だっていてしかも躍動していること、すべてがひとつの目標に向かっていてしかも自由があること、である。

　自然の富と形成された富との対立に関して、シュロッサーはアリストテレスの学説に留まる。とはいえ彼は、経済学上の諸問題についてたいていの場合ほとんど精彩を欠く。例えば、『政治的諸断片』で設定されている農業国家と商業国家の比較において、「前者では、国家は、資本を増大させるために、供給できる物よりも少ない物を受取る。後者では、資本を回転させるために、より多い物を受取る」と言う。――テュルゴによる営業の自由に反対して、シュロッサーは次のように言う。それは自然権的に必要不可欠というものではない。なぜなら、人間は、市民社会を形成する際に自らの自然権のうちの多くを――社会の目的によって制約されて――放棄するものだからである、と。いまや彼はツンフト制度の長所を強調する。ツンフト制度に欠けている事柄は、官庁の裁量権によって補正されるべきである。とりわけ彼が懸念しているのは、営業を完全に自由にすることであり、そうなれば二〇歳［という若年］の夫たちによる婚姻が無数に生じてしまうことである。営業の自由の心酔者たちときたら、ただただ大都市のことしか考えていないのである、云々。(原註3) 彼は、一七七六年三月一六日に辺境伯に宛てて、反重農主義の村々の請願書を支持する内容の啓発的な手紙を書いて、営業の自由の倫理的な諸条件をとてもたくみに強調している。

（肥前・原田訳）

(原註1)〔いやむしろわがメーザーをそのように見なすべきではないか！〕
(原註2) 一七七七年の『人類の日誌』第三巻、二六八頁以下でイーゼリーンによって非常に適切に批判されている。
(原註3)『人類の日誌』第二巻、一七七六年、一一七頁以下。

解説

ユストゥス・メーザーの国家株式論について——北西ドイツ農村定住史の理論化

肥前榮一

一

ここに抄訳した『郷土愛の夢』の著者ユストゥス・メーザー（一七二〇―九四年）は北西ドイツの小領邦国家であるオスナブリュック司教領の文人政治家であって、やや遅れて同時代を生きたゲーテが『詩と真実』のなかでその業績と人柄とを絶賛したことで知られている。メーザーは創作し、代表作『オスナブリュック史』（一七六八年）において郷国オスナブリュックの歴史を叙述し、さらにはフリードリヒ大王を相手取って文学＝言語を論じた(1)。

しかしメーザーは同時にドイツ経済学史＝国家思想史上の巨人でもある。ディルタイは端的にメーザーを

「歴史派経済学の父」であるとした。[2] すでに歴史派経済学の先駆者リストはその『農地制度論』の冒頭において『オスナブリュック史』に見えるメーザーの「国家株式」としての土地所有を論じた。[3] ロッシャーはメーザーのもうひとつの代表作である小論説集『郷土愛の夢』(一七七四―八六年)を「一八世紀最大のドイツ経済学者」の作品として高く評価した。ロッシャーによればメーザーは、一、民衆の日常生活に着目し、二、下層民と国民全体という両方の意味における「民衆(フォルク)」を愛し、三、歴史的方法を導入した最初の人である。ロッシャーはメーザーの経済学を「一八世紀の諸理念に対する歴史的・保守的反作用」をその最も生産的な様相において示していると見る。[4]

メーザーの農政思想を特徴づける国家株式論はさらに、シュモラーらによって新たに注目されつつ、一九世紀末プロイセン・ドイツの内地植民政策の基本理念となる。しかしブレンターノは逆にメーザー思想を内地植民政策の「新封建主義」の思想的源流をなすものとして厳しく批判した。[5] 小林昇はそのリスト研究において、メーザーからリストを経て第三帝国の農相ダレーへと流れるドイツ農政思想の深い暗流について示唆した。[6]

事実『郷土愛の夢』は、一方では古ゲルマンの武装したヴェーレン(フーフェ=株式所有農民)の自由について論ずるかと思えば、[7] 他方ではあたかもヴェーバーの『プロテスタンティズムの倫理と資本主義の精神』の世界を思わせる筆致で近代農村工業の精神的基礎を論ずるという風に、[8] 啓蒙主義とロマン主義との間を闊達に往還しているように見える。

以下ではこの『郷土愛の夢』の成立事情に触れた上で、そこに含まれ、その根底をなすと思われる彼の

「社会理論」たる国家株式論について、その内容と意義また問題点をおおまかに説明してみたい。(9)

（1）ゲーテ、一九八〇年、一四九―五一、一九五―九六頁、坂井、二〇〇四年。

（2）Dilthey, 1927, S. 250.

（3）本訳書付論一。

（4）本訳書付論三。ドプシュは「メーザーはドイツ経済史の創始者の一人」であるとし、さらに「ドイツ法制史の基礎を」築いたとする（ドプシュ、一九八一年、二三頁）。人口理論におけるマルサスの先駆者であるとする指摘もある（J. M. Schmidt, 1910, S.798 f.）。逆に、理論経済学（「科学としての経済分析」）の高みから、「彼が優れた人であったことは疑いえないが、決して経済学者と言える人ではなかった」と断じたのはシュンペーターである（シュンペーター、二〇〇五年、三〇九頁、註2）。ロッシャーに従いつつメーザーの社会経済観を全体として要領よくまとめた作品として Rupprecht, 1892, Zweiter Teil がある。Ouvrier, 1928をも参照。さらに Zimmermann, 1933. はメーザー思想における国家論の経済論に対する優位について語っている。メーザーはまた「ドイツ民俗学の父」でもある（Hofman, 1907）。

（5）Schmoller, 1887, S. 90-101. ブレンターノ、一九五六年。

（6）小林『著作集Ⅵ』、一九七八年、二七一頁。

（7）本文、作品六、八、一五など。

（8）本文、作品一一。

（9）Welker, Bd. 2, 1996, S. 580-657には、一八世紀から二〇世紀に至る時期のメーザー像＝研究史が概括されている。

二

司教領の中心都市オスナブリュック市の名望家の生まれであるメーザーは、一七四〇―四二年にイェーナ大学とゲッティンゲン大学で法学を学んだ後、一七四三年に弁護士として、また一七四四年に騎士団（リッターシャフト）の秘書として、郷国での活動を開始した。出自と能力との双方に恵まれたメーザーはやがて頭角を現し、一七四七年には国務弁護士（アドヴォカートゥス・パトリアエ）に任命され、一七五六年には騎士団の法律顧問（ジュンディクス）を兼任する。一七六二年には刑事裁判所の法律顧問（クリミナル・ユスティツィアル）に任命される。一七六四年には政府の法律顧問（レギールングス・コンズレント）に任ぜられ、幼年であった司教領君主ヨーク公フリードリヒの摂政を勤める。そしてついに一七六八年には政府書記官（レギールングス・レフェレンダール）として、国政の中枢に位置することとなる。この地位にあって、彼は終生、オスナブリュック司教領の国政全般に対して大きな影響力を発揮した。七年戦争の打撃からの経済的・財政的・政治的・精神的回復を緊急の課題とする司教領の、司法・立法・行政の三権にわたって、広範な影響力を行使することのできる「郷国の大家父長」として、オスナブリュックに君臨したのである。[1]

こうしてメーザーの業績の第一に挙げられるべきは、その国政担当者としてのそれであったといって良い。彼はオスナブリュックにドイツの他地方に認められないほど明瞭に、古ゲルマン人の制度や慣習が維持されていることを認め、ゲルマン法の維持再生に意を用いた。それによって第一に保護さるべきは、安定した財産を所有し、自治組織を通じて国政に参加するとともに軍役、納税等の義務（「輪番義務」）を負う、自由で名誉ある農民（と都市市民）である。一七六六年に彼は週刊新聞「オスナブリュック週報」を創刊した。そうした農民（を始めとする郷国人）を郷土愛の涵養を目的として啓蒙するためにである。メーザーは言う。「私は望むのだが、農民もまた歴史を利用するべきであり、政治制度が彼にとって正しいものかそれとも不正なものか、またそれはどの点においてであるかを、歴史を通じて見抜くことができねばならない」と。[2] こうした信念に基づいて、彼はこの「週報」を一七八二年にいたるまで編集し、きわめて多岐にわたる諸問題を論じた小論説を寄稿し続けた。そして編集を後任者に譲って後も、寄稿は一七九二年まで続いた。娘であるフォークツ夫人の編集により、これらの小論説が集成されて生まれたのが、『郷土愛の夢』（全四巻、第Ⅰ巻＝一七七四年、第Ⅱ巻＝七五年、第Ⅲ巻＝七八年、第Ⅳ巻＝八六年）である。[3] 出版を引き受けたのは、友人であるベルリンの出版者ニコライである。[4]

ロッシャーも指摘するとおり、そこで扱われた問題は多岐にわたっているが、その基礎に横たわっている彼のユニークな国家株式論について解説するのが、小稿の課題である。[5] しかし本題に入る前に、先ずもって国家株式論の社会経済史的・国制史的背景について述べておかねばならない。それはオスナブリュックを含む北西ドイツ農村定住の歴史である。

（1） Hatzig, 1909, S. 25. 以上の略歴については、坂井、前掲書、序説および Zimmermann, 1933, S. 119の Zeittafel による。Schröder, 1986, S. 4-7. シュレーダー、一九九五年、四八三―八六頁をも参照。

（2）付論二。Renger, 1970, S. 27. およびコッカ、一九九四年、二〇七頁を参照。しかしながらMonika Fiegert / Karl H. L. Welker, 1994, S. 139-175は、新聞購読者層が主として農村の貴族や都市の上層市民等の知識人層に限定されていた（S. 172）ことから見て、こうしたメーザーの農民＝民衆啓蒙の意図が望ましい成果を収め得なかったことを伝えている。

（3）本文、序。以上についてはさらに、Hatzig, 1909, S. 4-33. を参照。ちなみにPatriotische Phantasienは英訳するならVisions of Local Virtueとするのが良いであろうと、ある英語の著者は言う（Muller, 1990, p. 158.）。

（4）戸叶、二〇〇一年、七二頁。

（5）シュレーダーは「株式理論は恐らくメーザーの国家思想のうちでもっともオリジナルな要素であろう」と、適切に指摘している（前掲論文、四九七頁）。邦語文献では、小林、前掲書のほか、出口、一九四八年、八七頁以下に、国家株式会社説についての先駆的な言及がある。

三

(A) フーフェ制度——北西ドイツの農民と奉公人

オスナブリュックを含む北西ドイツにおいては、農民が定住を開始したのは、フランク王国によって征服される以前の古ザクセン時代（九世紀以前）のことであった。彼らは最古の農村定住者＝旧農民（アルトバウエルン）であり、マイアーあるいはエルベあるいはコロンと呼ばれた。そこには後年の中南部ドイツに通例の耕区（ゲヴァン）を持つ集村への発展がなく、長地条型の耕地（エッシュ）を備えたルースな定住形態（ドルッベル）ないし耕地自体が孤立分散した散居制定住（カンプ）が行なわれていた。これがいわゆる「原初村落」的な伝統である。

しかしこうした北西ドイツと中南部ドイツの定住形態の相違を超えて共通に成立したのがフーフェ制度である。つまり、基本的に三世代共住の直系家族からなる各農家は宅地＝庭畑地所有権、三〇モルゲンを基本単位とする耕地所有権、共有地（特に森林）用益権という三層からなる権利を有し、これが農家経済の再生産を支える基盤となっていた。

フーフェはまた観念化されて、共同体株（ゲマインデ・アクツィエ）として観念された。フーフェの所有者のみが共同体のメンバーたり得るというのである。従ってまた村落共同体はフーフェ所有者からなる株式会社（コルポラツィオン）である。

従ってまた、フーフェを所有しない者は共同体のメンバーではあり得ず、奉公人＝下僕（ゲジンデ）となるしかなかった。一子相続制が確立するにつれて、フーフェの非相続権者である次三男が奉公人となった。こうして農民と奉公人とはフーフェ制の盾の両面であり、奉公人は農民と並ぶきわめて重要な始原的な農村住民なのである。

(B) 中世中・後期における農村下層民の諸カテゴリーの成立——奉公人からの上昇

中世中期にはフーフェの分裂が起こった。一方では多フーフェ所有者が現れるとともに、他方では二分の

一、四分の一フーフェ所有の零細フーフェ農民も現れたのである。
しかしそれよりももっと重要なのは、奉公人に発する以下の動向である。奉公人は世帯の独立を求めて、あるいは東部植民に参加し、あるいは成立過程にある中世都市へと流出するが、その主要部分は村落にとどまって開墾に従事する。そして上昇して非フーフェ地を経営して、共同体の不完全構成員である様々な農村下層民となるのである。
一、世襲ケッター（エルプ・ケッター）。ドルッベルのなかに住居を持ち、非フーフェ地を経営する。農民が一三世紀初頭に定住を終えるのに対して、その後に一〇世紀から一五世紀前半まで（「世襲小屋の時代」）に定住する下層民である。その住居は屋敷（ホーフ）ではなく小屋（コッテン）と呼ばれる。ケッターとは小屋住みという意味である。しかし彼らは、下層民ではあれ、農村のなかで農民に次ぐ高い社会経済的地位を占めている。
二、共有地ケッター（マルク・ケッター）。一五世紀後半以降の約二〇〇年間（「共有地小屋の時代」）に定住した階層である。共有地に入植して共有地小屋（マルク・コッテン）に住み、六―一〇モルゲンの小土地（カンプ）を経営する。その小屋がもはや村落内になく共有地すなわち森林内部にあること（＝散居的定住形態）がその特徴である。農業よりも牧畜に経営上の比重がかかっている。それは農村過剰人口の最初の現れであり、彼らの定住とともに森林破壊（＝中世の環境破壊）が始まった。
三、ブリンクジッツァー。一六世紀末―一八世紀（「ブリンクジッツァーの時代」）に村落周辺や共有地にある荒蕪地（ブリンク）に入植した、極小の共有地ケッター層。

四、ホイアーリング。一六世紀に発生し一九世紀前半に至るまで増加し続けた階層である。世襲ケッター、共有地ケッター、ブリンクジッツァーが、いずれも本来の旧農民でないとはいえ、村落内部あるいは共有地に自分の居住小屋を持ち、また非フーフェ地であるとはいえ耕地を、また共有地用益権を持つ独立の定住者であったのに対し、ホイアーリングは非定住の村落居住者つまり寄留民である。彼らはもはや共同体の不完全な構成員でさえなく、通常農民の屋敷地内に、農民の隠居所やパン焼き小屋などを改造したその小屋と付属地とを賃借りしており、そこに家族とともに居住していた。彼らは小規模な農業のほか、経済的に繁栄するオランダへの出稼ぎ（「オランダ渡り」）やいわゆる「プロト工業」と呼ばれる農村工業（特に麻織物工業）に従事していた。彼らは共同体成員ではなく、国家や共同体に対する共同体構成員＝輪番衆（ライエ・ロイテ）としての「輪番義務」を負わなかった。そして主家である個々の農民の家父長的な庇護下に立ち、自分の姓を持たず、農民の姓を借用した名子であった。従って当然その社会的地位はきわめて低かった。しかし反面、彼らも奉公人から上昇した階層であり、奉公人とは異なり、農民家族の一員ではもはやなく、独立の世帯並びに経営を形成していたのであった。ホイアーリングの急増は政策担当者によって、旧来の農民経済を危機に陥れる重大な要因として深刻に受け止められた。

一方、ホイアーリングの成立する一六世紀以降、それまで生涯独身で、やや奴隷的でさえあった奉公人層は、結婚前の一年齢階梯としての、いわゆるライフ・サイクル・サーヴァントとして再編成されて、ヘイナルの言う「ヨーロッパ的結婚パターン」の構成要素となるのである。

こうした農村における定住史の進展と並んで、中世中期以降には都市が発展するが、そこでもまた、商人

（カウフマン）や手工業者（ハントヴェルカー）の下に同様の階層形成が進んでいた。農村のホイアーリングに対応するのが都市ではいわゆる小商人（クレーマー）であろう。これについて後述する。

こうして北西ドイツ農村では九世紀から一八世紀に至るまで、長期にわたる階層分化が進んだのであって、そこに最古の定住者たる農民を頂点に、様々の新参の下層民がヒエラルヒッシュに階梯を形成する「制度化された不平等」の世界が確立する。一八世紀後半にメーザーが行政官および理論家として対象としたのは、この農村社会である。(1)

（1）以上については肥前、二〇〇八年、Iの2を見られたい。一八世紀後半メーザーがオスナブリュック司教領に見出したのは、農民を最古の定住者とし、その後成立する様々な農村下層民がその下に累積した、ヒエラルヒッシュな農村社会である。

四

さてメーザーの国家株式論は、以上の発展を国家形成論として、ユニークな仕方で啓蒙主義の言葉で理論化したものである。これについてシュレーダーは言う。「メーザーは国家は契約によって成立するという自然法の考え方を採用する。しかし彼はそれを『歴史的』な仕方で作り変えるのである」。すなわち、国家はいにしえの土地所有者たちが生命と財産とを守るために始原的な社会契約によって形成した株式会社である、と。またその考えの啓蒙主義的な目的についてゲッチングは言う。「メーザーにとって『株式理論』は、『自由と財産』の理念をオスナブリュックという農業社会の特殊な諸事情に適用し、『グルントヘルシャフト』の中心的な『封建的』概念を克服し、その際土地所有者の市民的自由を確保し、同時に農場の資産を保護するための、唯一無二の手段であった」と。[1]

メーザーはすでに『オスナブリュック史』序文において、「ドイツの歴史は、もしわれわれが共同体の土地所有者を国民の真の構成要素として、その変遷を通じて追跡し、この土地所有者をもって身体とし、この国民の大小の役人は偶然身体に生じた悪い、ないし良い事態と見なすならば、全く新しい方向をとることができる」という観点を打ち出していた。[2] すなわちオスナブリュックの歴史の真の主人公は、王侯貴族や官僚ではなく「国民の真の構成要素」である土地所有者＝農民なのである。この農民の定住史の模写として歴史主義的でありながら、しかも啓蒙思想的な社会契約説による理論化が、国家株式論に他ならない。

メーザー自身それを「自由と財産とを何よりも尊重する立場に立つ理論」と称した。[3] そしてそれを受ける形で、この問題についての最良の業績であると思われるハツィヒの研究は、メーザーの国家株式論を第一「自由と財産」の理論、第二「市民の名誉」の理論、第三「寄留民」の理論、という三つの部分に分けて解明している。[4] 以下ではそれを紹介したい。

(1)「自由と財産」の理論

この理論を展開したのが論説「農民農場を株式として考察する」（本文、作品一五）である。そこでは国家が株式会社として捉えられている。農民が社会契約に基づいて持つ土地株式は「それによって会社が商業をおこなう」ものであり、他の自由財産とは区別されて扱われる。土地株式の所有は所有者の自由と名誉と権利とを基礎づけるものであり、また納税＝軍役を始めとする諸義務（輪番義務）がそれと結びついていた。こうした枠組みのなかでは「人権」はいわば株式を持たない株主のような、意味を成さない観念である。国家の中にあって株式を持たない者は下僕（＝奉公人）として扱われ、右の自由、名誉、権利を享受できない反面、それに伴う義務（輪番義務）を負わない。

このような国家株式会社の理想像が実現されたのは、古ゲルマンの、郷土防衛のヘールバン義務を負う武装した自由な土地所有者たち（ヴェーレン）が「最初の社会契約」＝国家契約を締結して国家株式会社を結成してから、フランク王国のカール大帝の時代までであり、それはオスナブリュック史の「黄金時代」である。しかしながらその後、農奴制への発展が始まり、また軍制の変化等にともなう会社の業務の発展につれて、増資が求められた結果、いまや土地ではなく動産や利得によって拠出する者つまり商人や手工業者も株主の権利を獲得する（最初の定住者たちとこれら新参者との間の第二次的な社会契約による「貨幣株式」の成立）。そして最後に人頭税の拠出が始まり「身体株式」が成立し、これによってすべての「人」が拡大された国家会社のメンバーとなる。ここに成立するのが領邦国家である。

しかしながらそれにもかかわらず、彼の描く国制の担い手は、オスナブリュック国の農業国的性格またその税制の性格にかんがみて、とりわけ農民農場所有者であり、なによりもその輪番奉仕への有能さを国家が求めるのである。従って、土地株式＝ヴェーアグートの性格を規定する物権法が人法に優先する。すなわち体僕と自由人との区別は理論的にはさしあたり「度外視[5]」されるのである。

「農民農場を株式として考察する」の後半では、健全な農民農場の再生維持という基本課題に即して、土地株式の小作人への貸し出しや公的負担と私的負担との優先順位といった、国家株式会社と封建的発展（一人の甲冑騎士による一一人の株主仲間の農奴化に始まる）との関連づけの問題さらには人法に連なる農奴制の問題が展開されている。そしてそれらは、農民政策的には、「一八世紀最重要の社会的テーマ[6]」であった。

(2)「市民の名誉」の理論

ここでは土地株式ではなく貨幣株式が出発点をなす。中世都市の発展につれて商人＝手工業者によって担われて、土地に代わる富の新しい形態である貨幣が登場する。そして軍制の変化（ヘールバンに代わる傭兵制の発展[7]）を主因とする国家会社の業務の拡大につれて必要となる増資の際の新たな対象として、この貨幣的富が土地に続く富の第二の形態としての地位を占めるに至る。そしてメーザーは土地株式を考察した際にはそれに伴う国家的義務を重視したのに対し、貨幣株式を考察する際にはとりわけ身分的品位＝名誉の要求に力点を置いているとハツィヒは言う。

彼はまず、一七三一年の帝国法に見られる手工業の名誉に対する侵害（私生児に対するツンフト加入の承認）を拒否する（メーザーの見るところ、そのような承認は、いま流行の「市民愛を犠牲にした人間愛[8]」の表れに他ならない）。けだしコルポラツィオンとしてのギルドを拠点として、手工業者の身分意識や古来の市民的名誉が再興さるべきだからである。土地株式についてはフランク王国のカロリング王朝期が黄金期であったように、貨幣株式についてはハンザ同盟期＝「ドイツ商業の黄金期」が過去の模範像を提供する。[9]

「名誉」は貴族のみならず農民、商工業者などの諸身分団体（コルポラツィオン）にそれぞれ固有の尊厳を与え、それによって社会に多様性が生まれ、専制主義の普遍化的な傾向に対する防壁が構築される。社会制度や法制の多様性の尊重はメーザー思想の最も重要な特質である。「最も優れた国制は王侯から発して、緩やかな階段を下りてゆくものである。そしてそれぞれの段がそれに固有の度合いの名誉を帯びている」。商人（カウフマン）→手工業者（ハントヴェルカー）→小商人（クレーマー）という身分序列が主張される。小商人に対するメーザーの態度は（ホイアーリングに対する態度と同様）厳しい。すなわち、輸入業者であり、有害無益な小間物や奢侈品（火酒、コーヒー、茶、砂糖）あるいは近代的マニュファクチュアの均一化された製品の輸入によって民衆の良俗を乱し、国内経済に害をなす、寄生的でいわば前期的資本としての小商人には名誉が与えられない。彼らは貨幣株主ではない。小商人はまたしばしばユダヤ人である行商人であり、郷土したがってまた郷土愛を持たない。彼らはいわば商業における寄留民＝非定住の放浪者なのである。これについてメーザーはいう。「いにしえの人々は小商人が農村にやってくるのを許さなかった。彼らは市場の自由の許可の点で厳格であった。彼らはユダヤ人を当司教領から追放した。ではなぜそのように厳格であったか？　明らかに、農民が日々刺激され、誘惑され、そそのかされ、騙されることがないようにという配慮からである。いにしえ人は、見さえしなければ誘惑されることもないという、実践的な原則に立脚していたのである」と（全集第四巻、一八八頁）。また別の個所では「穀物を買い占めるユダヤ人」と「愛郷者《パトリオト》」とが端的に対置されている。（全集第五巻、五三頁）[10]

(3)「寄留民」の理論

メーザーの描く国家像の中で農民、都市民に続く第三のグループが寄留民である。しかも寄留民とりわけホイアーリング層は重要度において都市民を超えて、農民と並ぶ最も重要な社会集団である。論説「古ザクセン人が人口増加に逆らった理由」（本文、作品六）および「寄留民の人口増加が立法に及ぼす影響について」（本文、作品八）はこれについて歴史的叙述を与えている。

彼の見るところ、古ゲルマン人のいにしえの国家はもっぱら農場に定住したメンバーのみで成り立っていた。この輪番義務を負った土地所有者たちは、この公共の負担を同様に担わない者を仲間と認めなかった。すなわち、土地を所有せず負担を担わない者は下僕とされた。従って、農場所有者が罪を犯して処罰されねばならなくなった際に、最も厳しい罰は土地財産の没収だったのである。

だがその後の史的発展の経過のなかで、次第に各種の新農民＝農村下層民が発生し、ついにはホイアーリングの成立にいたった。この過程で一連の変化が生じた。

第一に、かつて貨幣株主がそうであったように、いまや非定住の寄留民も国家のメンバーとなる。けだし、国家会社の支出の拡大とともに株式資本が増資されざるを得なくなり、不動産＝土地株式、貨幣的富＝貨幣株式と並んで、人間の身体が国家会計の第三の項目として組み込まれる（身体株式）。そして国家に対して拠出されるべき給付のなかに、重税である月割り税（モナーツ・シャッツ）および財産税と並んで人頭税（あるいは、軽微なかまど税ラウホ・シャッツ）が現れる。傭兵制に代わって一般兵役義務制が発展する。[11] こうして「いまやどの人もが大国家会社のメンバーとなる。あるいは領邦国家の臣民となる」。

第二に、刑罰の様式が変わる。寄留民に対しては旧農民に対するような土地財産の没収はもはや有効ではなく、身体刑＝死刑が重要となる。

メーザーは行政単位としての教区のなかで農民の支配の下で、寄留民がその義務負担能力の無さに応じて無権利にとどまるべきことを力説し、さらには古ザクセン人の見解として端的に「これらの害虫を駆除」すべしとさえ説く。

これらの論説のなかでメーザーが非定住のホイアーリングを描く「どぎつい色彩」またその論調の「強い土の香り」に「同時代や後世の評者たちは、繰り返して不快感を覚えた」。しかしそれは為政者として、「新しい行政令のための指針を得る」ために、歴史から学ぶことの必要をメーザーが確信していたことによる、とハツィヒは言う[12]。「人口増加は彼にとっては、(健全な農場農民に過大な負担を強いることによってそれを疲弊させるという意味で)疑いなく司教領の重要な死活問題である。それに対処するという大目的には、大きな犠牲が必要だったのであり、そこで彼は断固とした健全な手段を支持するのである」と。

こうしてメーザーの国家株式説を支える三大社会集団は農場定住農民(並びにケッター、ブリンクジッツァー)、都市市民(商人、手工業者)、寄留民(ホイアーリング、小商人)であり、彼らの相互関係を規定するのが二重の社会契約である[13]。「第一の社会契約は最初の入植者すなわち国家のなかで農業を営む農場農民である土地株主が相互に取り結んだものであり、第二の社会契約は彼ら土地株主が後からやってきた者すなわち都市市民や農村下層民に許容したものである」。そして寄留民は財産＝株式を持たないがゆえに(あるいは身体のほか株式を持たないがゆえに、したがってまた郷土愛を持ち得ないがゆえに、そしてまた専制政治の基盤となるがゆえに）、市民たり得ない（あるいは不完全市民でしかありえない）というのである。フランス人もまた、ルソーの主張に反して、理論上はともかく実践においては、「株式を持つ市民」を「人間一般」から区別している。[14]

以上に見たように、「彼の見解は本質的に、オスナブリュックの状態を反映したものであり、国制を農場農民と市民との代表組織として考察するものである。それは寄留民を顧慮しない。けだし、寄留民はオスナブリュックでは身分代表を持たず、それへの要求を掲げないからである[15]」。

しかしまさしくこの点において、すなわち寄留民の処遇について、彼の社会理論は「首尾一貫性のなさ」を露呈する。当初メーザーは、少なくとも領邦高権のもとで最終的にはすべての人が国家会社のメンバーとなるのであり、寄留民はその身体を株式として投下したのであると主張していた。これに対してフランス革命期にいたっては、領邦議会に代表を送っている農場農民と市民のほかには「端株を分有する多数者」についてしか、もはや言及されなくなっているのである。[16]

(4) 評価と問題点

さて、以上のようなメーザーの国家株式論をどのように評価すればいいのであろうか。先ず王侯貴族や官僚をではなく農民＝民衆をはじめて歴史の主人公に高めたことは、メーザーの不滅の功績である。メーザーの主人公は「自由と財産」を享受し、名誉ある輪番義務を担うフーフェ農民であり、ドイツ史にとどまらず、広くヨーロッパ（メーザーのいう「北欧」）社会経済史の「人類学的基底」（エマニュエル・トッド）をなす存在である。フーフェ農民はその労働規律と経済的豊かさまた公共心（郷土愛）によって際立っており、その生み出す多様性にみちた法治主義の慣行は近代市民社会にとって必須の歴史的前提であった。（不平等それ自体も「制度化」されることによって、長期的に見れば、逆説的にも克服の道を歩むこととなろう。）マックス・ヴェーバーのヨーロッパ論やジョン・ヘイナルやミヒヤエル・ミッテラウアーの「ヨーロッパ的結婚パターン」の提起に先立って、メーザーは始めてこのようなフーフェ農民を中心になり立つ社会をそのまったき多様性において光の中に置くことによって、社会経済史から見たヨーロッパの世界史的特質を見事に浮き彫りにして見せた。これは確かに偉業であるといって良い。ロッシャーはそれをドイツ経済学史、史学史上「画期的なこと」として賞賛した。モエスのように「真のコペルニクス的革命」、「ドイツ史の民主主義的把握」について語ることもできよう。一八世紀オスナブリュックの法治社会、それを支える農民大衆の相対的な豊かさと独立性は、批判的なクヌーセンでさえ、これを認めざるを得なかったのである。[17]

だが同時に、その農民論が問題の多い、苛酷な寄留民論と不可分に結びついていたことを忘れてはならないであろう。光が輝かしければ、影もまたひときわ濃いのである。

ロッシャーが指摘するように、メーザーは「自由を擁護して平等思想と戦った」のであり、「あらゆるプロレタリア的な人口増加に対する最も断固たる敵対者として一貫している」のである。マイネッケはハッィヒよりも厳しく、それを「私生活ではあれほど親切でお人好しだったメーザーも、こういう点では苛酷、いな残酷にさえなりえたのである」と表現している。[18] メーザーは確かにドイツ啓蒙主義（「身分制的啓蒙主義」）の一方の旗頭であったが、その啓蒙主義は農場農民（と市民）を対象とするにとどまり、寄留民の前で立ち止まってしまう。[19]

（1） Schröder, 1986, S. 12; Göttsching, 1976, S. 75; Welker, Bd. 1, 1996, S. 380-390. ヴェルカーによればそのアイデアは一七六七年に始まっている（S. 382 Anm. 871）。そしてオスナブリュックの特徴的な散居制農民定住様式がそのアイデアを生むきっかけとなったのではないかという（S. 383, Anm. 872）。これは興味深い指摘である。しかしヴェルカーの定住史についての研究史整理は不正確であり、マイツェンが後に置かれ、とりわけマイツェンのケルト説を批判して研究史に道を開いたミュラー＝ヴィレの標準作に言及していない。肥前、三〇—三一頁を見られたい。

（2） 坂井、一五五—五六頁。

（3） 本文、作品一五の論説の冒頭の原註。「自由と財産」は右の『オスナブリュック史』序文あるいは本文、作品六の論説では「名誉と財産」と表現されている。坂井、一五六頁。

（4） Hatzig, S. 72-81, 123-127, 168-182, 189-192;Hölzle, 1928, S. 172-176; Epstein, 1966, pp. 320-330.

（5） Hatzig, S. 78.

（6） Hatzig, S. 75; Zimmermann, S. 56; Scupin, 1957, S. 144. これについては解説（山崎）に委ねたい。

（7） Hölzle, S. 174-175.

（8） Hatzig, S. 124; Muller, p. 162-164. 関連して、藤田、一九九四年を参照。

（9） Brandi, 1940, S. 68-80 特に S. 74-76.

（10） Hatzig, S. 126. ; Muller, p. 168-170; Rupprecht, 1892, S. 43-51, 62, 139-144; Hofman,S. 130; Runge,1966, S. 30-32, 36, 39; Wagner, 1985, S. 143-161. 本文、作品一一では、小商いが技能を必要とせず、そもそも市民団体の構成員による専業たりうるに値しないもので（一〇七、一一〇頁）、「手工業者やその妻の慰み事」（一〇八頁）ないし「商人の片手間仕事（一一一頁）にとどまるべきであり、現今の専業の小商人たち（「小さな泥棒鳥《ハゲタカ》たち」一一二頁）が内部淘汰されて消滅し、やがて手工業者の副業という本来の姿に戻ることを望ましいこととしている。小商人と根本的に異なるのが手工業者である。手工業は優れて教育機関でもあり、幼年期より職業教育によって育まれる「正直さと技能」が手工業を支える「資本」である。そうした条件を欠く小商人には、名誉ある身分への上昇はありえない。

(11) Hölzle, S. 175.

(12) Hatzig, S. 169–170. なおメーザーのホイアーリング政策については平井、二〇〇七年、第二章が有益である。七年戦争後の食糧危機に対応し、メーザーを中心として領邦行政当局による救貧制度の整備が急がれ、ゲマインデの救貧責任が定められ、物乞い、浮浪民、盗伐者が追放された。本文、作品八の論説に示されたような教区機関の夢は実現されたのである。

(13) Hatzig, S. 177–178; H. Zimmermann, S. 16–18; Peter Schmidt, 1975, S. 122–123.

(14) Hatzig, S. 177. シュメルツアイゼンの法理論的な批判的考察も、「二重の社会契約」がオスナブリュックの史的現実の反映であることを強調して、「始原的な社会契約が、単に索出のための補助手段としてのみ考案されたのであれば、このような区別は必要でなかったであろう」と指摘している（Schmelzeisen, 1980, S. 256, 271–2）。

(15) Hatzig, S. 178. 寄留民の排除は彼の歴史叙述にも貫かれている。「彼の民衆は土地所有農民と所有市民であり、いわゆる『名誉の無い人々』や非所有者は彼の歴史の対象ではない」（Rückert, 1994, S. 65.）。Knudsen, 1986は、徹頭徹尾こうした寄留民の観点から「制度化された不平等」（p. 29）のメーザー的世界に迫った作品で、数多あるメーザー文献のなかにあって異彩を放っている。メーザーは農村の貧民の状態改善に努めるよりはその差別と排除を主張した、とする（p. 127; Rupprecht, S. 95）。

ちなみに、メーザーによって市民権を拒否された寄留民＝ホイアーリング層は、一九世紀に再編されて北西ドイツ農村社会の有機的な構造要因となる。メーザーの危機意識をとりわけ掻き立てたであろう新型の「借家人ホイアーリング」は資本主義の発展につれて、外部へ流出してしまい、旧来型の「小作人ホイアーリング」が残った。そして社会政策理念が発達した世紀末には、プロイセンの内地植民政策に関連して、農民―ホイアーリング関係はG・F・クナップにより「全ドイツでも最良の労使関係」とされ、東エルベへのその導入可能性について、K・ケルガーやM・ヴェーバーらによって検討されるまでになるのである（肥前、六三、七一―七二、特に一九九頁以下）。この意味では北西ドイツ農村社会の現実は、寄留民論におけるメーザーの視野狭窄＝危機意識の過剰を越えて進んだと見なければならない。近年の批判的ドイツ史学は大きな視野の中でこの点に着目している。すなわちホイアーリングの結婚パターンが農民のそれに類似していたとするH・メディクのメーザー批判（肥前、八五頁、註一四九、八七頁、註一六七、八四頁、註一三八）は、一九世紀末初期ヴェーバーのポーランド人移動労働者によるドイツ人農民の「駆逐論」に対するK・バーデの批判（本解題、五、註（12）を見よ）に対応しているのである。

（16） Hatzig, S. 178-179; Knudsen, p. 169-170. リンクもまたこの点でメーザーが「一貫していない」ことを認めている（Link, 1994, S. 34）。

（17） 本訳書、付論三。Jean Moes, 1989, S. 11 ; J. B. Knudsen, p. 134-135; Sheldon, 1970; Sellin, 1982, S. 26, 38. シュレーダーもまた「ゲノッセンシャフト的民主主義」について語っている（J. Schröder, S. 38-39）。それだけではなく、さらにメーザーは、近代農村工業の宗教的基礎を論じた作品一一やホイアーリングのオランダ渡りを肯定した作品二またクライス連合にかんする作品七のような、彼固有の国家株式会社論の枠組みから逸脱して、本来の啓蒙主義の世界に入り込んだ作品群を残しているのである。近年のメーザー評価はむしろこのことに関わるのであろう。

（18） 本訳書、付論三。マイネッケ、一九六八年、五七頁。エプシュタインは「メーザーは不平等を積極的な善と見たのであり、必要悪と見たのではない」と指摘している（K. Epstein, p. 325）。これは誇張ではない。メーザーにおいては「平等」もまた「コルポラティーフ」なものにとどまったのである。それは多かれ少なかれ不平等を是認したドイツの同時代の自然法国家理論のなかでも、メーザーに特有のものであった（J. Schröder, S. 21, S. 34）。

ちなみに、マイネッケがメーザーの寄留民論に見出した苛酷さを、ブレンターノはメーザーの農民論そのものに見出している。いわく「メーザーにとってもっとも重要なのは、農場を耕作する人間ではなくして、人間が耕作する農場である」と(ブレンターノ、三一、三三頁)。しかしヴィティッヒによれば、人と土地とのこうした関連はフーフェ制度そのものの属性に他ならなかった。それは一面において農場の労働規律の進化に貢献したのである。この点については肥前、四六、八六、一一二、一一五頁を見られたい。

(19) メーザーの寄留民論は、より一般的なレベルでは、プロレタリアートを生み出す近代資本主義的市場経済に対する保守主義的な批判を意味したとも言いうるであろう(Muller, pp. 177-8)。メーザーよりほぼ半世紀の後に、メーザーから深く学んだハックストハウゼンは、「郷土愛」と結びついたドイツの村落共同体=株式会社(コルポラツィオン)、「種族愛」と結びついたロシアの村落共同体=組合(アソツィアツィオン)というユニークな観点から独露比較を行なったが、前者が生み出す寄留民→プロレタリアートへの恐怖から、それを生まない後者を前者に勝るものとして評価するにいたり、このことによってロシアのナロードニキ思想に大きな影響を及ぼした(肥前、Ⅱ、1、3を見られたい)。

五

ところでメーザーの国家株式論の社会契約説=市民社会論史に占める位置はどのようなものであろうか。最後にこの点について一言しておこう。

ゲッチングやクヌーセンは、メーザーが国家株式論においてロックの社会契約説と共通性を持ちあるいはそれを継承していることを示唆している。[1] ゲッチングによれば、メーザーの論説「農民農場を株式として考察する」の冒頭の原註に見える「自由と財産とを何よりも尊重する立場」とはロックのそれに他ならない。クヌーセンは同様にロックとの類似性を示唆しつつ、封建的＝身分制的な本質を持つメーザーの国家株式論がリストやロテック、ヴェルカーらリベラルに影響しえたのは、メーザーにおける啓蒙主義的契機によるのではないかという。[2] 確かにロックの『統治二論』はホッブスに始まる「所有的個人主義」を特徴づける株式会社論の性格を持つと解釈されており、その解釈はトーニーやスティーヴンその他の有力な研究者の解釈によって裏づけられている。[3] しかしマクファーソンによれば、ロックにおいては人間一般（人権）と株主（市民権）との関係が曖昧なままに残されていたのであった。[4]

　他方でルソーは『人間不平等起源論』において、（メーザーのように始原的社会契約の時期を中世初期北欧に求めるのではなく）旧石器時代一般を人類の本来的時代とすることによって人類学者レヴィ＝ストロースらに霊感を与えた。そこではロックの場合とは対照的な私有財産に対する敵意が示されている。[5]「自由と財産」ではなく、「自由と平等」がルソーの言葉であり、ルソーはアソシアシオン論の源流に位置する思想家なのである。[6] しかしながらそれにもかかわらず、『社会契約論』においては社会契約の基本課題が抽象的に「各構成員の身体と財産を、共同の力のすべてをあげて守り保護するような結合の一形式を見出すこと」とされており、[7]「人間（身体）と市民（財産）との矛盾」の克服は、実はルソーにあっても容易に解きがたいアポリアであったのである。[8] ゲッチングは、ルソーとメーザーとの対立を強調しすぎることに対して警告を発しているが、[9] これは少なくとも両者の社会的背景の共通性にかんしては充分に理解しうるものである。

メーザーの国家株式論の特質は、一方では市民社会的な社会契約説を封建的＝身分制的な領邦国家オスナブリュック農民社会の史的展開を把握するための理論として導入した点にあると同時に、他方では市民権と人権との関係におけるロック的な曖昧さ、ルソー的な抽象性を払いのけ、オスナブリュックの史的現実に立脚しつつ、市民権の人権に対する優位を行政原則として「断固として」(ハッツィヒ)主張した点に求められるように思われる。それはメーザーの「現実主義的保守主義」[10]の表れに他ならない。

しかしながら、その主張が現実的であり歴史具体的であればあるほど、株式を持たず従って市民権を持ち得ない寄留民を描くメーザーの画像は、ますますマイネッケの言うような「苛酷な」色合いを帯びてくるのであった。それはカントを奉ずるクラウアーによって人権を擁護しつつ、まさしくその歴史具体性を批判される。[11]メーザーの国家株式論は一面では広く英仏の市民社会論に通ずる全ヨーロッパ的な普遍的妥当性(自由を支える私有財産と法治社会との維持の意義の強調)を持つと同時に、他面では寄留民に対するその明確に反人権的な「苛酷さ」において、二〇世紀前半のドイツの破局へと導いたドイツ的発展の「特殊な道」の一要因を思想的に準備することともなったのではなかろうか。[12]モエスは「『オスナブリュック史』が現今の歴史家論争に寄与することは少ない」とし、メーザーのアクチュアリティーのナチス的なそれとの異質性を指摘して、「要するに、メーザーはアドルフ・ヒトラーのような人物や国民社会主義のような時代とはかかわりを持ち得なかった」という。[13]しかし、一方では第三帝国の農相R・W・ダレーの名と結びついた「世襲農場法」による「名誉」と「経営能力」ある「農民(バウアー)」の政策的維持、他方では寄留民たるユダヤ人やロマ人の迫害という国民社会主義の実践に照らしても、同様の主張を貫くことが可能であろうか。

ダレーは「血と土」の人種理論に基づき、世界史の担い手を砂漠や草原に住む遊牧民＝放浪民（ヴァンダーフェルカー、ノマーデン）と森林に住む定住民（ジードラー）とに区分し、後者の発展形態として、中欧北部の広葉樹林帯に南下展開したドイツ人を始めとする北欧人種を位置づける。その社会的基盤＝「生命の根源」をなすのが定住農民である。ダレーはその大著をあげて定住農民の世界史的意義を強調し、放浪民をそれに対する原理的敵対者として批判している。例えばいわく「土地所有の始原的法諸形態はほとんどすべての市民法の源泉をなすものであるが、この土地所有について、放浪民は全く理解しないのである」と。ダレーはまた農民の郷土防衛能力を重視する。「防衛能力ある農民のみが自由である」と。メーザーの崇拝者であり、ヴェストファーレンのホーフ農民の文化史的意義を賛美したW・H・リールの所説は、ダレーの重要な想源の一つである。そしてホイアーリングや小商人＝行商（クレーマー、ハウジーラー）など寄留民はそうした定住者社会における非定住の放浪的＝遊牧的要素であり、非ドイツ的なのである。「行商は非定住であり、その本質から見て、疑いもなく放浪民に発している」。それは定住者である農民並びに同じく「郷土」を拠点として活動する商人（カウフマン）——ハンザ商人は典型的——がドイツ的であるのとは対照的である（放浪民にあって顕著なのは「種族愛」である）。ダレーは農民に対する深い共感とともに、とりわけ小商人に対する反感並びにその根拠をメーザーと共有している。また奉公人制度を農民経済の古来の労働制度として肯定する一方で、メーザーと同称「子供を作ってゲマインデに負担をかけるプロレタリアを農民は許さない」とも言う。林（一九四二年）は、メーザー批判者であったL・ブレンターノが同時にダレーの先駆者であるG・ハンゼンら人口農本論者への中心的な批判者でもあったことを伝えている。ブレンターノはメーザーの思想の問題性をこの側面においても把握していたのではないか。

もちろんそうは言っても、メーザーとダレーとの間に安易な直線を引こうというのではない。たぶんにメーザー的なポーランド人移動労働者論から出発しつつ、それを人種論との結びつきから解き放し、歴史的個体としてのヨーロッパ論に高めていったマックス・ヴェーバーの軌跡は示唆的である。ここではただ、例えばモエスに典型的に見られるような弁護論的なメーザー解釈の一面性ないしは解釈過剰に対して疑義を提出することだけが課題なのであった。[14]

メーザーに戻ろう。マイネッケはまさしく彼の国家株式論を引き合いに出しつつ、「重要なことは、メーザーがここで啓蒙主義一般の根本前提（＝普遍的人間）に意識的に背を向けている事実である」と正確に指摘している。[15] 逆にメーザーにおける啓蒙主義の継続を強調するシェルドンの研究は、研究史の新方向を打ち出した優れた作品とされるが、国家株式論に関説するところが少ない。[16] こうして結局のところ、メーザーの国家株式論は彼の啓蒙思想が働く場として構築した歴史主義的な外枠であって、その枠組のなかで彼はもっぱら株主である農民（＝市民）を啓蒙しようとしたのであった、といえるのではなかろうか。けだし、彼らのみが定住者であり、かかる者として「郷土愛」の担い手でありえたからである。啓蒙主義的な社会契約説と歴史主義的な国家株式説の合成である彼の「国家論」は、「二つの時代の過渡を結びつける環」であるとする見方は、同じ見方を言い換えたものであろう。やや違った観点からシュレーダーも「リベラルな要素と身分制国家的要素との独特の結びつきは恐らくメーザーにのみ見られるものであり、それが一八世紀の国家理論家のなかでかけがえのない地位を彼に与えている」と結んでいる。[17]

メーザーの国家株式論はフーフェ農民の世界史的意義に光を当てて、われわれに歴史的個体としてのヨーロッパの社会経済史的特質の深奥の理解に手がかりを与えてくれる。そして同時にその寄留民論はこんにちますます大量にヨーロッパへ流入する第三世界からの移動労働者問題に関連して、深刻なアクチュアリティーを保ち続けているように思われる。

(1) Göttsching, 1978, S. 56 Anm. 17, S. 64ff.; 1979, S. 110; Knudsen, p. 27, 150, 159, 169–170. ゲッチングはロック、二〇〇七年、第二篇、第八章九七（二六七頁）、の「万人が彼と同じように王であり」の個所を引用している（Göttsching, 1977, S. 104. をも参照。この論文では、メーザーに対する「ジョン・ロックの権威ある代父としての関係」について語られている。S. 112)。関連して Muller, p. 172–173を見られたい。

(2) Hempel, 1933, S. 43–52. この論文は、メーザー思想が様々な傾向を持つ経済思想、国家思想にとどまらず、最広義のドイツの歴史学に対して与えた影響の驚くべき広がりについて伝えている。特にメーザーのリストに及ぼした影響については Grywatsch, 1994, S. 287–292. および Ouvrier, pp. 52–55. を見よ。商業論におけるリストの先駆者としてのメーザーについては Rupprecht, S. 128ff. また統一関税論におけるリストの先駆者としては Sheldon, p. 114, 123. 並びに Runge, S. 154. を参照。これらの文献はメーザーとリストとの継承関係を、リストの『農地制度論』のレベルでのみならず、より総体的に、その『国民的体系』のレベルででも検討することを求めているように思われる（諸田、二〇〇七年、の問題提起に関連して）。本文、作品一一は付論三のロッシャー論文とともに、そのためのひとつの手がかりとなるかもしれない。なお出口、八九—九一頁および下記の註（14）にあげた若尾論文をも参照。一八四九年のフランクフルト国民議会では国家株式論は階級選挙法を支持する論拠として登場した（Schröder, S. 14f. u.

Anm. 24)。
(3) マクファーソン、一九八〇年、二二三、二七七頁。トーニー、一九五九年、下巻、八三頁。スティーヴン、一九七〇年、下巻、一四、一六頁。さらに、ディキンスン、二〇〇六年、六五、一二六―一二七、一三二頁。
(4) マクファーソン、二二四―二二五、二七三―二七六頁。これに対して、ロックにおけるそうした曖昧さはいわば仮象に過ぎず、人間を「神の目的」を果たす義務を負って創造された「神の作品」と見る彼の宗教的人間観に照らしてみる限り、ロックにおいては「生命・健康・自由・財産」からなる広義の「プロパティー」観（＝「プロパティー」を「神学的義務の基体」と見る）が明確に優越しており、かつそのことが彼の正統性論と抵抗権論に通じているとする解釈が行なわれていることが重要である（加藤「解説―『統治二論』はどのように読まれるべきか」、ロック、前掲訳書所収、三九九―四〇一頁）。一方メーザーにあってはその明確に狭義に解釈されたプロパティーの所有主＝市民は神の前の人間ではなく、あくまで社会のなかの人間である（Brünauer, 1933, S. 72-73を参照）。
(5) ルソー、一九七二年、「解説」二六七―二七〇頁。福田、一九八六年、一四三―四四、一五一頁。
(6) Rupprecht, S. 12f. 平田、一九九六年、八―九頁。
(7) ルソー、一九五四年、二九頁。傍点は引用者による。
(8) 福田、一四三―一四四、一五一、二〇九頁。
(9) Göttsching, 1978, S. 71, Anm. 45. ルソーとメーザーとの共通性についてはなお Moes, S. 21f. 無論、メーザーの基本的な政治思想的体質はルソーのそれに対立し、むしろモンテスキューのそれに対応しているのだが（S. 17）。メーザーの社会契約は始原的には、いわばルソー的な民主主義とモンテスキュー的な自由な法秩序とが支配する「所有者クラブ」をめざしていた、とモエスは言う（S. 23）。
(10) Huber, 1944, S. 158.
(11) Clauer, 1790, S. 197-209, 441-469; J. B. Knudsen, op. cit., pp. 172-173; Brandt, 1989, S. 176-191. また本文、作品一

九を見よ。

　ところで、論説「農民農場を株式として考察する」についてゲッチングは言う。「『貧民や名誉のない者たち』を排除し、株式を持たない者（非所有者）を『下僕』として区別することがどれほど苛酷に思えようとも、そうすることによってメーザーは単に当時支配的であった理論の軌道の上を動いていたに過ぎない」と（Göttsching, 1977, S. 99, Anm. 22)。しかしながらそうした区別が現実の西欧市民社会のなかに存在したのは事実であるとしても、ルソーはもとより、ロックもまたメーザーほどの明確さと具体性をもって反人権的な寄留民論を展開しているであろうか。註（4）に言及した加藤のマクファーソン批判（株式会社説＝狭義のプロパティー論がロックにおいては結局は優位していたとするマクファーソンの解釈への批判）は逆のことを示唆しているように思われる（メーザーとロックとの相違については、なおKnudsen, pp. 169-170をも参照）。そして仮にロックについてのマクファーソン的解釈に立った場合でも、ロックやルソーは人間一般と市民との乖離という現実のうちに、普遍的な啓蒙の人権思想から見て容易に解きがたい難問を見出し、従って曖昧ないしは抽象的たらざるを得なかったのではなかろうか（ロックの場合はその時代的背景＝資本主義発展の初期性のゆえに、未だ曖昧でありえたともいえる。田中、二〇〇八年、一一頁並びに生越、二〇〇八年、一四八頁をも参照。そこでもロックの曖昧さについて指摘されている）。そして逆にメーザーが明確さと具体性を獲得しえたのは、彼が行政官的現実主義に支えられつつ、普遍的人権という啓蒙思想の「軌道」から逸脱することによってではなかったであろうか。メーザー寄留民論の特質はゲッチングのように一八世紀に「支配的であった理論の軌道の上」にではなく、ロッシャー論文の副題にうたわれているように、それに対する「歴史的－保守的反作用」として理解さるべきものと思われる。

（12）プライスターは、「啓蒙と悪平等化」に抗して「われわれの第三帝国」の思想的「先駆者」となったメーザーの「ドイツ的本質の永遠の発展に対して与えた根本的な貢献」を讃えている（Pleister, 1937, S. 313)。メーザーを受け継ぎつつ、一九世紀中葉にユダヤ人を含む寄留民に対する反感をあらわにしていたハックストハウゼン、また世紀末にメーザー思想を源流とするプロイセンの内地植民政策を支持しつつ、ポーランド人農業労働者とりわけ移動労働者を人種主義的に観察した初期のマックス・ヴェーバーは、いわば中間環をなしているのであろう。特に移動労働者によるドイツ人［定住］労働者の駆逐にかんするいわゆる「駆逐」理論は、註（14）に示したダレーの思考を先取りするものであるといえる（肥前、一三四、一六三—六五、一七〇、二〇一—二〇二頁、また本解説四、註（15）を見られたい）。なお関連して足立、一九九七年、を参照。

（13）　Moes, S. 25.

（14）　Darré, 1929, 特に Kap. VII : Das Bauerntum als Schlüssel zum Verständnis der Nordischen Rasse（放浪民の法意識についてS. 313. その種族愛についてS. 26f. 農民の防衛能力についてS. 53, 328f. 小商人についてS. 302ff. 奉公人制度およびプロレタリアについてS. 410f., S. 421.「ドイツ的本質」についてS. 292-294.）またクロル、二〇〇六年、第三章、特に一三二—三六頁。豊永、一九九四年、第一〇—一一章および肥前、二七七—二七八頁を見られたい。若い日の小林昇はメーザーの国家株式論の検討のうえですでに、ドイツの破局にかかわる、「認識」と「方策」とを隔てる深淵にまで説き及んでいる（小林、前掲書、二五七—二七三頁、特に二七二—二七三頁）。またリールについてはHofman, S. 77f. および若尾、二〇〇七年所収を参照。若尾論文はリストとリールとの関係を重視している。

　ちなみにモエスを越えてシュタウフはさらに、メーザーがそのブルジョア論において「ドイツの特殊な道」批判論の先駆をなしたとまで評価している（Stauf, 1991, S. 272）。そしてヴェルカーはその大著のなかで、二〇〇〇点にも上るという膨大なメーザー研究文献のなかから、水準を現今において表現する最新の研究としてモエスとシュタウフのみをあげているが（Welker, S. 30-52）、こうした最近の研究動向はそれ自体が充分に受容され継承されるべきはもちろんのこととして、同時に批判的検討の対象でもなければならないであろう。例えば、メーザーが人権や革命権をさえ承認したかのように主張するゲッチングやカンツ（Heinrich Kanz）に対するシュレーダーの批判は、近年の文献におけるメーザー把握のバイアスを具体的に指摘した事例としてきわめて重要であると思われる（J. Schröder,S.

23ff, u. Anm. 69)。

(15) マイネッケ、前掲書、三四頁。Welker, Bd. 2, S. 629-633のマイネッケ論のなかに、私はこの連関についての言及を発見できなかった。

(16) Sheldon, pp. 104ff. そこでは寄留民は論じられていない。同様にメーザーを啓蒙思想家として「読み直す」べきことを説くフィアハウスも（Vierhaus, 1994, S.20）も、寄留民論をどう読み直すべきかについては触れていない。

(17) Hans Baron, 1924, S. 47; Schröder, S. 53. 同様にメーザー的な「郷土愛」も、第二次世界大戦後、その「所有者クラブ」的な狭さを克服して普遍的＝啓蒙的な伝統に立ち返り、「憲法パトリオティズム」（J・ハーバーマス）に高められねばならなかったのではなかろうか（ヴィローリ、二〇〇七年、一九四頁以下、二九六頁以下）。

（解説作成に当たり文献閲読に関して、共訳者諸氏のほかとりわけ小島修一、石原俊時、嘉陽英朗の三氏のご協力を得ました。記して感謝します。——肥前）

『郷土愛の夢』における農民政策論——北西ドイツ型農村社会の危機との関連で

山崎　彰

はじめに

本書には、ユストゥス・メーザーの農村論として、下層民問題とともに農民農場にかかわる数編の評論が訳出されている。これらは近代化途上において表面化した北西ドイツ型農村社会の危機現象にメーザーが直面して執筆したものであり、『郷土愛の夢』で展開されている彼の農民政策論の多くは、それへの対応という意味を持っていた(1)。これらの評論は単なる時評とすることはできず、彼の歴史・社会認識が社会問題との格闘によって鍛え上げられ、それを通じて政策論として結実したものである。特に一七六〇年代末から七〇年代にかけてメーザーは、集中的に農民政策について筆を執っている。それらの評論が執筆された背景を考えた場合、いくつかの要因がこの時期に同時に出揃ったことに注目しておきたい。

第一は、一七六四年にオスナブリュック君主がイギリスのハノーファー朝に移行したのを契機に、メーザーが政府の法律顧問に就任し、さらには六八年には政府書記官となって政策形成に深く関わるようになったことである。[2] 農村問題の評論には、政策立案者としての思索の過程が反映されていたといってよい。次に、この時期は彼の執筆活動が頂点に達した時代でもあった。「オスナブリュック週報」を六六年に発刊し、編集者とし活動するばかりではなく、様々なテーマについて自らも執筆活動を展開し、これらは後に『郷土愛の夢』の中にまとめられた。また六八年には『オスナブリュック史序説』（全集第一二巻第一分冊）が公刊され、彼の歴史論の大枠が示されている。[3]『郷土愛の夢』掲載の諸論文には、並行して進められていた歴史研究の成果が採り入れられており、彼の政策論は歴史論とともに相乗的に練りあげられていった。最後に、七年戦争後のこの時期、オスナブリュックにおいては「北西ドイツ型」とも呼ぶべき特徴的農村社会が、種々の危機的現象を露わにしていた。このメーザーが直面した危機現象について、以下説明することにしよう。

（1）　メーザーの農民・農村政策については、Hatzig, 1909と平井進『近代ドイツの農村社会と下層民』日本経済評論社、二〇〇七年の第二章が参照されるべきである。本解説も両研究に負うところが少なくない。以下では、両書についてはいちいち参照箇所を記さない。

（2）　メーザーの政治活動と生涯については肥前の解説と坂井榮八郎『ユストゥス・メーザーの世界』刀水書房、二〇〇四年、一三―二八頁。

（3）『序説』序文は、坂井榮八郎の著書一五二―一七五頁に訳出されている。

一　危機現象としてのアウスホイエルング

メーザーの郷土オスナブリュックが属すヴェストファーレン等の北西ドイツの農村社会は、独特の農地制度を持っていた。一方で単独相続制度と密接な関わりの中で成立した大農中心の地方として、均分相続による農場細分化を特徴とする西南ドイツ農村とは区別された。他方で同地方はまた領主制の存在意義の低さによって、領主直営農場の比重の大きな東部ドイツ農場領主制地帯とも異なる地域類型とされている[1]。従って他の二つのドイツ主要地方に比べ、北西ドイツの農民農場は規模も大きく、それらは自立的で安定的基盤を誇ると考えられていたのである。また近世における農村階層分化においても、これらの大農（エルベ）は二極分解することはなく、彼らは村落共同体の中核を形成し続け、その周辺部分に小農（ケッター）や零細農（ブリンクジッツァー）の農場が新しく生じ、さらに土地無し寄留民（ホイアーリング、ホイアーロイテ）もまた増えていった[2]。

さてこのような零細農や土地無し下層民の生成自体は、共同体の中核を担う大農経営が安定する限り、必ずしも北西ドイツ型農村社会の危機を意味するものではない。一八世紀後半のオスナブリュック農村社会をここで危機と捉えたのは、下層民の膨張が大農経営の動揺と密接に絡みあいながら同時に進行したからに他ならない。この危機現象は「アウスホイエルング」と呼ばれる小作形態にみることができた。この語を使用する際メーザーは、地主と小作人が明確な条件を交わしつつ、土地を貸し出す通常の小作形態「フェアパハトゥング」とはもちろんのこと、家父長的で不明朗な条件によってホイアーリングに対して貸し出す「フェアホイエルング」とも違った意味を持たせていた。アウスホイエルングとは、地主である農民側の過剰債務を契機に、債権者の介入下で行なわれた特殊なホイアーリングへの土地貸し出しであったのである。

オスナブリュックの農民が負う債務は、領主の承認を得て行なわれたものと、承認を受けずに借り入れた債務に分けることができる。中でも後者が膨張した理由として、七年戦争により多大な戦費負担を農民達が負わされたにもかかわらず、戦後彼らの債務軽減への配慮がなされなかったことを、メーザーはあげている（全集第六巻第六八番）。さらに第二の理由として彼がしばしば強調したことは、農民相続制度の変化にともなう債務であるが、これについては後に詳しく論じる。この領主未承認による債務の悪弊をメーザーが問題にしたのには、いくつかの事情があった（全集第五巻第一〇番）。第一は、返済期限が明確ではなく、債権者の突然の解約告知によって清算を迫られることが起こりえたこと。第二は、農場債務を管轄する裁判所として四つもの系統が並立し、債務者は様々な裁判所より債権者から突然に訴えられる可能性があったことである。しかし何より彼が深刻視していたのは、債権者の圧力下で、農民が元利返済の収入確保のために、農地を細分しホイアーリングに貸し出していた点である。この現象をアウスホイエルングと呼び、債権者や裁判所が無秩序に大農経営に細分を迫り、統制されざるホイアーリングの増加を招きつつあるのではないかと、彼は憂慮していたのである。しかも当時、オスナブリュックにおいて政策課題にのぼっていた農奴の自由農化によって、領主による農民債務への統制はゆるみ、アウスホイエルングの一層の深刻化が進むのではないかと危惧していた。

このような農民農場の過剰債務とアウスホイエルングの進行に対して、領主の側は無策のまま手をこまねいていたわけではない。いわゆる強制立退あるいは強制売却によって債務に悩む農民から農場を取りあげ、これを別の農民に与えるという方法に領主は訴えることができたのだが（全集第七巻第六三番）、そこでは領主の承認を受けた債務は新農場主に引き継がれる一方、承認のない債務は効力を失うことになるはずであった。農奴の強制立退処分については一七二二年の財産令もこれを認めていたし、[3] メーザーもまた、農民農場の維持にとって強制立退の有効性を肯定的に評価していた（全集第六巻第六五番）。すなわち農場を国家株とみなす立場から、農場主が公共的な輪番責任を担う能力を失った場合は、強制立退が領主によって発動されるべきであると、彼は考えたのである。しかもこれは、自由農民にも農奴にもかかわりなく適用されるべきであった。先ず自由農民の場合は、国家形成に関する社会契約説的理解によって、彼が自説を展開していることに注目しておきたい。彼によるならば、自由農民であっても土地とそれに関連する資産を自由に利用できるわけではなく、従ってホイアー地（ホイアーリングへの小作地）を自由に作り出すことも許されてはいない。なぜならば、自由な所有は自然状態においてしかありえなかったからである。しかし所有者達は政治社会の誕生に際して自由な土地所有権を放棄し、これを国家のものとした。それ以来、土地は国家から与えられた扶持となり、たとえ自由農であっても公共的な必要によって、土地利用は制限されなければならなかった。そして公共的負担に耐えることのできない自由農は、農場保有者としても資格を失うことになった。それでは領主制の隷属下にあって、一見公的性格を奪われているかに見える農奴もまた強制立退に処せられるのはなぜなのだろうか。これについてメーザーは、ヴェストファーレン地方の農地制度中に残存し続けた自由農的な遺制によって、強制立退の根拠を説明している（全集第六巻第六一番）。ここで彼は農奴制をメクレンブルク型とヴェストファーレン型に区分する。前者では、農場資産は領主に属し、領主自身が農民地に関する公的負担も担うが、これに対してヴェストファーレン型では農民が公的負担を負っている。ヴェストファーレン農奴の公的負担の起源は、フランク王国時代の中隊兵士である世襲農民が中隊長に対して負う奉仕義務にあり、これに対して中隊長は、農場が代々農民一族に確実に継承されるよう配慮することで報いた。しかしカロリング朝以来のレーエン制の普及によって中隊兵士達の軍役は廃止されてゆき、彼らは農奴化していった。一二マンズス一組で一人の甲冑装備の騎士を支えてやることで、一一マンズス分を有する残り一一人の農場主は農奴へと転化したのである。しかしそれにもかかわらずその後の農民達の法的地位をつぶさにみるならば、「三分の二農奴」すなわち「三分の一自由農」とも呼ぶべきものであり、これによって農奴でありながら、国家の成員としての特性も一部併せ持つ存在である、と評価された。このようにヴェストファーレン型の農奴制は、公的性格を欠くメクレンブルク型とは違い、古ザクセン以来の自由農的残滓を保持し続け、これによって彼らもまた強制立退の対象になりえたのである。[4]

さてここで彼の強制立退論についてルヨ・ブレンターノとともに、飯田恭が「メーザーにとってもっとも重要なのは、農場を耕作する人間ではなく、人間が耕作する農場」である点に着目し、西洋封建制社会の持つ物象化、社会的規律化作用を指摘しており、これは卓抜な解釈といわなければならないが[5]、しかし彼にとっては、強制立退は農民農場の過剰債務に対し他の策が尽きた際に、やむをえず発動される手段であったことは、見落とすべきではないだろう。彼は、むしろ強制立退に対して慎重な態度を要求し、それがアウスホイエルングを防止するための唯一な方法ではないとしていた（全集第六巻第六九番）。農民が農場を強制的に取り上げられるのは、それの利用が国家の扶持として公的に制約され、しかも世襲化されることで、保有者個人の権利が厳しく制約されていたにもかかわらず、それの制約を超えて債務を負ったからであった。従ってメーザーにとっては、強制立退に訴えることに先立ち、保有者個人の土地利用権を制約することの方が一層重要な施策であったはずである。このため彼は、農民農場の世襲的継承制度の確立とともに、領主による債務管理体制の強化、定期金制度の導入、債務解放年の導入を有効の施策として提案し、こうした制度によって土地と保有者一族を長く結び合わせようとした。従って、以下これらの政策の意味するところを、訳出した論文を中心に解説することにしよう。

（1）藤田幸一郎『近代ドイツ農村社会経済史』未來社、一九八四年、二六—二八頁。
（2）肥前榮一『比較史のなかのドイツ農村社会—「ドイツとロシア」再考』未來社、二〇〇八年、所収の「北西ドイツ農村定住史の特質」。
（3）Schlumbohm, 1997, S.485.
（4）以上より明らかのように、メーザーは自由農と農奴の根本的相違を否定する。このような立場がもっとも鮮明に打ち出されているのは「農民農場小話」（全集第四巻第五六番）という評論である。
（5）ルヨ・ブレンターノ（我妻栄・四宮和夫訳）『プロシャの農民土地相続制度』有斐閣、一九五六年、三一頁、飯田恭「『無能な』農民の強制立退――近世ブランデンブルクにおける封建領主制の一側面」『経済学論集』（東京大学）第六四巻第二号、一九九八年、五八頁。

二　農民信用論―社会契約説と中間権力との関係で

「臣民の過剰債務を防止する施策について」（本文、作品五）は、領主の承認のない債務をどのように制限するのか論じている。ここでも歴史に教訓が求められるとはいえ、それは郷土オスナブリュックの歴史ではなく、旧約聖書の世界より与えられた。さてこの作品に関して先ず注目しておきたいことは、冒頭の問いかけ、つまり臣民の自由な所有権、しかもこれは財産のみならず自身の人格に対する所有権をも意味するのだが、それの是非より議論を説き起こしている点である。メーザーは農民の債務対策によって、農奴の自由農化という時代的課題と切り結ばんとしたのである。ここで彼はモーセの律法から教訓を得て、土地は主のもの、あるいは国家のものであって、臣民は世襲の用益権を認められているにすぎず、その自由な利用は制限され、売却は禁止され、借り入れも限定づけられていたことを重視した。土地私有権に対して公的な観点から制限を加えるために、社会契約説をもって正当化したことは先に述べたとおりであるが、この証明は自国史における国家形成によって与えられるばかりではない。土地所有権上の国家の位置を神に移し替えることで、主とイスラエル人の間の契約締結というモーセの偉業もまた、メーザーにとっては自説を裏付ける証となったのである。こうしてたとえ自由農化したとしても、公的な制限は免れないとの認識が繰り返されることになる。

ここでメーザーの提案をまとめてみよう。先ずアウスホイエルングが容認されるとはいえ、イスラエルにおける債務奴隷期間の限定という政策に触発され、アウスホイエルングによる債務返済の期限は八年に制限されている。この間に債務者である農民は債権者と協力して農場を管理し債務の返済につとめるが、期間が終了すると、借入残高の有無にかかわらず、農場主は一切の債務より解放されることになる。このため債権者は事実上、八年間に返済が完了する範囲内でしか貸し付けることはできなくなる。債務返済期間には領主も賦役や貢租を削減するなどして、債務の返済に協力することを迫られた。さらに債務から自由になった後もアウスホイエルング期間は四年間延長され、その間にホイアーリングからの地代収入を元手に、農民は農場再建に取り組むことが認められた。従って、アウスホイエルング期間は合計で一二年間のうちに終了することが求められた。この一二年間という期限は、農場主とホイアーリングの間の小作契約に即して考えるならば、以下のような意味を持っていたと思われる。一八世紀後半から一九世紀のホイアー契約期間はオスナブリュックにおいては四年が一般的であったが、契約は口頭で交わされていた。一八一〇年代末には契約の文章化をはかり、相互の権利と義務を確定しようとする動きもあったが、ホイアーリングの権利を法的に確定していくためには三月革命を待たねばならなかった。しかし口頭契約であることは農民側に一方的に有利であるとは限らず、四年に達しないうちに農場を去るホイアーリングが多数存在する一方、更新条件が不明確であり、契約延長が無制限に繰り返される可能性があった。本論文でアウスホイエルング期間を一二年に区切るとしたことは、ホイアー契約期間も二度の更新を限度に、それ以上の延長を認めず、これを超えてホイアーリングを農場に居住させまいと意図していたことを意味する。このように債務解放年の設定は、借款を行なう際、一時的なアウスホイエルングを容認するとはいえ、これを一定年限に限定する試みであったと位置づけてよい。

ところでこの論文ではモーセの企図を賛美しつつも、しかしメーザーは自らの立場の独自性を強調することも忘れてはいない。モーセが、イスラエル人の債務奴隷化は中間権力を生成させ、これによって臣民が公民としての地位を失うことにつながると懸念していたのとは対照的に、メーザーはむしろ中間権力は専制国家、すなわち国家的奴隷制の形成を防止し、自由と所有権を逆に保証する効果があると、肯定的に受けとめていた。しかしその意味するところは、本論文では必ずしも明快ではない。メーザーの農民信用論では、アウスホイエルングの全面的禁止は、領主や農民団体など中間団体、中間権力の関与によって初めて可能となるはずであったが、これは別の論文の中で展開されることになった。

「農民農場を株式として考察する」（本文、作品一五）は、この中間権力を社会契約説の中に取り込むという意味で、独創的な試みであった。ここでは、原初的な社会契約締結後に農民が公共体に対する直接関与を徐々に失ったにもかかわらず、農場を国家株式として保有することがいかに可能であるかを、レーエン制や領主制、農奴制に即して説明しようとしている。彼は農場保有者すなわち株主の権利を規定する際に、人法よりもむしろ物権法を重んずべきことを主張したうえで、レーエン制や領主制によって国家と株主（農場主）の関係が間接的になることは、物権法上なんら障害にはならず、人法上の隷民であっても株主、すなわち公的負担者としての農場主となることは可能であると述べた。他方これに比べて、世襲小作人の方が公的負担者としては問題の多い不安定な存在であるとみなしていたのであるが、ここで留意すべきは、世襲小作が一八世紀後半のオスナブリュックにおける自由農のもっとも典型的な形態であったという点である。「臣民の過剰債務を防止する施策について」の冒頭で示された議論、すなわち公的負担者としての自由農への危惧は、世襲小作制度に対する不信によってさらに強まることになった。メーザーは、自由な契約関係によって農民の地位が決まるよりも、むしろ中間権力の隷属下にある方が公的負担者として信頼できると、ここで述べるのである。

このように彼にとっては、領主制や農奴制の存在は「社会契約説＝国家株式論」とは決して矛盾するものではなかった。それどころか領主制は、農民農場の自立的な維持にとって積極的な意味を持ちうると考えていた。特に農奴の自由農化が進むに応じて、領主制の役割は再強化される必要があった。このような理解を端的に示したのが「農民農場の過度な小作化（アウスホイエルング）ほど有害なものはない」（本文、作品一四）である。架空の座談という形式をとったこの論文では、六人の発言者が次々とアウスホイエルングの問題点と、それの発生原因について意見を開陳した後、最後の発言者によって長大な主張が展開される。彼の提言は一一点にわたるが、おおよそ以下のようにまとめることができるだろう。先ず、アウスホイエルングによるホイアー地の設定を禁じることが主張される。次に農民農場を世襲財産とし、確実に農場相続人によって引き継がれるべきことを提言する。続いて基幹財産なる制度によって債務を管理しようとした。基幹財産とは農場家屋と農場用動産を含むものであり、その評価額は必ず登記されることになる。他方、債務もまた全て帳簿で管理されねばならず、領主はこの台帳によって農民の債務状況を常に監視する責任を負う。農民が借入を行なう際、領主は基幹財産の評価価値を上限にこれを承認するが、ついに債務総額がこの評価価値に達した場合は、輪番衆としての責任を果たす能力を失ったとみなされ、農民は強制立退に処せられる。その際、基幹財産は領主の管理下に置かれ、その売却収入より債権者に対して返済が行なわれる。しかる後に領主は基幹財産補充の責任を果たした上で、新たな農場購入者を求めなければならない。以上のとおり基幹財産によって債務限度を明確にした上で、領主の管理責任を強化することを意図した方針であったが、これに加えて領主の責任は、農場の強制売却の際には基幹財産の補充にまで及んでいた。メーザーによるならば、基幹財産概念は新規に構想されたものではなかった。彼は、それが農奴制下で慣習的に実在したものであると捉えて上で、自由農化によってこの観念が曖昧になりつつあることに懸念を持ち、この制度を維持する必要を彼は主張した。基幹財産制度が領主制と不可分の関係にある限り、後者もまた相変わらず意義を失わないと考えられていたのである。

さて基幹財産の設定と領主によるそれの補充責任によってもまだ、彼にとって農民信用は万全とはならなかった。アウスホイエルングの多くは、領主の承認のない債務を通じて発生していたことは、先に述べたとおりであり、これに対しては領主の監督権も十分には及ばなかったのである。ここでオスナブリュック史の専門家である平井進らがかねてから強調していた事実、すなわちオスナブリュックの領主制は一円性を欠き、領地の分散性によって農民を把握する能力において十分ではなく、下層民の対策においても領主制はほとんど果たす役割を持たなかったとされている点は有益な示唆となる。(1) メーザーはこの領主制の欠点をよく自覚し、債務管理のためにそれの統合化を構想してはいたが、実現性には自信を持たなかったようである（全集第六巻第六九番）。この結果、農民の債務に関しても、根本的なアウスホイエルングの防止は、最終的にはむしろ農民たちの自治的な団体によらねばならないと理解されていた。この政策は、定期金売買の導入と教区行政の強化策によって本格的に展開された。この問題を扱った評論として、本書には「利子契約に替えて定期金売買を再び導入するべきである」（本文、作品一〇）が訳出されているが、これに関連して「教区役所設置の提案」（全集第五巻第二〇番）などでの論述も踏まえるならば、政策の意図は一層明確になる。平井の研究によるならば、これまで共同地を管理するマルク共同体が下層民の定住を管轄していたのに対し、メーザーがオスナブリュック政治を主導した時代になると教区がこれと代わって行政的責任を強めた。しかしメーザーの教区行政強化の意図は、下層民の定住管理にとどまらず、農民達の債務管理にまで及んでいた。この制度の眼目の第一は、債権者側の解約権を否定し、これに代えて無記名式債券を発行し、それの流通によって貸付金を債務者からではなく、市場より回収することを債権者に対して保証するものであった。これに加えて第二に、土地評価額を上限に農民の借入を制限しようとした。第三に、債務の管理を教区行政に負担させ、農民仲間による共同管理体制の構築を意図した。この最後の点について「教区役所設置の提案」の内容に即してあらましを述べるならば、教区に公証役場としての機能を持たせ、ここで教区内のあらゆる所有権、用益権、営業権にかかわる証書類を管理させ、農民の債務も教区備え付けの抵当簿に記録し、限度額以上の借入を認めないとするものであった。このようにして債務を農民団体が一括管理し、債権者の解約権を否定したことによって、彼らが多方面から借入を行ない、裁判所を通じて突然に訴訟を起こされる事態は避けられると、メーザーは考えたのである。

（1） 加えて、貴族の領地からの分離傾向は領主制の形骸化を促進しており、メーザーはこの過程に身分制社会危機の一要因をみようとしていた（全集第七巻第五七番）。

三　農民相続制度論――民衆法の精神との関係で

相続制度はオスナブリュック農民の過剰債務の重大原因となっていた。このため信用問題とともに、相続制度に対してもメーザーは大きな関心を寄せていた。『郷土愛の夢』の中でこの問題を本格的に論じているのは、「土地保有者の娘達の嫁資について」（本文、作品一七）である。北西ドイツが単独相続制度の地帯であったことは先に述べたが、農場相続人は一人に限定されていたとしても、他の子供たちにも共同相続人として相当額の持参財が認められていた。彼らは農場相続権を放棄することの証として、手切金というかたちで持参財を受け取っていた。これは貨幣、家畜、穀物、家具、家財道具、寝具などより成っており、一括してヴェストファーレン地方では「嫁入車」などとも呼ばれていた。(1) 同地方の相続慣行では、共同相続人への持参財の大きさは村内での農家としての格、すなわち大農（エルベ）なのか、中規模農家（半エルベ）なのか、あるいは小農（ケッター）、零細農（ブリンクジッツァー）なのかによって決定されたが、大農においては時とともにこれが贅沢になっていった。このように従来は、家の格によって大雑把に持参財の規模が決定され、各々の農場の資産評価によって算定されることはなかった。ところが一七六八年の財産令はこれを正確に計算することを求め、持参財に対する共同相続人の権利を遺留分として明確に確定しようとした。しかもメーザーの立場からみるならば、彼らに対して有利なかたちで相続規則を規定していた。財産令の内容をいま少したちいって述べるならば、次のとおりである。農場の年収益から債務利子と公課支払分を除き、年利五パーセントで資本還元し、これを相続人数に一を足した数で均等分割し、農場相続人は二人分、その他共同相続人は男女ともに一人分の配分を受ける、とされた。農場相続人は共同相続人に対して相続分を一括して現金払いできないことが多いため、長期にわたる分割払いが想定されていた。農民農場の債務の多くはこのような相続制度に起因するものであるというのが、メーザーの認識であった。

しかしこの論文において彼は、持参財分与の拡大を単に要因を並べて批判しているのではなかった。むしろ法の超歴史的で形式主義的傾向に問題の本質を求め、これに対してドイツの、しかもすぐれて民衆的な慣習を対置しようとした。すなわち財産相続における一定比率の遺留分は、中世においてローマ法の影響によって早くから王侯や貴族で広まり、一八世紀にはついに民衆にまでその影響が達し、一七六八年法はその最終的帰結であると彼は考えていた。これに対してドイツの民衆的伝統は、農場を非分割とするとの大前提により、共同相続人への持参財は嫁（婿）入先や奉公先で身分に相応しい名誉を維持できる範囲にとどめ、「適度な」手切金で我慢させる程度のものであったと、メーザーは理解していた。さらにこの伝統の内容理解もさることながら、ここで注目すべきは、このような慣習がただ自然に生成していたとするのではなく、むしろ法形式主義の圧力に対し自立的に抵抗することで存続しえたのであり、このような抵抗力は仲間団体を形成しうる民衆においてこそ最も強固であると捉えていた点である。これは、同じくドイツ保守主義の起源とされながら、一世代後のプロイセン貴族保守主義の代表者[2]には見出すことが困難な観点である。彼はこのような民衆的伝統に依拠し、相続制度の改定を提案するが、それは当然のことながら狭く財産分割比率の問題にとどまるものではなかった。ここで彼は、法の形式的な適用にこだわる裁判官に代えて、財産分与の適否を判断するのは、仲間内から選ばれた仲裁人、すなわち輪番衆こそが相応しいとみなし、親元を離れる共同相続人が名誉を守れるにはどの程度の持参財が必要なのか、最終的には彼らの裁定に委ねるべきだと主張したのである。

相続制度改革に対するメーザーの努力は政策的に実を結び、一七七九年に農民相続制度は次のように法的に改められた。すなわち、農場相続人と共同相続人によって分けあう遺産の算出方法は、資本還元する際の利子率を五パーセントから一〇パーセントとすることで、遺産評価額を従来の半分に切り下げ、さらに農場相続人はこのうち半分を取得し、残りを共同相続人間で分けあうとしたのである。従ってこの規定によって、共同相続人に対して支払われる持参財は相当程度圧縮されることになった。しかしながら、この法もまた一定比率による財産分与制度であることはかわりなく、民衆的な相続制度の復興というメーザーの最終目標については実現したとはいえそうもない。

（1）　近世ヴェストファーレン地方の農民相続の慣行については、Sauermann, 1971/72, S. 106-125を参照。

（2）メーザーとプロイセン保守主義の起源となるマルヴィッツの比較は、カール・マンハイム（森博訳）『保守主義的思考』ちくま学芸文庫、一九九七年、一六四―一六五頁に見られる。マルヴィッツについては、Frie, 2001がある。

むすび

メーザーの歴史論においては、フランク帝国にせよ北海沿岸の小邦にせよ、あるいはイスラエル国家にせよ、政治社会は共同防衛のために独立農場主が社会契約を介して構成したものとして描かれた。そこでは農場所有者のみが社会の正規メンバーとしての名誉、つまり輪番衆に属す者としての名誉を認められる一方で、農地に対する自由な利用権、処分権は許されず、公的負担維持のためにその所有権は強い制約を受けるべきであるとされた。ただしどんなに個人の所有権の公的制限を主張したとしてもメーザーは、国家が個人に直接干渉するような社会を専制的独裁国家であると批判した。「農民農場を株式として考察する」（本文、作品一五）で彼は株式の保有権がレーエン制の階梯に沿って下降し、国家と株主（農場主）の関係が間接的になっていくことを法的に容認するばかりか、株主の自立に対して中間権力の果たす意義を積極的に受け止めていた。領主制や共同体、あるいは同業組合などは、株主の独立を制約するのではなく、むしろその存在を支えるものであると肯定的に捉えていた。従って政治社会を株式会社にたとえたとしても、この社会は決して均質ではなく、株主の地位は中間権力、中間団体によって多元的に規定されると理解されていたのである。この主張は、身分制社会を正当化するという点で、フランス革命に批判的な後の論者、例えばプロイセンの保守主義と共通面を持つことになったが、他方ではフリードリヒ・リストらによって思想的に継承されていったことも見逃すことはできない(1)。

このようなメーザーによる中間権力の歴史的把握の仕方に関しては、本書においては訳出されていないが「いわゆるヒエ、エヒト、ホーデの起源と効用についての考察」(全集第六巻第六七番)という評論が興味深いので、内容を簡単に要約しておこう。ここでは中間権力の形成史を次のように説明している。原初的な政治社会では独立土地所有者の農業的軍事的同盟、すなわち中隊が社会の基本単位となっていたが、これから漏れ落ちる者が生じ、しかもその数は増大していった。これらの者は全てが下僕に転落するのではなく、ホーデなどと呼ばれる仲間団体の中に組み入れられ、その保護の下に置かれていた。彼らは軍事的防衛には貢献しなかった代わりに租税を負い、団体の保護主に対しても死亡税や転入税などを支払っていた(この死亡税を「農民農場を株式として考察する」では小死亡税と呼んでいる)。このような保護団体としてはギルドや教会などが想定されていたようであるが、中隊の転化形態である領主制もまたこれに含まれていたと考えてよいだろう。これらの保護団体はそれぞれが独自の法慣習を持ち、加入者に対して権利や名誉を保証していた。これに対してこれら団体に属さない者は漂泊の身として、国家において名誉ある地位を認められず、死亡した場合には全財産が没収され、遺児にも相続権を認めなかった(「農民農場を株式として考察する」では、国家による財産没収を大死亡税と呼んでいる)。従って社会構成員としての権利と名誉は、国家市民であることによって与えられるのではなく、むしろいずれの団体かに属することによって保証されるのであり、団体は出生にせよ自己意志による転入にせよ、自らの保護下に迎え入れた者に対して、団体員としての権利と名誉を保護する責任を引き受けている、このようにメーザーは考えていた。従って彼にとっては、中間権力、中間団体への隷属（帰属）は、名誉や権利の供与と表裏の関係にあると捉えられていたのである。

この中間団体論は、オスナブリュック農村社会の危機に対するメーザーの処方箋の中にもいかんなく発揮されていった。形式的で超歴史的法観念の浸透、農奴の自由農化など身分の平準化、そして土地無し下層民の増大に農村社会危機の根源を認め、これに対して中間権力の多元的機能の復権によって農民の地位を確固とさせ、公共体の安定をもたらそうとしたのである。このため彼は中間権力として領主制の存在意義を、農奴の自由農化後にも認めようとした。ただしオスナブリュックの領主制は一円性を欠くことによって農民を集団的に捕捉する能力において十分ではなかったことは、既に述べた。従って彼も、危機における領主制の保護機能を重視したとはいえ、債務管理など個別経営への関与というレベルでしか有効な施策を提案できなかった。

これに対し、集団的な農民経営維持の対策は、農民たち輪番衆によって用意されるものと理解されることになった。すなわち定期金売買とともに提案された教区による債務管理と、専門的裁判官に代わるものとして主張された相続仲裁人制度がそれである。いずれの制度も先例を歴史に求めているとはいえ、教区機能の強化が近代的自治制度への傾向を持つのに比べ、仲裁人制度には団体的な民衆法の伝統を復権させようとする立場がより明快であった。ここでは超歴史的法観念と均質的専制国家の前進に上位の身分が比較的無力とされたのに対し、民衆の抵抗力は高く評価されていた。一九世紀初頭のプロイセン貴族保守主義者に比べて、彼はむしろ仲間団体によって育まれた民衆法観念を重視した。しかもそれが長期にわたる法の形式化や国家の官僚制化と対抗しながら生命を維持したと見ていたところに、メーザーの保守主義思想の重大な特性があり、これの再生によって農民農場と公共体の再建を目指したのであった。近代化途上において生じた農村社会危機に対して、同じく身分的制度の再建をもって対峙しようとしたとはいえ、領主制の維持に全力を注いだブランデンブルク＝プロイセンの貴族と、農民たち輪番衆の身分的名誉意識に期待を寄せたメーザーの保守主義思想の間には重大な差異が存在し、それは東部ドイツと北西ドイツ農村社会の類型差にも対応していたのである。

（1）　フリードリッヒ・リスト（小林昇訳）『農地制度論』岩波文庫、一九七四年、六〇頁以下。また小林氏の訳者解説二七七―二八〇頁。この訳者解説は訳者解題と表題をかえて『小林昇経済学史著作集Ⅶ　フリードリッヒ・リスト研究（二）』未來社、一九七八年にも収められている。

メーザーの社会思想の諸相

原田哲史

いくつかのメーザーの論稿を見ていくなかで、経済・社会・国家に関する彼の思想の重要な諸相を明らかにしてみよう。

一　クライス連合論と小商人批判

一七七〇年の論稿「由々しき穀物不足の際に火酒蒸留を停止するための、クライス連合の構想」（作品七。以下「クライス連合の構想」と略）は、危急時の穀物確保と経済発展とのための領邦間の「クライス連合」に関するものである。ここでは、領邦による違いに抜け道を見つけて穀物を火酒蒸留に費やして利益を得ようとする者や、穀物市場が遠隔で情報が及ばぬことを悪用して穀価をつり上げる穀物商人らが批判されている。諸領邦に、ひいてはドイツ語圏全体に、不利益をもたらすそうした商人については、とりわけ一七七三年の「商人（カウフマン）と小商人（クレーマー）との区別が必要不可欠であること」（作品一二。以下「商人と小商人の区別」と略）において、本来の（全体の利益と合致する）「商人」とは異なる「小商人」として取り上げられる。「小商人」の問題は、一七七七年の論稿「小さな都市ひとつひとつにも異なった政治体制を与えるべきではないのか」（作品一三）の原註でも、工業的な経済発展を裏から阻害する者とされている。

クライス連合論

論稿「クライス連合の構想」で言われる「クライス」とは、「ヴェストファーレン・クライス」や「ニーダーザクセン・クライス」とされているように、神聖ローマ帝国（九六二―一八〇六年）内でのヴェストファーレン、ニーダーザクセン、シュヴァーベン、フランケンといった広域においてそれぞれ隣接する帝国等族たち（諸領邦）によって形成された連合体のことである。メーザーの郷国オスナブリュック司教領（およびヴェストファーレン公領、ミュンスター司教領など）の属するヴェストファーレン・クライスと、その東側に接するニーダーザクセン・クライスと、そのまた東に位置するオーバーザクセン・クライスとは、北部ドイツの三大クライスであった。

歴史的にさかのぼれば、帝国改革期の一四九五年の永久国内平和令により帝国内紛争の武力による解決（フェーデ）が禁止され、紛争は帝国最高法院（ただし帝国宮内法院も並立）での裁判によってのみ解決されるべきことが定められるとともに、判決の執行や諸領邦の軍事力の調整をクライスが担うことになった。さらに一五五五年の帝国執行令を機にクライスは等族主導の組織として整備されていき、貨幣制度の監督権も与えられて、帝国内の自治団体（複数の等族による地域協働の組織）として機能していった。クライスの執行活動においては「長官」が中心的役割を担い、クライスの決議機関はクライス内の全等族によって構成される「クライス会議」であった。領邦間の関税の調整についてもクライス会議で話し合われたが、関税問題がクライス間にまたがる場合には複数のクライスからの使節による合同会議も行われた。クライスは一八〇六年の帝国崩壊にいたるまで存続したが、それぞれのクライスがどの時期にどの程度機能していたかは議論の余地があり、ヴェストファーレン・クライスは一六四八年のヴェストファーレン講和条約以降は弱体化したと言われている(1)。

メーザーは論稿「クライス連合の構想」で、共通の経済的利益を目的とする領邦間「クライス連合」をあらためて提唱するとともに、ヴェストファーレン・クライスとニーダーザクセン・クライスとの間での「相互通信」をも呼びかけている。彼は、不作時における火酒製造への穀物の浪費を防止するための政策的な協調を、火酒蒸留の禁止、火酒消費税の導入などに関して説くとともに、そうした連合があれば、悪徳の穀物商人の情報操作による不当な価格つり上げを阻止することもできるし、域内での輸送手段の相互供用でもって流通を促進することも、火酒製造で優位に立つ特定の等族への限定したその認可によって全体の利益を高めることもできる、としている。G・ヴァーグナーによれば、論考の発表された一七七〇年オスナブリュック一帯は凶作に見舞われ、深刻な穀物不足が生じ、領邦議会は同年一一月に火酒蒸留を禁止する法令を発布した。穀物不足は近隣の諸領邦にも見られたから、メーザーはヴェストファーレン・クライス全体が連合することにより、また可能であればニーダーザクセン・クライスとも連携することにより、そうした法令に広域で効力をもたせるべきことを呼びかけた(2)。

ただし、分権主義者のメーザーは、そうした連合によって帝国等族の独立性が失われるわけではないと説くことを忘れない。ヴィルヘルム・ロッシャー（一八一七―九四年）はそうした記述をとりあげて、メーザーが統合に対する「領邦諸権力の側でのありうべき嫌悪」を和らげようとしており、そのうえで経済政策上のクライス連合を提唱している、と指摘している。ロッシャーがメーザーの構想は帝国レヴェルにまで進むべきものと考えられていたとして、「近年のドイツの発展」を思い起こさせると記していることも、注目に値する。経済学者ロッシャーがそこで「今日の関税同盟」に言及しているように（「付論」三、第五節、原註4）、彼はメーザーにおいてすでに帝国レヴェルの統合を意図した関税同盟思想の原型が、つまりフリードリヒ・リストを先取りするようなそれがあったと捉えていた。

小商人批判

メーザーは一七七三年の論稿「商人と小商人の区別」で「小商人」（クレーマー）の商売が尊ぶに値しないことを力説しており、その際、小商人の特徴を、商う規模が「商人」（カウフマンまたはカウフロイテ）の場合よりも小さいことに加えて、姑息な利益を追い求めるなかで外国に利益をもたらし国内産業を害する点にも見ている。メーザーは小商人が商人の名誉を得ようとすることを厳しく非難しており、ロッシャーはそれを「身分的区別に対するメーザーの偏愛」としている（「付論」三、第六節）。

論稿によれば、正しい「商人」の仕事として認められる商取引の内容は、①国内生産物の外国への販売、②国内製造業者への原料の供給、③外国から外国への商取引の三つである。他方、「小商人」については「国内のあらゆる勤労を抑圧して外国の産物でもって儲けることしか考えていない」とされており、メーザーは小商人の取引について、小間物の小商い、なかでも国内で規制すべき製品を、とりわけ外国産のそれを下層民の卑近な欲求に応じて少量ずつ販売する小商い、と考えていた。このことは、論稿「小さな都市ひとつひとつにも異なった政治体制を与えるべきではないか」(作品一三)において、小商人が「火酒やコーヒーまたは砂糖」を売ろうとしてもそれに応じて糸をひと巻きずつ差し出すなどしてはならない、とたしなめていることからも、分かるのである。火酒の醸造・販売は、「クライス連合の構想」で説かれているようにとくに規制すべき品目であるし、コーヒーや砂糖がおもに外国産であることは容易に推測できる。ただし、論稿「商人と小商人の区別」で「茶・コーヒー・砂糖・ワインその他」の外国商品については「国内産の亜麻布製品や羊毛製品」を毎年大量に輸出している「本来の商人」ならば販売する権利を有するとされているように、メーザーはそうした外国製品の販売を絶対的に禁止すべきだとしたのではなく、国内生産物が輸出されて貿易差額がプラスになる限りでは許容できると考えた。

このように、二つの論稿「商人と小商人との区別」と「小さな都市ひとつひとつにも異なった政治体制を与えるべきではないか」を合わせて読むと、根底にある国内製造業の振興という志向と、それを妨害する小商人への非難という意図とが浮かび上がるのであり、その意味でメーザーのこの主張は産業振興を推進する後期重商主義としての性格を示している。「商人と小商人との区別」論稿では、規模の小さい製造品の販売は製造業者に付随する商取引であるべきことが、まっとうな技術による生産とその技術の改良という観点からしても望ましいとされて、あくまで製造業が主であることが言われている。また「小さな都市ひとつひとつも異なった政治体制を与えるべきではないか」では、ペンシルヴェニア入植地を描くなかで、町が一丸となって技能のある青少年を育成して有能かつ勤勉な市民による製造業の望ましい発展と、それをひそかに挫く小商人という構図が描かれている。(3)

別の論稿「金持ちの子供たちは手工業を学んだ方がよい」(一七六七年)でも「小商人」についての叙述がある。それは基本的にこれまで見てきた内容と変わらないが、インチキ商品を「貧しい国民」に、儲かるならどの国民にでも安く作らせて販売しようとする国境を超えた製造・販売業者としての小商人が、わずかな需要動向も察知し対応するがゆえになおさら危険なものとして、示されている。ここにおいてわれわれは、安価な商品でもってエゴイスティックに攻勢にかける商工業者よって堅実な手工業者が駆逐され没落してしまう状況への非難という初期資本主義批判を、見ることができる。(4)

メーザーの小商人論を理解するうえで、もうひとつ見逃せない点は、論稿「商人と小商人との区別」の末尾で彼が「何人もの小商人が自ら再び手工業へと身を翻すように促される」と言って、小商人から手工業者への転身の可能性を示していることである。メーザーはたしかに小商人を低位の身分に位置付けるべきことを主張したが、しかしそれは必ずしも世襲されるものではなく、小商人自ら仕事内容を転換することによってより上位の身分へ上昇していけることをも考えていた。

（1）山本文彦『近世ドイツ国制史研究――皇帝・帝国クライス・諸侯』北海道大学図書刊行会、一九九五年、四七―七二、一六六―二二二頁、渋谷聡『近世ドイツ帝国国制史研究――等族制集会と帝国クライス』ミネルヴァ書房、二〇〇〇年、一―八五頁、P・H・ウィルソン（山本文彦訳）『神聖ローマ帝国――一四九五―一八〇六』岩波書店、二〇〇五年、xiv、八六―一〇〇頁、平井進『近代ドイツの農村社会と下層民』日本経済評論社、二〇〇七年、四九―五六頁参照。
（2）Möser, Sämtliche Werke, Bd. 11, S. 86を参照。
（3）Runge, 1966, S. 31-36を参照。
（4）Möse, Sämtliche Werke, Bd. 4, S. 35, Muller, 1990, p. 168-170; Baxa, 1925, S. 24-25を参照。

二　分権主義

論稿「小さな都市ひとつひとつにも異なった政治体制を与えるべきではないのか」（以下、「小さな都市ひとつひとつ」と略）に小商人批判があることを述べたが、この論稿のより重要な意味は、それ以前の論稿「普遍的な法律や法令を求める現今の傾向は民衆の自由にとって危険である」（作品九。以下「普遍的な法律や法令を求める現今の傾向」と略）から継続するメーザーの分権主義的思考の脈絡のなかで捉えることにある。メーザーは、伝統的な上下関係を承認する者であったが、普遍的な原理をかざして君主や官僚が一方的に下位集団を支配する体制に強く反対した。ふたつの論稿を順を追って見ていこう。

フリードリヒ二世のプロイセンへの批判

一七七二年の論稿「普遍的な法律や法令を求める現今の傾向」にロッシャーは言及して、メーザーは普遍的に妥当する法律・法令を求める志向を自然の多様性に反し専制政治への道を拓くものとして批判している、と指摘している（「付論」三、第二節）。この論稿をロッシャーよりも大きく取り上げて分析しているのは、「保守主義的思考」（一九二七年）のカール・マンハイム（一八九三—一九四七年）である。社会学者マンハイムによれば、近代合理主義の進展につれて、合理主義から漏れ落ちる非合理的要素を拾い上げる思考が生ずるのであり、こうした思考こそ、「近代的起源」をもつメーザーやアダム・ミュラー（一七七九—一八二九年）の保守主義なのである。メーザーのこの論稿では「中央集権的・合理主義的官僚に対する闘争」のための「方法論的洞察」が見られ、「官僚主義的中央集権主義と啓蒙専制君主との精神的親近性」とそこに存する「専制政治の本質」とが明確に描かれており、メーザーは「これらの［様々な権利・慣習という］特異性が顧慮されることにこそ自由の意味を見ており」、画一的な一般化は「せいぜいのところ技術的な補助手段として」しか役に立たないと考えていた、とマンハイムは指摘している。[1]

合理的な画一化と啓蒙的な専制政治とを結びつけて批判するこのメーザーの議論は、プロイセン王フリードリヒ二世（在位一七四〇—八六年）とその官僚に向けられていたと考えられる。このことは、冒頭の「総務省」（ゲネラルデパートマン）[2]がプロイセン政府の最高行政官庁「総監理府」（ゲネラルディレクトリウム）[3]を暗に示唆していると思われることからしてそうであるし、フリードリヒ二世の治下で大司法長官を務めたS・v・コクツェーイ[4]も「単一形式」の整備という限りでは仕事をしていたと皮肉られていることからも窺えるし、さらには、「たった一人の意志をすべてに妥当する法にしようとするのでない」という主張と、多様性を認めないヴォルテールへの反発とが並置されて、ヴォルテールを尊んだ啓蒙専制君主フリードリヒ二世[5]への批判が示唆されていることからも言えるのである。

それとの関連で、メーザーの思想的発展において見逃せないのは、後年の彼が『ドイツの言語と文学について——ある友人への書簡』（一七八一年）で、ドイツ語の純化と統一的体系を主張するフリードリヒ二世のドイツ文学論に反対し、多様性とオリジナリティーを文化規範とすべきことを説いていることである。ここで彼が多様性のイメージとして挙げている「イギリス式庭園」とは、人工的・機械的に整備された「フランス式庭園」とは異なり、「神殿や洞窟や隘路や繁みや巨石や墳墓丘や廃墟や岩穴や森や牧草地や村落や、その他ありとあらゆる多様なものが、神の創造物のように入り混じって存在する[6]」ものである。多様性の論理を軸として論稿「普遍的な法律や法令を求める現今の傾向」から『ドイツの言語と文学について』へと発展していく脈絡は、ヴェルカーが明らかにしている。イギリス式庭園のメタファーに着目すればメーザーの国家観はヒエラルヒー的構成をもつのではなく、自然かつ野生に育った国民という観念に基づく自由主義的で反専制主義的なものであり、当時の読者にとって啓蒙的だったとして、保守的なメーザー像はこんにちではもはやアナクロニズムである、と[7]。

メーザーの、保守主義としての側面と啓蒙思想としての側面をどのように整理するのかは難しい問題であるが、それを考える上で、論稿「普遍的な法律や法令を求める現今の傾向」に見られる、ヴォルテールへの上記のような批判と、多様性を擁護した思想家モンテスキューへの高い評価という区別は、注目すべきである。メーザーは、フランス啓蒙思想家を峻別して、自分の多様性の論理に合致するものは積極的に評価する。というよりも、彼が「君主政治は専制政治のような単純な法律を備えているわけではない[8]」と言うモンテスキューから、強い刺激を受け取ったのである。メーザーは、原註にあるように、モンテスキューを急進的な見地から批判して法律の一律性を要求する「民法理論の著者」S・N・H・ランゲのような思想家をも、それが反専制主義ではあっても拒否している[9]。

わが国で京都大学のは出口勇蔵（一九〇九―二〇〇三年）が一九四八年に、メーザーが「啓蒙思想の洗礼」を受けた人でありながら「それにそぐわぬ萌芽」を有しており、普遍性・一様性に帰結しがちな啓蒙に対して現実の「社会的人間の多様性[10]」を示そうしたことを、この「普遍的な法律や法令を求める現今の傾向」論稿を引き合いに出してクローズアップしている。

戦士育成から工業育成へ

一七七七年の論稿「小さな都市ひとつひとつ」は、「われわれの時代における画一的で哲学的な理論が今日の立法に及ぼす悪影響について、われわれは別の機会に考察した」という一文で書き出されている。この「別の機会」とは、画一主義の担い手がここでも「総部局のお偉方」とされていることからしても、「普遍的な法律や法令を求める現今の傾向」論稿を指していることは明らかである[11]。

第一段落で人為的な画一化に反対して「自然作品」における「多くの才能」の活性化を主張するメーザーではあるが、第二段落では、イメージすべき人間の原初的な状態がルソーの言うそれであってはならないことを主張している。すなわち、「手にこん棒をもちライオンの毛皮をまとっている武骨な」人間という、ルソーが『人間不平等起源論』（一七五五年）で描きその平等性を説いた原始状態の人間なるものは、[12]メーザーによれば「惨めな存在」なのである。というのも、人間は最初から社会をなして生活しているものだから、仮に原初状態としてそうした出で立ちの人間を想定するとしても、それは現実には社会の陰で「隠遁者」として生きている者でしかありえない、とメーザーは考えるからである。そして彼は、理想の原初的な社会として古代ギリシアの都市共和国を挙げる。そこでは市民が、「共同体にどれだけ効用をもたらすかという尺度」でもって価値の認められる「徳」を有し、「まるで人間ひとりひとりの腱を撚り合わせて錨綱を作りあげたかのよう」に自治を行っていた。[13]彼らの「第一の関心事」は、都市国家を防衛する戦士として青少年を訓練することであった。

メーザーはしかし、彼の時代の都市にはもはや「戦士の精神」によって鍛えられた市民よりも、「技量をもち勤勉で倹約を好む人たち、すなわち常に多く獲得し少なく費消する人たち」が必要であると言う。すなわち、有徳の市民による自治を支持するけれども、今や市民はすぐれた生産者・消費者として自治都市の経済建設に励む者であるべきなのである。技量・勤勉・倹約ならびに「常に多く獲得し少なく費消する」ことを特質とする人間像はM・ヴェーバーが『プロテスタンティズムの倫理と資本主義の精神』（一九〇四―〇五年）で理念型的に描いたカルヴァン派の禁欲主義的人間像と共通するが、メーザーのこの論稿には予定説は見られないし、推奨される息抜きのお祭りに宗教的な意味合いはない。[14]紡織業を営む「ペンシルヴァニアの小さな入植地」の例が新たな自治の模範として出されているが、ペンシルヴァニアが十九世紀初頭にはアメリカ合衆国の産業化の拠点となったことを鑑みると、[15] その萌芽をメーザーはすでに察知していたことになる。

この論稿では古代の理想的自治としてギリシアが挙げられているが、『オスナブリュック史』序文（一七六八年）では、カール大帝（七四二―八一四年）の治世までの「黄金時代」の古代ゲルマンが理想の古代社会であり、そこでは「ヴェーレ」と呼ばれる「高貴な、しかも共同体的な名誉」[16] を有する独立自営の農場所有者が軍役奉仕や納税の義務をはたすとともに政治に携わったとされていた。ふたつの理想的古代の像は、戦士としての市民（しかも直接的な生産活動から免れているそれ）が基本となる古代ギリシアに対して独立生産者による古代ゲルマンという点で相違するが、高潔な（「徳」ないし「名誉」のある）市民による自治体制という点では一致している。

「小さな都市ひとつひとつ」論稿での、新たな都市自治では生産を主とするという主張は、農業ではなく工業に関してであるが、生産者の共同体という『オスナブリュック史』以来の彼の一貫した理念を示している。その他、メーザーがここで「イヌング、協会組織、兄弟団その他の結合組織」といった中間団体を称揚していること、これが市民の直接的な政治参加という元来の共和主義の理想とは異なること、彼の言う「名誉」が少なくとも「黄金時代」以後は各々の身分階層のすべての人間が自分の属する階層に応じたそれを保持しうるものであること（ポリスでの平等な市民の「徳」とはニュアンスを異にすること）[17]、これらもメーザーの思想の特性である。

（1）マンハイム（森博訳）『保守主義的思考』筑摩書房、一九九七年、一八、一六〇―一六一頁。
（2）Grimm, 1984, Bd. 5, S. 3382では、この語"generaldepartement"が、このメーザーの文章を例として、「政府において、個々の領域の官庁等とは異なって、邦国の諸要件の全般的統治を受け持つ部門」と説明されている。また、Haberkern, Wallach, 1995, T. 1, S. 144を参照。
（3）F・ハルトゥング（成瀬治・坂井栄八郎訳）『ドイツ国制史――十五世紀から現代まで』岩波書店、一九八〇年、一五七頁。
（4）ザムエル・フォン・コクツェーイ（一六七九―一七五五年）について、上山安敏『ドイツ官僚制成立論』有斐閣、一九六四年、二六七―二七八頁参照。
（5）F・マイネッケ（菊盛英夫・生松敬三訳）『近代史における国家理性の理念』みすず書房、二〇〇一年（限定復刊）、三七〇―三八七頁。
（6）メーザー（坂井榮八郎訳）「ドイツの言語と文学について」、坂井『ユストゥス・メーザーの世界』刀水書房、二〇〇四年、一九七頁。またその「解題」一七八―一八三頁参照。
（7）Welker, 1996, S. 277-322（とくにS. 312-316）; Welker, 2007, S. 22-28を参照。
（8）C・d・モンテスキュー（野田良之・稲本洋之助他訳）『法の精神』（上）岩波文庫、一九八九年、一五七頁。Schröder, 1986, S. 73を参照。
（9）「ロンドンで一七六七年に出た民法理論の著者」がS・N・H・ランゲ（一七三六―九四年）であることは、その指摘がLinguet, 1767を指していると思われるからである。同書の第一巻（一橋大学社会科学古典資料センター、フランクリン文庫）を見ると、メーザーがこの原註で、その九四―九六頁の叙述を飛ばしつつ拾っていることが分かる。ランゲについて大津真作「ランゲの社会生成論――『民法理論』を読む――」（上）（下）、『思想』一九九二年八月号・九月号、参照。「ランゲは、法律の「原初の単純性」を力説し、モンテスキューの所説とは反対に、法律の斉一性と単純性を実現する法改革を一貫して主張した」。同（上）、一二五頁。――ランゲについては奥田敬氏から貴重な示唆をいただいた。また作品九、原註のフランス文の読解にあたっては原山潤一氏（故人）と内田智秀氏からご教示を得た。記してお礼申し上げたい。

（10）出口勇蔵「ユスッス・メエゼル」（上）（下）、『経済論叢』第六一巻第四号、一九四七年、第六二巻第一・二号、一九四八年（ただし（上）とは記されていない）、（下）、八四―八五頁。出口は、「今やはじめて啓蒙時代に入った」わが国において「新しい社会の建設」を喜ぶとしても「等質なないしは同型的な個人」という近代の自然主義の限界をも同時に認識しておく必要があるという関心に基づいて、メーザーを論じている（同（上）、二一―二三頁）。

（11）Brandi（Hrsg.）, 1921, S. 192; Möser, Sämtliche Werke, Bd. 11, S. 144、ロッシャー「付論」一三、二節; マンハイム（森訳）『保守主義的思考』一五九―一六三頁、Baxa, 1925, S. 21-22、出口「ユスッス・メエゼル」（下）、八四―八五頁、九二頁、註二、を参照。

（12）J－J・ルソー（木崎喜代治・平岡昇訳）『人間不平等起源論』岩波書店、一九七二年、四四―四五、四九頁、また Baxa, 1925, S. 19を参照。

（13）Behr, 1984, S. 166-167を参照。

（14）ただし、作品一一には工業生成と宗教との密接な関連が示されている。ちなみに、メーザーの祖父はルター派の説教師（首席牧師）で、父はオスナブリュックのプロテスタント教会の行政官庁である宗務局の長を務めた。坂井『ユストゥス・メーザーの世界』一五―一六頁参照。

（15）F・リストが十九世紀初頭のペンシルヴァニアにいたことについて、諸田實『フリードリッヒ・リストと彼の時代――国民経済学の成立』有斐閣、二〇〇三年、一六七―一八二頁参照。

（16）Möser, Sämtliche Werke, Bd. 12, 1, S. 35、付論二、坂井『ユストゥス・メーザーの世界』一五六頁、原田哲史「F・リスト――温帯の大国民のための保護貿易論」、八木紀一郎編『経済思想のドイツ的伝統』（『経済思想』第七

巻)、日本経済評論社、二〇〇六年、四二―四四頁参照。

(17) 同じく『郷土愛の夢』所収の論稿「一七三一年の帝国議会決議の起草者たちは、名誉のなかった多くの人々を名誉あるようにしてしまってよかったのだろうか」(一七七〇年初出)では、名誉ある七つの階級と八つめの不名誉な階級という、一三世紀の法書『ザクセンシュピーゲル』に由来する計八段階の階級(身分)区分が示されている。Möser: Sämtliche Werke, Bd. 4, S. 242、藤田幸一郎『手工業の名誉と遍歴職人――近代ドイツの職人世界』未来社、一九九四年、三八―四〇頁、参照。また、七つの各身分に名誉があるとしても、各々の名誉がそれ以上の名誉ではないがそれ以下の名誉でもないことについて、『郷土愛の夢』所収の論稿「近頃作成された帝国議会鑑定書に関する仕立屋組合の名誉ある一組合員の手紙」(一七七二年初出)に「侯爵には皇帝の名誉がないが、伯爵には侯爵の名誉がなく、平貴族には伯爵の名誉がなく、平民の召集軍人には貴族の名誉がなく、帝国法の意味での貧民には平民の名誉がないのです」と書かれている。Möser, Sämtliche Werke, Bd. 5, S. 140-141を参照。

三 所有論

論稿「本当の所有について」(作品一六)でメーザーは、本来の土地の所有権が耕作権のみならず、狩猟権・参政権・参審権を含む総体を意味するものであったと言い、それらの一体性が解体されている現状を概念の変遷との関連で説明している。

メーザーがオスナブリュック司教領政府の官職を「国務弁護士」(一七四七年)、「政府書記官」(一七六八年）、「枢密書記官」（一七八三年）、「枢密法務参議官」（一七八三年）と歴任するとともに、他方、領邦議会の主要構成団体のひとつである騎士団（貴族の身分団体）の「法律顧問」（一七五六年）をも務めて、議会の側から政府への請願書を作成する立場にもあった。[1] ヴァーグナーによれば、オスナブリュック政府は一七七〇年代の長期間にわたり所有法規の見直しをしており、メーザーも政府書記官としてこれに携わっていたが、彼は同時に騎士団の法律顧問として、土地所有と家門証明に基づく「領邦議会有資格」を貴族側の議員候補者に関して審査していた。[2] したがって、この論稿（一七七八年）での所有論は実務における彼の見解の表明という性格を帯びており、論稿に出てくる「領邦議会有資格」は焦眉の問題であった。

メーザーによれば、本来的な意味での「所有」すなわち「本当の所有」とは、ある土地に関する①単なる耕作・使用の権利にとどまらず、②「狩猟権」と、③その土地の属する国家における「投票権」すなわち「領邦議会有資格」（ラントタークスフェーイヒカイト）（「郷土議会参加資格」とも訳しうる）とを包括し、またとくに裁判への参加の権利を④「参審権」（シェプフェンバールカイト）[3]として③から区別するならばそれも包括する、総合的な「土地支配権」である。したがって、「本当の所有」を手にする者すなわち本来の所有者は、その土地の単なる土地耕作権①のみを別の者に貸与または売却さえしたとしても、狩猟権と投票権を（さらには参審権をも）依然として自分の手元にもっていることになる。隷農が土地を購入し、さらには隷農身分からの自由さえ代価を払って手に入れたとしても、その隷農はそれでもって狩猟権や投票権を手に入れるわけではない。「この者の所有なるものは、明らかに元の所有者のかつての所有とは著しく異なる」とメーザーが言うのは、その意味においてである。しかし、そうした隷農が獲得する「土地所有権」と「本当の農場主」が有する「土地所有権」とが異なるとはいえ、もはや「われわれはひとつの表現・概念しかもたない」状態にあるとして、メーザーは、その区別を定義・説明するために、ラテン語の概念「ドミニウム」(支配かつ所有)と「プロプリエタス」(単なる所有)を使う。

「投票権」「領邦議会有資格」は参政権であるから、この論理によれば、土地の耕作・使用を実質的に担う者であっても、総合的な「土地支配権」の継承者でなければ政治に参加していない状況を言っていることになる。これは、古来の独立自営の自由な農場所有者こそが軍役奉仕や納税の義務をはたし政治に携わったとする議論(『オスナブリュック史』序論や「農家株式論」)から、その継承者こそ政治に参加する資格があると推論した論理であると考えることができる。[4] その議論の全体には金権(土地買収)による政治の操作・腐敗に対する批判的な姿勢が窺えるけれども、他方、もはや実質的にその土地の使用を担っていない者でも「本当の所有」者の末裔というだけで政治参加の正当性をもつ事態が生じてしまえば、それこそ自由で独立した生産者の政治参加というメーザーの元々の発想からも乖離してしまわないか、と疑問が浮かばないわけでもない。

マンハイムはこの論稿に言及して、「メーザーが所有の身分的・保守的体験のこの特質を、いわばその最後の瞬間において定着させたのだが、後のとくにロマン主義的・保守主義的理論は別の形において、好んでそこに立ち還る」[5]として、アダム・ミュラーがローマ法の継受とフランス革命とを批判して封建的所有関係の維持を説いたことを指摘している。メーザーの議論は、このように保守的に解釈することが有力であるとしても、もうひとつの啓蒙的な解釈の可能性がないわけではない。それは、本来の所有権が参政権等も含む総合的な権利であるならば、分離した現状を改善すべく、耕作権を有する者たちに参政権をも持たせるべきである、とメーザーが暗に示唆していたと見る解釈である。法律家メーザーはしばしば、両論併記に留めて、自らの判断を明らかにせずに問題点・対決点のみを示すといった、裁判での弁論空間を描くだけの叙述をする。この論稿も、彼の真意の読み取りにくいそうした論稿のひとつである。(6)

（1）Link, 1994, S. 25; 坂井『ユストゥス・メーザーの世界』一六―一八頁、参照。五つの官職・役職の原語はそれぞれ “Advocatus patriae”, “Regierungsreferendar”, “Geheimer Referendar”, “Geheimer Justizrat”, “Syndikus der Ritterschaft” である。

（2）Möser, Sämtliche Werke, Bd. 11, S. 205を参照。

（3）Grimm, 1984, S. 1539–1540を参照。

（4）Link, 1994, S. 31–45を参照。

（5）マンハイム（森訳）『保守主義的思考』五三頁。ただし、ミュラーの所有論の方がメーザーよりも宗教的色彩が濃い。原田哲史『アダム・ミュラー研究』ミネルヴァ書房、二〇〇二年、一〇一―一〇九、二八二―二八八頁、参照。なお、論稿「本当の所有について」は出口「ユスッス・メエゼル」（下）八六頁でも言及されている。

（6）Welker, 2007, S. 20–21、坂井『ユストゥス・メーザーの世界』二〇―二一頁を参照。

四　隷属・従属論

所有論との直接のつながりで書かれているわけではないが、「人間の権利、すなわち隷属」（作品一八）と「理論と実践について」（作品一九）の両論稿は、所有者に対して持たざる者が隷属・従属する際の関係が論じられている。メーザーによれば、独立自営の農民・市民による社会形成が望ましいとしても、それを営むことのできない人々は多数いるのであり、そうした者たちは主人の下で仕事をすることになる。その場合、そこで主人の名において得られた利益は原則として主人の物であり、彼ら自身は常にある一定の額のみ得る、ということになる。

自立できない人間に必要とされる「隷属」

論稿「人間の権利、すなわち隷属」は、『「郷土愛の夢」に付随する手稿』と題された全集第十巻に収められた手稿であり、執筆時期は一七七〇年代末と推測される。[1]「隷属」の原語「ライプアイゲントゥム」は「農奴制」「隷農制」とも訳しうるが、ここでは一定の制度それ自体よりも「隷属」「従属」一般を意味する傾向が強いので「隷属」と訳した。他方、後掲の論稿「理論と実践について」では同じ語を「農奴制」と訳したが、農地や土地・財産をめぐる制度の意味が強いからである。ただし、もともと両方を含意する語であるから、必ずしも厳密に訳し分けられるものではない。

メーザーは、読者は「パラドクス」と思うだろうと言っているように、一般に対立すると考えられる「人間の権利」と「隷属」とをあえて並置して、自らの意図を表明している。「隷属」が人間の「必要」に根差すものであることを、言い換えれば「けっして稀なことではない」自立できない状態におかれた人間にとって「隷属」は必然的な方策であることを、主張しているのである。このことは「子供や下僕」に当てはまり、しかも彼らの「父」や「主人」は具体的な人物でなくてもよく、それどころか、その機能そのものが果たされればその「理念」の方が重要なのである。そうした理念が機能すれば、それを担う現実の人物（現実の父や主人）ですら、その理念に隷属・従属しているにすぎない、と彼は考える。

メーザーは、こうした隷属・従属の原理が国家の最高の地位に関しても妥当することを、「ヨーロッパで一番位の高い隷属者」である「ポーランド王」の例（選挙王制であるがゆえに典型的な例[2]）でもって説き、神聖ローマ帝国の皇帝にさえその原理は当てはまるとする。それからすると、逆に、国王であれ皇帝であれ、国王・皇帝の「理念」（「王室」「帝室」）への「隷属」の必要を根拠として、その地位が確定されていることになる。このことは、同時に実際にその地位を担う人間個人の私的な権力を制限することにもなる。つまり、人々の従属の「必要」に応える者は別の者によってその地位が替わられる際に、その地位に付随する財産・蓄財物を持って行ってはならず、「理念」（「王室」「帝室」）に属するものとして置いていかねばならないのである。現実の人間としての王や皇帝は、理念としての王なるもの・皇帝なるものを一時的に担っているに過ぎず、在位期に国王・皇帝の名においてなした蓄財はその個人や一族に属するわけではない。このことは「下僕は自分が得る物すべてを主人のために［主人の名において］得ている」のであり、そうした獲得物はすべて主人の物となり、下僕が得るのは常に主人が与える一定の分け前だけであることと、変わらないのである。しかも、「理念としての父親は、その家族が自ら望むとおりの優れた父親を選ぶ［理念として設定する］ことが可能だから、確かに適正な父親なのである」という原理が国家にも当てはまるのだから、この議論は、一種の下からの王権・皇帝権の根拠づけである。

メーザーが「こうした要求は終末をむかえることがありうるし、下僕が主人なしで、子供が親なしで、自立できるや否や、新しい家系が生起しうる」としていることも重要である。論稿は全体として「隷属」を正当化するものであるが、隷属が不要となる場合を、すなわち人々が「自立できる」可能性を、しかもある世代からそうなりうることを肯定している。それどころか『オスナブリュック史』序文や「農家株式論」からすれば、土地所有者にして独立生産者の「ヴェーレ」による国家形成という主張が彼の基本的見地なのである。その理想が実現できればよいが、自立できない者が生ずる現状のなかでそうした者たちの存在を認めるとすれば、やはり「隷属」は「必要」と考えざるをえない、というのが彼の思想である。

議論は伝統的な支配関係の正当化ではあるが、一定の観念の押し付けではなく機能面から論理的になされている。学問としての歴史的方法を提唱しメーザーを「一八世紀ドイツ最大の経済学者」としたロッシャーがこの論稿から「だから私は、古い風習や古い慣習に出会うとき、それが近頃の人たちが出す［理性的な］結論とはどうしても一致しないものであっても、昔の人たちはそんなに愚か者であったはずはない、という思いを手放さないでおく。それについての筋の通った原因を発見するまで、そうする」という一文を引用しているのも、その歴史と論理のすぐれた一体化から肯ける。(3)

非現実的な理論を批判するが全面的なカント批判ではない

論稿「理論と実践について」も「人間の権利、すなわち隷属」と同じく全集第十巻に収められた手稿であるが、メーザーの没後一七九八年には『ベルリン月刊』誌上に掲載されている。(4) 全集で十七頁の長い論稿であるが、本訳書にはブランディ版選集で切り縮められた部分のみ収録した。(5) 論稿はカントが一七九三年に同じ雑誌に発表した「理論では正しいかもしれないが実践の役には立たないという俗言について」に関連する。

メーザーは、「カント教授が理論の名誉を守るために言ったことに対しては、たしかに何も反論できはしない」と言いながらも、カントのその論文から引用して、それに反論を加えている。引用はメーザーの手が加わっており、カントの元の文章は、正確には「言い換えれば、国民全体がそれに同意することが不可能であるようなそれ〔公法〕（たとえば臣民たちのなかの特定の階級が世襲的に支配者身分としての特典をもつというようなそれ〔公法〕）は不当である」(6) である。「君公による世襲統治」を簒奪と見なすにせよ、それに賛意を表するにせよ、経験的にそれが広く存在する以上、その事実を見つめて分析しなければならない。理論偏重にも経験偏重にも反対して中間の道を求める必要があるが、カントに関しては理論偏重が批判されるべきである、というのがメーザーの見解である。(7) では、メーザーはその上で、カントによる世襲的な支配権への批判を全面的に拒否したのであろうか、それとも、それを実践・経験に近づけようとしたのであろうか。

彼はこの論稿で、「人間の権利、すなわち隷属」での原理と同じものを記している。「レーエン小作人が改良した物はレーエンに属さねばならず、言い換えれば、下僕が得る物は彼が主人のために〔主人の名において〕得ているのである」という考え方がそれである。それに対応するポーランド王と王室との関係についても再び言及して「ポーランド王の財産を相続するのは王室なるものであり、しかもこの王室は自然的相続者たち〔自分の子供たち〕を排除する」と言い、あらゆる官職は担い手が交代する際に、それまでの担い手が官職ゆえに得てきたものを官職それ自体に置いていき、後継者にその維持管理をまかさねばならない、と主張する。ここに隷属・農奴制の主人と下僕の関係の本質があるし、事実としてそうであった、とメーザーは考えている。しかも「すべての貸与における実践がまったく同一形態で進行すること——これに反する例はひとつとして出されはしまい——からして」と彼が言うように、農奴制のみならず隷属（従属）一般に関するメーザーの議論の核心はそこにある。

この論理それ自体のなかには、支配者が世襲であるべきことを正当化する議論は見あたらない。つまり世襲的な支配が普及している現実を直視しなければならぬとしても、だからといってメーザーは現実をそのまま積極的に肯定しているわけではない。それどころか、世襲になれば担い手の交代時に個人の財産を官職そのもの（または王室）に残すべき財産から区別することが困難となるはずだから、むしろ支配者の世襲は望ましくないことになる。このことは、論稿「人間の権利、すなわち隷属」で「帝室」がハプスブルク家の世襲であることの方が原理的に不自然であると解しうる言い方からも分かる。

メーザーが「実践的な人間知性は、官職に就いた人や他人の保有地を使用する人がこれらによって得た物をその官職のために、その保有地のために、後に残さねばならないという契約の、全般的な必要性と必然性とを、要請したのである」と言う場合の「実践的な人間知性（メンシェンフェアシュタント）」とは、カント的な実践理性に呼応する、より経験的な「人間知性」である、と見ることができるであろう。メーザーにとって本質的な問題は、実際の農奴制・隷属関係を上記の原理でもって深く理解したうえで、「そうすれば、農奴制の目的をより少ない犠牲でもって達成し、かつこうして注意深い立法者の仲介を通じて実践を理論と和解させる、といった手段がもしかしてなお見つかるかもしれない」という具合に、人々のそうした必要に合致するより良い「手段」を探究することである。その「手段」は世襲君主制でなければない理由はその原理からは出てこないのであり、それとは別の「手段」であってもよい。つまり、メーザーのカント批判は、世襲的支配権へのカントの批判それ自体を全面的に拒否するものではなく、むしろ、カントの主張の核心には反論できぬことを認めつつもその非現実性を批判し、経験的分析から導き出した論理でもって——それとともに保守的な色合いが加わるが——現実に即した制度を探求しようとした試み、と言える。

なお、冒頭の、実践家メーザーの理論偏重批判は彼の姿勢を典型的に表すものとして、ロッシャーと出口によって挙げられ、マンハイムにも注目されている[8]。

（1）Möser, Sämtliche Werke, Bd. 11, S. 349を参照。
（2）小山哲・中井和夫「貴族の共和国とコサックの共和国」、伊東孝之・井内敏夫他編『ポーランド・ウクライナ・バルト史』山川出版社、一九九八年、一一五―一八五頁参照。
（3）付論三、第一節参照。

（4）Möser, Sämtliche Werke, Bd. 11, S. 350を参照。
（5）Brandi (Hrsg.), 1921, S. 256-259.
（6）I・カント（北尾宏之訳）「理論と実践」、坂部恵・有福孝岳他編『カント全集』第一四巻、岩波書店、二〇〇〇年、一九八頁。
（7）Welker, 1996, S. 418-420を参照。
（8）付論三、第二節、出口「ユストゥス・メエゼル」（上）一六頁、マンハイム（森訳）『保守主義的思考』一五六、二〇〇―二〇一頁参照。

むすび

メーザーは、自らの領邦の経済発展を周辺クライスとの連携で捉え、それを通じてドイツ語圏全体の発展をも展望するという、同心円的な広がりをもつ「郷土愛」の思想家であり、(1) モンテスキューの啓蒙思想を彼なりの身分論を入れた仕方で受容する分権主義であった。彼は経験的な伝統的諸関係を無視することには反対し、過激な変革を嫌ったけれども、(2) かといって、世襲的な伝統継承に頑なになったわけではない。メーザーは現実を直視したが、それを通じて常に事の本質を捉え、それを踏まえたうえでより良い「手段」を見つけ出そうとする思想家であった。

経営能力のない農村下層民や、領邦・クライスの経済発展を阻害する「小商人」に対するメーザーの目には厳しいものがある。しかし、小商人はその仕事内容、機能・役割ゆえに批判されており、それさえ変えれば上位の手工業者にも転換できるとされている。隷属・従属論においても、従属状態にある人間が自立へと至ることを否定していないし、王位でさえ世襲が望ましいとはしておらず、「王室」システムそのものが維持できれば様々な家系によって担われてもかまわない、とメーザーは考えた。このように、上の諸論稿を見る限りでは、彼の思想には血統主義や人種主義といった性格が（貴族の存在などは認めるとしても）希薄であることが分かる。彼の思想はリールからダレーへと流れてナチズムに利用されたが（解説「ユストゥス・メーザーの国家株式論について」、第五節参照）、元のメーザーの思想の中に、ナチスのユダヤ人差別思想のようなものがあったのかどうか、あったとすればどの限りにおいてか、なお慎重に検討する必要があろう。

啓蒙思想の受容でありながら等質な諸個人による社会構想ではなく、単純な伝統主義・「愛国」主義に解消することもできないメーザーの社会思想を理解するために、ここでは限られた諸論稿の検討にとどめざるをえないが、様々な論点については、今後の研究において一層深められることが望まれる。

（1） Brunner, 1980での「パトリオーティッシュ」の捉え方を参照。

（2） 晩年の彼がフランス革命の過激な事態を肯定できなかったことは、論稿「フランス新憲法の基礎である人間の権利について」（一七九〇年）、「フランスにおける在留外国人遺産取得権の完全な廃棄について」（一七九〇年）、「いつ、いかにして国民は自らの国制を変更できるか？」（一七九一年）に見られる（Möser, Sämtliche Werke, Bd. 9, S. 140-144, 145-148, 179-182）。

オランダ渡りとメーザー

柴田英樹

オランダ渡りとは、一七世紀から一九世紀までの数世紀にわたり毎年一定期間をネーデルラント等で泥炭採取人・草刈人等として働いていた北西ドイツ出身の労働者の移動労働システムである。近代に比較してそれ以前の農村社会は人口移動に関しては非常に控えめな時代とイメージされがちであるが、ルカーセンによれば一七世紀にはすでに広域的労働力移動がある程度制度化されており、西ヨーロッパには七つの季節労働者の移動システムが存在した。[1] 季節的な労働力需要の変動が大きい農業部門などでは、労働力不足に対処する手段として移動労働力への依存は避けられなかったのである。[2]

オランダ渡りも一八世紀以前に起源を持つ広域的移動労働システム（北海システム）の一つである。この移動労働者の大部分はいわゆるホイアーリング階層に属する農村下層民であり、[3] 彼らは北西ドイツ農村社会における階梯的階層形成の最終局面で一七世紀頃から形成された、もはや村落内に土地を所有しない農村下層民で、農民屋敷地内に土地・家屋を賃貸し、その代償として農民に労働力と賃借料を提供していた。しかし彼らが賃借していた土地はホイアーリング家族の生存基盤としては小さすぎたため、たいていのホイアーリングは家内工業や移動労働などの副業を行なわなければならなかった。他方、一六世紀末から一七世紀初頭にネーデルラントでは農業の資本集約化・大規模化が進行し、酪農農民の草刈労働者への需要が増大し、また都市を中心とした燃料需要の増加が泥炭採取労働者の需要を増大させていた。(4)

（1）ルカーセンは本稿が取上げる北海システムと併存した重要な移動労働システムとして東部イングランド・パリ盆地・カスティリア・カタロニア＝ラングドック＝プロヴァンス・ポー渓谷・中部イタリアの六つの地域に存在した移動労働システムを挙げている（Lucassen, 1987, pp.107ff.）。

（2）一八―一九世紀のドイツにおける収穫移動労働の全体像に関しては次を参照。Weber-Kellermann, 1965; Weber-Kellermann, 1987. ルカーセンはこうした移動労働を少なくとも近代以前に関しては西欧に特有の現象と考え、農村住民の移動の自由が厳しく制限されていた東欧にはほとんどみられなかったと主張しているが（Lucassen, 1987, pp.125 ff.）、例えばザクセン渡りに参加した東部ドイツ農村住民が農場領主の支配を直接受けない零細農民地域の出身で、貧困が移動労働の重要な動機になっており、この見解は疑わしい（Kaerger, 1890, S. 79ff.）。

（3）北西ドイツの農村社会構造に関しては次を参照。肥前、二〇〇八年、平井、二〇〇七年、藤田、一九八四年、第三章。またホイアーリングの生存基盤とオランダ渡りの意義に関しては次を参照。Seraphim, 1948, S. 12-13; Wrasmann, 1919, S. 107ff.

（4）この時期のオランダの経済発展傾向に関しては次を参照。アーベル、一九八六年、一三四頁以下。Lucassen, 1987, pp.133ff.; Vries, 1974; Zanden, 1993.

一　オランダ渡りの成立と発展

オランダ渡りに関するドイツの最も古い資料は一七世紀始めの数十年間についてのもので、それによれば相当数の移動労働者がオスナブリュック司教領およびミュンスター司教領からネーデルラントおよびヴェストフリースラントに向かっていた(1)。三十年戦争後にオランダ渡りの規模は一層拡大し、ウェーザー川流域地域の住民もこの移動労働に参加するようになり、ホヤ伯領・ブレーメン大司教領・フェルデン司教領がオランダ渡りの送出地域に加わった。さらに一七世紀の後半にはミュンスターラント・ミンデン＝ラーフェンスブルク・パーダーボルン・リッペ等の東部ヴェストファーレン地域にも広まった(2)。

ネーデルラントとヴェストフリースラントは移動労働の主要な吸引地域であったが、一八世紀以降、移動労働者の就業先地域は沿岸地域に沿って、また西南部あるいは東北部にも広がった。オフェレイセルの沿岸地域・グローニンゲン地域・ドレンテ・オストフリースラント・シュレスヴィヒ＝ホルシュタインの西海岸（ディートマルシェン・ノルトフリースラント）・ブラバント・フランドルなども吸引地域に加わったのである(3)。オランダ渡りは一八世紀の後半にそのピークに達し四万人以上が北海の沿岸部での移動労働に参加していた(4)。

送出地域と吸引地域の大部分が共にナポレオン帝国に統合されていた一八一一年に、ナポレオン軍の徴兵作業をスムーズに行なうため（徴兵漏れを防止するため）にオランダ渡りの初めての、唯一の包括的な統計的調査が行なわれたが、[5] この調査によれば当時なお三万人以上の移動労働者がすでに挙げられた北海の沿岸地域で就業していた。これらの人々のうち約一万二〇〇〇人の労働者が草刈・干草製造、約六〇〇〇人が穀物収穫、約一〇〇〇人がアカネの取入れなど農作業に従事し、その一方約九〇〇〇人が泥炭採取に従事したほか様々な農外労働に従事する多くの移動労働者が存在した。[6] 泥炭採取で働いている移動労働者はネーデルラント（特にドレンテ州およびオフェレイセル州）と東北部の隣接地域においてだけ登録されたが、ネーデルラントに来た移動労働者の多くは農業、とりわけ牧草刈取りに従事していた。

（1） Tack, 1902, S. 11ff.
（2） Tack, 1902, S. 79ff., 146f.
（3） 移動先の拡大は労働力を需要する産業部門の地域ごとの盛衰に左右された（Lucassen, 1987, pp. 62, 71–2, 78–9, 158ff., 264）。
（4） Tack, 1902, S. 142f.
（5） Tack, 1902, S. 143; Lucassen, 1987, pp.217ff. にこのアンケート調査の方法が紹介されている。
（6） Lucassen, 1987, pp..52, 56, 58, 72.

二　オランダ渡りの労働と収入

訳出された記事にあるように、オランダ渡りの労働条件は相当過酷なものであった。オランダ渡りの三分の二以上が従事していたとされる干草製造のための草刈、および泥炭採取の二つの業種の労働条件と収入は以下のようなものであった(1)。

草刈労働

ネーデルラント・ヴェストフリースラント等の農業では一七世紀以来酪農が支配的で、牛乳がもっぱら農民の農場でチーズやバターに加工されていた。この地域では飼料用の干草製造のために多くの移動労働者が雇われていた。牧草がその最大限の高さに達した六月の干草の収穫が重要であった。それ故六月の労働集中はその他の月に比べて何倍も大きく、その結果移動労働者の就業に依存しなければならなかった(2)。

草刈人は出来高給で働いていた。日曜日を別にして一週間ずっと日出から日没まで、したがって六月には一六時間までの日々の労働が行なわれた。休息の回数と継続時間は必要最小限に限定された。彼らの宿舎は納屋であり、草刈労働者たちは古い干草で自分の寝床を作っていた。そのため彼らの健康はきつい労働と不十分な栄養によるほか、劣悪な衛生環境のために危険にさらされていた。泥炭労働者とは異なり、彼らは食料の一部を農民によって提供されるという利点を持っていた。タックによれば、彼らは農民から毎労働日に

「一定量のバター、牛乳の他に夕方には牛乳粥をもらい、一九世紀末には毎日二回のコーヒーをもらっていた。日曜日にはたいていの農民は完全な食事を提供した。ネーデルラントの農民の提供物は最も少なかったが、フリースラントの農民はかなり豊富な無料の食事を提供した(3)」。

草刈労働者の収入は一九世紀のはじめには純益で一日あたり約一・五グルデンになった。したがって、五週間のうちに四五グルデンの収入があった(4)。

泥炭労働

泥炭労働者の職場はヴェストフリースラント・グローニンゲン・ドレンテ・オストフリースラントの高湿原、ネーデルラント・ヴェストフリースラント・オーバーエイセル・ユトレヒト・グローニンゲンの低湿原であった(5)。

一九世紀始めには泥炭採取で働いている移動労働者のうち約三分の二が低湿原で、三分の一が高湿原で働いていた。高湿原では運河システムなどを利用して排水が行なわれ、その後で泥炭を採取できた。低湿原はこれに対して海水面の下に位置し、浚渫によって泥炭が掘り出された(6)。

仕事はたいてい三月ないし四月に始まり七月頃まで続いた。泥炭労働者の労働期間は平均では二ヵ月半から四ヵ月間続き、したがって草刈り労働者の倍もあった(7)。

泥炭労働者は草刈人と同様に出来高給で働き、毎日日出から日没まで働いた。労働条件は草刈人よりもきつく、特に浚渫人たちは毎日一六時間まで、しばしば膝まで水につかって立ち作業を行った。さらに、泥炭採取のために必要な労働過程の一部はかがみ込んだ姿勢でだけ可能であり、そのため肉体に一面的な負担がかけられた[8]。「曲がった姿勢によって内臓器官が圧迫された。長い間水に漬かっている場合には、上半身は高い位置にある太陽の焼けつくような光に曝され、しばしばリューマチ・痛風・肺病・熱病なども起こった[9]」。

泥炭労働者の栄養状態および宿泊施設も不健康であった。泥炭労働者たちもできるだけ、携行された食品で食事をとろうとした。彼らは草刈り労働者たちよりもかなり長い期間家を離れていたので、それに対応してより多くの食品を携行し、平均では三〇―四〇キログラムの食品を持ってきた。長い労働期間はそのような食品に制限を課した(長持ちする食品――豆果・ソバの挽割り穀粒・ベーコン・卵など)。農民による食事提供は存在しなかったので、その他の食品は食料品商ないし追加的な収入源を確保しようとする雇主自身のもとでしばしば法外な価格で購入されなければならなかった[10]。

また宿舎に関してタックは次のように述べている。「その中で泥炭労働者が自分の寝床を持っていたたいていの小屋の壁は掘りとられた泥炭で作られ、屋根は固定されていない煉瓦から作られていた。中心では昼も夜も泥炭の炎が上がっていて、その濃煙によって小屋の中の空気は汚れていた。密でない造りの屋根と薄い壁は風の侵入を防げず、オランダ渡り人の健康を害していた。宿舎は直接泥炭地の上に建てられていた。床として使われていたのはいわゆるシュプーン泥炭の層ないしいくらかの藁を含んだ木の小枝の層であり、枕としては藁の束ないし旅行用袋が用いられた。並んで休んでいる労働者たちの全ては共有の毛布を使っていたが、それはジャガイモの袋や亜麻や羊毛の毛布を縫い合わせたものであった。しかし夜の寒さと湿気に対してはきわめて不十分であった。それ故春の夜には労働者たちは保護のためにしばしば第二の作業着を第一の作業着の上に着て、これが足りなければ、泥炭の火で自らを暖めたのである」[11]。

泥炭労働者たちの日々の収入は一九世紀の始めには約一グルデンであったが、これは一二週間という労働期間を考慮に入れるなら、約七〇グルデンの収入にあたった。諸費用を控除するなら、泥炭労働者たちはだいたいこの金額の半分を純収入として郷里にもって帰れた[12]。

（1）農業・泥炭採取以外の職業に関しては次を参照。Bölsker-Schlicht, 1992, S. 255-262. ドイツ人移動労働者のネーデルラントの海外植民地での活動への関与に関しては次を参照。Bossenbroeck, 1992, S. 249-254. アムステルダム市への流入労働者の職業構造に関しては次を参照。Diederiks, 1983, S. 328-346.

（2）Lucassen, 1987, S. 53.

（3）Tack, 1902, S. 158, 164.

（4）Tack, 1902, S. 159.

（5）Lucassen, 1987, S. 71-72.

（6）Lucassen, 1987, S. 72.

（7）Tack, 1902, S. 162.

（8）Tack, 1902, S. 163.

（9）Tack, 1902, S. 164.

（10）Tack, 1902, S. 167f.

（11）Tack, 1902, S. 158, 164.

(12) Tack, 1902, S. 166f.

三　オスナブリュックからのオランダ渡り

オスナブリュック地域の特徴

オスナブリュックは二つの明確に異なる地域から構成された。南部はトイトブルクの森とヴィーヘン山地との間の山岳・丘陵地域およびそれに隣接する前地である。ここは土地が肥沃で中世以来亜麻栽培の中心の一つとなり、紡績と職布業が盛んであった。より低い位置にあり平坦な北部はゲースト地域に属し、あまり肥沃ではない砂地と湿原が優勢で、この種の土地が全面積の五七パーセントを占めていた。[1] 訳出された記事ではあまり触れられていないが、この北部がオランダ渡りの主たる出立地であった。

オスナブリュック司教領には一七七二年に約二三〇〇平方キロメートルの土地と約一一万一〇〇〇人の住民が存在したが、このうち四万三〇〇〇人は北部の二つのアムト、フュルステナウとフェルデンに居住し、六万八〇〇〇人は南部のアムトであるイブルク・ヴィットラーゲ・フンテブルク・グレーネンベルクに居住していた。[2]

この地域には他の北西ドイツ地域と同様に多数のホイアーリングが居住していた。一六五六年には（オスナブリュックの合計で約一万の家族の中で）約三〇〇〇がすでにホイアーリング階層に属する家族であった。一一年後にはすでに四四二二の副次的かまど地（農民の家の主たるかまど地から独立して農民の屋敷の中に存在するかまど地）が存在し、一七一八年には合計で一万一四一二の家のうち（アムト＝イブルクを除く）すでに五六二四にそれぞれ一つないし二つのホイアーリング家族が居住し、一八五〇年頃には彼らは南部でも北部でも人口の半分以上を占めていた。(3)

一八世紀までのオランダ渡り

オランダ渡りは長らく領邦当局の否定的評価のもとで続けられてきた。一六〇八年から一六二〇年のオスナブリュック司教領では奉公人の季節的移動を制限し、奉公人不足を解消しようとする命令が出されたが失敗した。一六二〇年にはブラムシェ・ノイエンキルヒェン・エングターの定住する家持ち住民たちがオスナブリュックの枢密院に、奉公人のネーデルラントへの移動労働の制限を試みる条例がこれらの人々によって顧みられていない点を訴えている。その命令は奉公人を刑罰をもってその勤務に繋ぎ止め、ネーデルラントへの移動を断念させるよう命じていた。訴えを受けて、枢密院は以前の命令を再度発布し、アムト＝フェルデンの収税局長に「正当な合意がない場合にはその勤務を正当な期間まで続ける」ように奉公人に命じる権限を認めた。(4)

しかしこの命令に該当したのは奉公人だけであり、ホイアーリングではなかった。およそ三〇年後になって初めて移動労働の全般的な制限が試みられた。三〇年戦争の終期にオスナブリュックを統治していたスウェーデンのグスタフ＝グスタフソンは毎年の数多くの労働力の流出は戦争によって荒廃した地域の再建を困難にすると考え、平和条約締結の年にネーデルラントでの労働を望む者はあらかじめ、有料の許可をその都度のアムト官庁において獲得するように命じたのである。(5)

その後もオスナブリュック司教領のオランダ渡りは複数の制限と管理に従っていたが、それらはオランダ渡りが貧困層、特にホイアーリング層に広がるのを妨げられなかった。一六五六年にアムト＝フュルステナウでは合計で五八二人のオランダ渡りが登録され、大部分がホイアーリングであった。また一九世紀の始めにアムト＝フュルステナウと同様にオランダ渡りが広まっていたアムト＝フェルデンではさらに二〇〇—三〇〇人のオランダ渡り人が存在し、司教領全体では当時少なくとも一〇〇〇人のオランダ渡り人が存在した。(6)

一八世紀中にオスナブリュックのオランダ渡りはその最盛期を迎え、この時代の著述家たちの注目するところとなる。『オスナブリュック司教領および侯国の歴史の叙述』で一七八九年にヨハン＝エバーハルト＝シュトューヴェが報告しているところでは、「一般的には、工場ではなく、農民によって生産されている亜麻織物と毛織物の他には、農村地域に工業は全く存在しないようであり、これは次の理由のためである。すなわち労働者は工業においてほんのわずかしか存在せず、非常に多くの人々が日賃金労働者として水路浚渫や木材切り出しによって収入が得られるのであるが、その日賃金は次の理由で非常に高かった。すなわち夏には彼らのうちのごくわずかしか農村に留まっておらず、大部分がネーデルラントに行き、菜園労働・耕地労働・泥炭掘り・堤防建設・草刈・干草作り・その他の作業によって多くの貨幣を稼いでいたからである。その結果彼らが自分たちの賃借りされている小屋に帰った時には、彼らはその仕事の相違に応じて各々二〇ないし六〇、場合によっては七〇オランダ＝グルデンを持ち帰り、時には、容易に毎年六〇〇〇人あまりの人々がこの移動を行なっていたので、合計では一トンの金が領邦にもたらされたようである[7]」。

数年後にホーヒェはオスナブリュックのオランダ渡り人に関して次のように書いている。「今では毎年貧困層から五、ないし六〇〇〇人がグレーニンゲン・オーバーイセル・ドレンテ・フリースラントに行っている。そこで彼らは草刈りや泥炭採取を行ない、家畜を厩舎に持っている農民たちによって奴隷のように扱われている。彼らは自分たちが持って行った食料を食べ、臭い水を飲み、最終的には、しばしば永久に彼らの健康を妨げるオランダ熱を郷里にもたらしたのである。しかしながら彼らにとってこの収入は欠かせないものであった。最も弱い労働者でも二〇フロリン（＝グルデン）をもたらし、最も強力な労働者は七〇フロリンをもたらしたので、二〇万フロリンが領邦にもたらされた[8]」。

オランダ渡りの利益と損失、すなわちオランダ渡り人の健康上の危険と高い死亡率とオランダ渡りの国民経済上の利益とを対比し、オランダ渡りは全体としては肯定的に評価されるべきであるという結論に到達したメーザーの見解は、とりわけ人口喪失・労働力流出の観点からするギルデハウゼンらの伝統的な否定的評価に反していたのではあるが、一八世紀後半にはオランダ渡りの得失を経済的に客観的に検討しようとするシュトューヴェやホーヒェらの論者も現れ、メーザーも孤立無援の状態で論争に参加していたわけではなかった。むしろ一八世紀後半にオランダ渡りが当時としては前例のない規模に達し、その功罪について多面的な考察が、様々な立場から活発に行なわれていたことが想像される。

オランダ渡りの分布の地域差の原因[9]

翻訳された記事の中での論争ではほとんど考慮されていないが、オスナブリュックの内部でもオランダ渡りの発生に地域差がみられた。多数がオランダ渡りに参加する北部と、オランダ渡りの少ない南部の差である。その主な原因として以下の三つがあげられる。

(1) 亜麻織物工業

オスナブリュック地域の南部は肥沃な土地のおかげで亜麻の主要な栽培地域になっていた。亜麻栽培を基礎にして大規模に家内労働として行なわれていた繊維工業が発展した。紡績業と亜麻職布業とはいったん衰退した後、メーザーの政策のおかげで一八世紀に再び繁栄する。けれども一八一〇年のフランスの国内関税立法、一八一五年以降のイギリスの競争の増大などによって最終的な衰退局面に入る。[10] 家内織物生産でホイアーリングはその時までたいていは十分に収入の可能性を見つけ、移動労働による追加的な収入にはほとんど依存していなかった。オスナブリュック南部のホイアーリングにとっての亜麻栽培と亜麻織物の重要性は、アムト＝ヴィットラーゲのホイアーリングに関する一八〇六年の報告から明らかになる。それによれば、ホイアーリング家族は一年間に獲得されるパン用穀物では十分な生活を送れなかった。亜麻こそが、それによって不足分を補うだけではなく、むしろそこからその他に衣類等のためのホイアーリングのための副次的支出を賄わなければならない収入源であった。

糸と織物の生産の経済的重要性は以下の数値が明確にしている。相対的に小さなアムトであるヴィットラーゲは一八〇六年に一七万ライヒスターラーの総価値のマルト糸とレーヴェン亜麻を輸出していたが、アムト＝フュルステナウのオランダ渡り人約三〇〇〇人の総収入は八万―九万ライヒスターラーにしかならなかったと推定されている。

オスナブリュック北部のその他の地域にも確かに部分的には家内工業が存在したが、それはホイアーリングの主たる収入源としてのオランダ渡りに取って代わるには十分ではなかった。アムト＝フェルデンのホイアーリングの事情に関して一八〇六年に報告が行なわれたところによれば、これらの人々は農民のもとでの手労働およびその小さな小作地の耕作の他に、日賃金で生活を立てる必要があったが、そのための機会は農村にはほとんど存在せず、オランダ渡りによっても生活を立てていたのであるが、オランダ渡りで家長が留守の期間に、妻たちは子供たちと共にレーヴェント亜麻を加工していたのである。

(2) 共有地分割

一八世紀末および一九世紀初頭の共有地分割はオスナブリュック地域の南部における定期的移動労働の減少の第二の原因である。この政策で考慮されなかったホイアーリングたちはこれまま農民たちによって認められてきた自分たちの家畜――彼らがそのようなものをそもそも所有している限りで――を共有地で放牧し、そこで堆肥と燃料を調達する可能性をこの政策によって失ったのであるが、他方では共有地分割はいずれにせよ広大な、これまで粗放的にだけ利用されてきた土地の価値の引き上げおよび耕作されるべき耕地のかなりの拡大を可能にした。その結果農業における労働力需要は著しく増加したので、農民たちは以前よりもかなり多く、自分たちのホイアーリングを農場での労働のために引き寄せたり、あるいは追加的に土地を小作に貸し出したりしなければならなかった。一八〇六年の報告によれば「……農場での作業はそれの広められた耕作物によって非常に増加し、その結果昔は約三〇日間営農家（＝農民）のために働かなければならなかったホイアーリングたちは今や決して男性も女性も一五〇から二〇〇日間すら自由にはできなかった」。数週間あるいは数ヵ月間に及ぶネーデルラントでの滞在のためにはこのような条件のもとではもはや時間は残されていなかった。

オスナブリュック地域の北部では共有地分割はなおその端緒に留まっていたので、一九世紀の初頭にもなお言及に値するほどの耕地の拡大や対応する労働力需要の増加は見られず、恒常的なホイアーリングの就業可能性の欠如をそれが和らげるというわけでもなかったのである。この不足のためにオランダ渡りはそこでは非常に大きな規模にまで増大したのである。

(3) 道路建設

オスナブリュック地域の南部のアムトにおける就業機会の増加には一八世紀後期以来促進された道路建設も貢献した。「一七七〇年頃にはオスナブリュック地域（南部の諸アムト）では『幹線道路』の建設が始められた。主要な道路の個々の区間は一様の広さでかつ連続した石の路床によって整えられ、両側には排水路が設置され、沿道には樹木が植えつけられた。水気の多い地点は盛り土によって、また非常に小さな川は橋によって回避された。屈曲はできる限り避けられ、険しい高地は平らにされた」。特に一九世紀の初めにはフランスの支配のもとでオスナブリュック地域でも初めて、幹線道路の建設が始められた。すでに一八一一年までに完成された幹線道路はウェーザー河からミュンスター・グランドルフ・イブルク・オスナブリュック、さらにオスターカッペルン・ボームテ・ディープホルツ・ブレーメンを通過してハンブルクにまで通じていた。これに対してオスナブリュックの北部の二つのアムトでは事情は全く異なり、一八三〇年代になって初めて古い交通路の改良が始められたのである。こうした公共事業に参加する機会でも南北の格差が存在したのであった。

(1) Wrasmann, 1919, S. 53, 107–111.
(2) Bölsker-Schlicht, 1987, S. 86.
(3) Wrasmann, 1919, S. 199; Bölsker-Schlicht, 1987, S. 89.
(4) Wrasmann, 1919, S. 115f. オランダ渡りへの好意的評価が一般化するのは一九世紀央以降であり、特にリッペの煉瓦工労働者に当てはまり (Fleege-Althoff, 1928, S. 70f.)、好意的評価が現れるようになって初めて移動労働者の異郷でのミサの可能性などが重要な問題として取上げられるようにもなった (Talazko, 1978, S. 324-342)。
(5) Wrasmann, 1919, S. 166.
(6) Bölsker-Schlicht, 1987, S. 94–97.
(7) Bölsker-Schlicht, 1987, S. 101.
(8) Bölsker-Schlicht, 1987, S. 101–102.
(9) 以下の記述は次による。Bölsker-Schlicht, 1987, S. 124–125.
(10) オスナブリュックの農村家内工業 (亜麻織物工業) に関しては次を参照。Wrasmann, 1919, S. 107–11; Wrasmann,

1921, S. 9-16; Schlumbohm, 1979, S. 263-298. 北西ドイツにおける農村家内工業の盛衰に関しては次を参照。Biller, 1906; Schmitz, 1967.

四　ギルデハウゼンとメーザーの論争点

オランダ渡りの問題は当時の世論の注目するところであり、ここで取り上げられた記事も、発表されたのと同じ年（一七六七年）に、さらにハノーファー雑誌に転載されており、当時の人々の間での関心の高さがうかがえる(1)。

これらの記事の成立の経緯を言えば、当時オスナブリュック週報の編集を引き受けていたメーザーがこの雑誌を政治的な意見形成のための討論の場にしようとしたことから始まる。一七六七年から一七八二年にかけれは読者に五〇あまりの課題を提起して賛否を問い、意見を求めたのであるが、そうした課題の一つが「非常に多くの人々が今年もオランダにむかっている。そこでこの移動が有益であるのが損害であるのかが、きわめて重要な問題であるのはたしかである。賛否のいずれかの立場に立って競い合う論拠を明確に示し、評価し、この雑誌に公表してくれる方を募集している」（一七六七年五月二三日）というものであった(2)。

これに応えて牧師であるギルデハウゼンが最初の記事を投稿したのであった。彼の意見は否定的なものであったが、まず何より出稼者の信仰心の維持を気に懸ける教会関係者の見解としては当然のことであった(3)。

しかし彼の非難は宗教上の問題にとどまらずさらにその先に進む。彼はオランダ渡りを出稼ぎ期間を基準に三つに分け、不在となることによる損害を述べているが、その主なものは次のとおりである。

一　領邦君主から人口が奪われる。
二　オランダでの収入が少なすぎる。
三　オランダ渡りの費用が多すぎる。
四　オランダ渡りの参加者は家庭での義務を怠り、妻子を苦しめることになる。
五　オランダ渡り参加者の健康が損なわれる。
六　裕福そうな見せかけのオランダ渡り人との結婚は困窮に行き着く。
七　農民を怠惰で贅沢にして、超過債務状態に陥らせ、領主や領邦君主に損害を与える。

メーザーはこれに対して、誌上で匿名で反論している。

まず第一に、出稼労働は特定の地域に限定して考察されるべきものではなく、ヨーロッパ全体という文脈から、全体としての分業あるいは比較優位の観点から考察されるべきものであり、そうした観点に立てば、出稼労働はむしろ効率的な資源配分あるいは分業といえると指摘される。

またさらにオランダ渡りによってもたらされる貨幣収入の肯定的効果も強調される。オランダ渡りは労働力の喪失、人口減少によって本国に損失を与えるものではなく、むしろオランダ渡りによる高賃金獲得の機会があることによって祖国における定着者が増加し、居住人口が増加しているのであり、またオランダ渡りに参加するホイアーリングらの所得が穀物への需要増加をもたらしてくれるという効用もある。

　メーザーは人口増加そのものを直接に領邦の富の増加と考えるような人物ではなかったが、他方でマルサスのようにもっぱら資源量との関係で人口増加を懸念していたわけでもなかった。メーザーは所得の増加を伴わない単なる人口増加に否定的で、そのような人口増加がもたらす風紀の乱れ、私生児の増加、家族や結婚制度の破壊といった事柄をむしろ懸念している。例えば『郷土愛の夢』の第二巻第三三番の記事の中では「私生児に嫡出子と同様の名誉を与えることは政治的に不適切であり、そのようなことをすれば結婚の最大の動機が失われてしまう。また不法に妊娠した母親に従来の保護を与えることも政治的に不適切であり、そのような保護を受けられないことへの恐れこそが結婚を促進する真の手段であるべきである[4]」と述べ、無規律な結婚奨励とそれに伴う人口増加をかなり強い調子で批難し、また第四巻第一五番では菜園地や耕地の総量に限界がある限り、人口増加はこれまで寿命の低下をもたらしてきたという前提に立って、「もし（天然痘の）予防接種が禁止されるなら、五〇年以上たてば、人間の最高寿命は三〇歳ほどになり、この世界は二〇歳あまりの長老たちによって統治されることになるであろう[5]」といういささか荒唐無稽な論理を持ち出し、天然痘の接種を禁止して人口増加を抑制することをもとめている。領邦絶対主義による過度の人口誘致策・人口増加策はメーザーにとってまったく無意味な政策であり、従来の身分制社会におけるよき風俗・社会秩序の維持は彼にとって決して放棄できない政策目標であった[6]。他の記事にも見られる絶対主義国家の身分制社会破壊的で均一化促進的な政策への反感が、人口政策に関しても貫かれており、オランダ渡りに関する記事もそのような観点から執筆されているのである。

二人の論争はその後オスナブリュック週間新聞に持ち越され、オランダ渡りの収支についてさらに詳しく計算した結果が戦わせられることになる。[7] この計算はギルデハウゼンにとっては人口流出の損失を計算するために重要なことであり、メーザーにとってはオランダ渡りが高賃金を可能にし、高賃金の裏付けがあり、それによって祖国に利益をもたらす労働者の増加が起こっていることを認めさせるために重要なことであった。二人の視角の違いは、当時の国制の近代化・絶対主義化に対する評価の違いをまさしく反映したものであった。

（1） Woesler, 2001, S. 26.
（2） Woesler, 2001, S. 15.
（3） オスナブリュックがカトリックの司教領であるのに対し、オランダではルター派が優勢である。
（4） Möser, 1945, S. 143.
（5） Möser, 1954, S. 59.
（6） Rupprecht, 1892, S. 92ff.
（7） Woesler, 2001, S. 22.

引用文献一覧

(1) 欧米語文献

Baron, Hans : Justus Mösers Individualitätsprinzip in seiner geistesgeschichtlichen Bedeutung. In: Historische Zeitschrift, Bd. 130, 1924.

Baxa, J. : Justus Möser und Adam Müller: Eine vergleichende Studie. In: Jahrbücher für Nationalökonomie und Statistik, Bd. 123 (III. Folge, Bd. 68), 1925.

Behr, H.-J. : Selbstverwaltung bei Möser und Stüve und die hannoverische Städteordnung von 1851/58. In: H. Naunin (Hrsg.), Städteordnungen des 19. Jahrhunderts : Beiträge zur Kommunalgeschichte Mittel- und Westeuropas, 1984.

Biller, C. : Der Rückgang der Hand-Leinwandindustrie des Münsterlandes, 1906.

Bölsker-Schlicht, F. : Die Hollandgängerei im Osnabrücker Land und im Emsland. Ein Beitrag zur Geschichte der Arbeiter Wanderung vom 17. bis zum 19. Jahrhundert, 1987.

Bölsker-Schlicht, F. : Torfgräber, Grasmäher, Heringsfänger ── deutsche Arbeitswanderer im "Nordsee-System". In : K. Bade (Hrsg.), Deutsche im Ausland ── Fremde in Deutschland. Migration in Geschichte und Gegenwart, 1992.

Bossenbroeck, M. : "Dicklöpfe und Leichtfüße" : Deutsche im niederländischen Kolonialdienste des 19. Jahrhunderts. In : K. Bade(Hrsg.), Deutsche im Ausland — Fremde in Deutschland. Migration in Geschichte und Gegenwart, 1992.

Brandi, Karl(Hrsg.) : Justus Möser: Gesellschaft und Staat. Eine Auswahl aus seinen Schriften, 1921.

Brandi, Karl : Justus Möser und die Hanse. In : Hansische Geschichtsblätter , 64Jg., 1940.

Brandt, Reinhard : Kant und Möser. In : Möser-Forum1/1989, hrsg. von Winfried Woesler.

Brünauer, Ulrike : Justus Möser, 1933.

Brunner, O. : Die patriotische Gesellschaft in Hamburg im Wandel von Staat und Gesellschaft. In: Ders., Neue Wege der Verfassungs- und Sozialgeschichte, 3. Aufl., 1980.

Clauer, Eduard von : Auch etwas über das Recht der Menschheit. ; Noch ein Beitrag über das Recht der Menschheit. In : Berlinische Monatsschrift, Bd. 16, 1790.

Darrē, R. Walther : Das Bauerntum als Lebensquell der Nordischen Rasse, 1929.

Diederiks, H. : Amsterdam 1600–1800. Demographische Entwicklung und Migration. In : W. Ehbrecht/H. Schilling(Hrsg.), Niederlande und Nordwestdeutschland, 1983.

Dilthey, Wilhelm : Studien zur Geschichte des Deutschen Geistes. In : Wilhelm Diltheys Gesammelte Schriften, III. Band, 1927.

Epstein, Klaus : The Genesis of German Conservatism, 1966.

Fiegert, Monika/Welker, Karl H. L. : Aufklärung auf dem Lande. Anspruch und Wirklichkeit im Fürstbistum

Osnabrück. In : Möser-Forum2/1994.

Fleege-Althoff, F. : Die lippschen Wanderarbeiter, 1928.

Frie, Ewald: Friedrich August Ludwig von der Marwitz 1777-1837. Biographien eines Preußen, 2001

Göttsching, Paul : Zwischen Historismus und politischer Geschichtsschreibung. Zur Diskussion um Mösers Osnabrückische Geschichte. In : Osnabrücker Mitteilungen, Bd. 82, 1976.

Göttsching, Paul : Geschichte und Gegenwart bei Justus Möser. Politische Geschichtsschreibung im Rahmen der Dekadenzvorstellung. In : Osnabrücker Mitteilungen, Bd. 83, 1977.

Göttsching, Paul : "Bürgerliche Ehre" und "Recht der Menschheit" bei Justus Möser. Zur Problematik der Grund-und Freiheitsrechte im „aufgeklärten Ständetum". In : Osnabrücker Mitteilungen, Bd. 84, 1978.

Göttsching, Paul : Justus Möser in der sozialen Bewegung seiner Zeit. In : Osnabrücker Mitteilungen, Bd. 85, 1979.

Grimm, J. und W. : Deutsches Wörterbuch, 33 Bde., 1984.

Grywatsch, Jochen : "Der Ihrige gegebenst Justus Möser der Jüngere, Doctor der unexacten Wissenschaften". Möser-Rezeption bei Friedrich List. In : Möser-Forum 2/1994, hrsg. von Winfried Woesler.

Haberkern, E./Wallach, J. F. : Hilfswörterbuch für Historiker, 2 Teile, 8.Aufl., 1995.

Hatzig, Otto : Justus Möser als Staatsmann und Publizist, 1909.

Hempel, Ernst : Justus Mösers Wirkung auf seine Zeitgenossen und auf die deutsche Geschichtsschreibung.

In : Mitteilungen des Vereins für Geschichte und Landeskunde von Osnabrück, Bd. 54, 1933.

Hölzle, Erwin : Justus Möser über Staat und Freiheit. In : Aus Politik und Geschichte. Gedächtnisschrift für Georg von Below, 1928.

Hofman, Reinhold : Justus Möser, der Vater der deutschen Volkskunde. In : Mitteilungen des Vereins für Geschichte und Landeskunde von Osnabrück, Bd. 32, 1907.

Huber, Ernst Rudolf : Lessing, Klopstock, Möser und die Wendung vom Aufgeklärten zum Historisch-individuellen Volksbegriff. In : Zeitschrift für die ges. Staatswissenschaft, Bd. 104, Heft 2/3, 1944.

Kaerger, K. : Die Sachsengängerei, 1890.

Kant, Immanuel : Über den Gemeinspruch: Das mag in der Theorie richtig sein, taugt aber nicht für die Praxis (1793). In : Kants Werke. Akademie-Textausgabe, Bd. VIII, 1968.

Kanz, H. (Hrsg.) : Justus Möser als Alltagsphilosoph der deutschen Aufklärung, 1988.

Knudsen, Jonathan B. : Justus Möser & the German Enlightenment, 1986.

Linguet, S. N. H. : Théorie des Loi x Civiles, ou Principes Fondamentaux de la Société, 1767 (匿名で出版).

Link, Christoph : Justus Möser als Staatsdenker. In : Möser-Forum2/1994.

Lucassen, J. : Migrant Labour in Europe 1600–1900. The Drift to the North Sea (trans. by D. H. Bloch), 1987.

Moes, Jean : Geschichte als Wissenschaft und als politische Waffe bei Möser. In : Möser-Forum1/1989.

Möser, Justus : Sämtliche Werke. Historisch-kritische Ausgabe in 14 Bänden, 1948–1990.

Muller, Jerry Z. : Justus Möser and the Conservative Critique of Early Modern Capitalism. In : Central European History, Vol. 23, Nr. 2/3, 1990.

Ouvrier, Carl Wilhelm : Der ökonomische Gehalt der Schriften Justus von Mösers, 1928.

Pleister, Werner : Justus Möser. In : Zeitschrift für Deutsche Bildung, 13 Jg., Heft 7/8, 1937.

Plutarch's Moralia III : Loeb Classical Library 245, 1931.

Renger, Reinhard : Justus Mösers amtlicher Wirkungskreis. Zu seiner Bedeutung für Mösers Schaffen. In : Osnabrücker Mitteilungen, Bd. 77, 1970.

Rückert, Joachim : Justus Möser als Historiker. In : Möser-Forum2/1994.

Runge, Joachim : Justus Mösers Gewerbetheorie und Gewerbepolitik im Fürstbistum Osnabrück in der zweiten Hälfte des 18. Jahrhunderts, 1966.

Rupprecht, Ludwig : Justus Mösers soziale und volkswirtschaftliche Anschauungen in ihrem Verhältnis zur Theorie und Praxis seines Zeitalters, 1892.

Sauermann, Dietmar : Bäuerliche Brautschätze in Westfalen. In : Rheinisch-westfälische Zeitschrift für Volkskunde, Bd. 18/19, 1971/72.

Schlumbohm, Jürgen : Der saisonale Rhythmus der Leinenproduktion im Osnabrücker Lande während des späten 18. und ersten Hälfte des 19. Jahrhunderts. In : Archiv für Sozialgeschichte, Bd. 19, 1979.

Schlumbohm, Jürgen : Lebensläufe, Familien, Höfe. Die Bauern und Heuerleute des Osnabrückischen Kirchspiels Belm in proto-industrieller Zeit, 1650–1860, 2. Auflage, 1997.

Schmelzeisen, Gustaf Klemens : Justus Mösers Aktientheorie als rechtsgedankliches Gefüge. In : Zeitschrift der Savigny-Stiftung für Rechtsgeschichte (Germanist. Abt.), 97, 1980.

Schmidt, J. M. : Art. Möser, Justus. In : Handwörterbuch der Staatswissenschaften, 3. Aufl., Bd. VI, 1910.

Schmidt, Peter : Studien über Justus Möser als Historiker, 1975.

Schmitz, E. : Leinengewerbe und Leinenhandel in Nordwestdeutschland (1650–1850), 1967.

Schmoller, Gustav : Über innere Kolonisation mit Rücksicht auf die Erhaltung und Vermehrung des mittleren und kleineren ländlichen Grundbesitzes. In : Schriften des Vereins für Socialpolitik, Bd. 33, 1887.

Schröder, Jan : Justus Möser als Jurist. Zur Staats-und Rechtslehre in den Patriotischen Phantasien und in der Osnabrückischen Geschichte, 1986.

Scupin, Hans Ulrich : Justus Möser als Westfale und Staatsmann. In : Westfälische Zeitschrift, Bd. 107, 1957.

Sellin, Volker : Jusus Möser. In : Hans-Ulrich Wehler (Hrsg.), Deutsche Historiker, Bd. IX, 1982.

Seraphim, H.-J. : Das Heuerlingswesen in Nordwestdeutschland, 1948.

Sheldon, William : The intellectual Development of Justus Möser : The Growth of a German Patriot, 1970.

Skalweit, A. (Hrsg.) : Justus Möser, Gebundene oder freie Wirtschaft aus “Patriotische Phantasien” 1767–1790, 1948.

Spiess, Karl-Heinz Familie und Verwandtschaft im deutschen Hochadel des Spätmittelalters : 13. bis Anfang des

16. Jahrhunderts.(Viertljahrschrift für Sozial-und Wirtschaftsgeschichte Beihefte Nr. 111/a), 1993.

Stauf, Renate : Justus Mösers Konzept einer deutschen Nationalidentität, 1991.

Sudhof, S.(Hrsg.) : Justus Möser, Patriotische Phantasien. Auswahl und Nachwort, 1970.

Tack, J. : Die Hollandgänger in Hannover und Oldenburg, 1902.

Tarazko, H. : Die kirchliche Betreuung der deutschen Hollandgänger im 19. Jahrhundert. In : J. v. d. Berg/J. P. v. Dooren(Hrsg.), Pietismus und Reveil, 1978.

Vierhaus, Rudolf : Justus Möser und die Aufklärung. In : Möser-Forum2/1994.

Vries, J. de : The Dutch Rural Economy in the Golden Age 1500–1700, 1974.

Wagner, Gisela : Justus Möser und das Osnabrücker Handwerk in der vorindustriellen Epoche. In : Osnabrücker Mitteilungen, Bd. 90, 1985.

Weber-Kellermann, I. : Erntebrauch in der ländlichen Arbeitswelt des 19. Jahrhunderts, 1965.

Weber-Kellermann, I. : Landleben im 19. Jahrhundert, 1987.

Welker, Karl H. L. : Rechtsgeschichte als Rechtspolitik. Justus Möser als Jurist und Staatsmann, 2 Bde., 1996.

Welker, Karl H. L. : Warum Möser, 2007.

Woesler, W. : Justus Möser über den Hollandgang. In : B. Nolte-Schuster/J. Vogel/W. Woesler(Hrsg.), Zur Arbeit nach Holland. Arbeitswanderung aus der Region Osnabrück zwischen 1750 und 1850, 2001.

Wrasmann, A. : Das Heuerlingswesen im Fürstentum Osnabrück, Teil 1 und Teil 2. In : Mitteilungen des Ver-

eins für Geschichte und Landeskunde von Osnabrück, Bd. 42, 1919. und Bd. 44, 1921.
Zanden, F. L. van : The rise and decline of Holland's economy. Merchant capitalism and the labour market, 1993.
Zimmermann, Heinz : Staat, Recht und Wirtschaft bei Justus Möser. Eine einführende Darstellung, 1933.

(2) 日本語文献

アーベル、W・『農業恐慌と景気循環—中世中期以来の中欧農業及び人口扶養経済の歴史（復刊版）』寺尾誠訳、未来社、一九八六年
足立芳宏『近代ドイツの農村社会と農業労働者—〈土着〉と〈他所者〉のあいだ—』京都大学学術出版会、一九九七年
ブレンターノ、ルヨ『プロシャの農民土地相続制度』我妻榮・四宮和夫共訳、有斐閣、一九五六年
出口勇蔵「ユスツス・メエゼル（上）（下）」『京都大学経済論叢』第六一巻第四号、一九四七年、第六二巻第一・二号、一九四八年
ディキンスン、H・T・『自由と所有—英国の自由な国制はいかにして創出されたか—』田中秀夫監訳、ナカニシヤ出版、二〇〇六年
ドプシュ、アルフォンス『ヨーロッパ文化発展の経済的社会的基礎』野崎直治他訳、創文社、一九八一年
藤田幸一郎『近代ドイツ農村社会経済史』未来社、一九八四年

藤田幸一郎『手工業の名誉と遍歴職人―近代ドイツの職人世界』未来社、一九九四年
福田歓一『ルソー』講談社、一九八六年
ゲーテ、ヨーハン・ヴォルフガング・フォン『詩と真実―わが生涯より―』第三部・第四部、河原忠彦・山崎章甫訳 潮出版社、一九八〇年
林恵海『独逸人口農本論』栗田書店、一九四二年
原田慶吉『ローマ法』有斐閣、一九五五年
原田哲史『アダム・ミュラー研究』ミネルヴァ書房、二〇〇二年
原田哲史「F・リスト―温帯の大国民のための保護貿易論」、八木紀一郎編『経済思想のドイツ的伝統』(『経済思想』第七巻)、日本経済評論社、二〇〇六年
ハルトゥング、F・『ドイツ国制史―一五世紀から現代まで』成瀬治・坂井榮八郎訳、岩波書店、一九八〇年
ヘイナル、ジョン「ヨーロッパ型結婚形態の起源」(木下太志訳)、速水融編『歴史人口学と家族史』藤原書店、二〇〇三年
平井進『近代ドイツの農村社会と下層民』日本経済評論社、二〇〇七年
平田清明『市民社会思想の古典と現代―ルソー、ケネー、マルクスと現代市民社会―』有斐閣、一九九六年
肥前榮一『比較史のなかのドイツ農村社会―「ドイツとロシア」再考―』未来社、二〇〇八年
ホント、I・/イグナティエフ、M・「『国富論』における必要と正義―序論」同編著『富と徳』水田洋・杉

山忠平監訳、未来社、一九九〇年
ヒューム、デイヴィド『市民の国について』下巻、小松茂夫訳、岩波文庫、一九八二年
飯田恭「『無能な』農民の強制立退―近世ブランデンブルクにおける封建領主制の一側面―」『経済学論集』（東京大学）第六四巻第二号、一九九八年
カント、イマヌエル「理論と実践」北尾宏之訳、『カント全集』第一四巻、坂部恵・有福孝岳他編、岩波書店、二〇〇〇年
小林昇『小林昇経済学史著作集Ⅵ　F・リスト研究（1）』未来社、一九七八年
小林昇『小林昇経済学史著作集Ⅶ　F・リスト研究（2）』未来社、一九七八年
コッカ、ユルゲン『歴史と啓蒙』肥前榮一・杉原達訳、未来社、一九九四年
小山哲・中井和夫「貴族の共和国とコサックの共和国」、伊東孝之・井内敏夫他編『ポーランド・ウクライナ・バルト史』山川出版社、一九九八年
クロル、フランク＝ロタール『ナチズムの歴史思想』小野清美・原田一美訳、柏書房、二〇〇六年
リスト、フリードリッヒ『農地制度論』小林昇訳、岩波文庫、一九七四年
ロック、ジョン『統治二論』加藤節訳、岩波書店、二〇〇七年
マクファーソン、C・B・『所有的個人主義の政治理論』藤野渉・将積茂・瀬沼長一郎訳、合同出版、一九八〇年
マンハイム、カール『保守主義的思考』森博訳、ちくま学芸文庫、一九九七年

増田冨寿『ロシア農村社会の近代化過程』御茶の水書房、一九六二年
マイネッケ、フリードリヒ『歴史主義の成立（下）』菊盛英夫・麻生建訳、筑摩書房、一九六八年
マイネッケ、フリードリヒ『近代史における国家理性の理念』菊盛英夫・生松敬三訳、みすず書房、二〇〇一年
メーザー、ユストゥス「ドイツの言語と文学について」坂井榮八郎訳、同著『ユストゥス・メーザーの世界』刀水書房、二〇〇四年、所収
モンテスキュー、シャルル・ド・『法の精神（上）』野田良之・稲本洋之助他訳、岩波文庫、一九八九年
諸田實『フリードリッヒ・リストと彼の時代―国民経済学の成立』有斐閣、二〇〇三年
諸田實『晩年のフリードリッヒ・リスト―ドイツ関税同盟の進路―』有斐閣、二〇〇七年
生越利昭「勤労の育成―ロックからハチスンまで」（田中秀夫編著『啓蒙のエピステーメーと経済学の生誕』京都大学学術出版会、二〇〇八年）
大津真作「ランゲの社会生成論―『民法理論』を読む―（上）（下）」『思想』第八一八、八一九号、一九九二年
プルタルコス『英雄伝』第一巻、柳沼重剛訳、京都大学学術出版会、二〇〇七年
ルソー、ジャン・ジャック『社会契約論』桑原武夫・前川貞次郎訳、岩波文庫、一九五四年
ルソー、ジャン・ジャック『人間不平等起源論』本田喜代治・平岡昇訳、岩波文庫、一九七二年
坂井榮八郎『ゲーテとその時代』朝日新聞社、一九九六年

坂井榮八郎『ユストゥス・メーザーの世界』刀水書房、二〇〇四年
シュレーダー、ヤン「ユストゥス・メーザー」（ミヒャエル・シュトライス編『一七・一八世紀の国家思想家たち―帝国公（国）法論・政治学・自然法論―』佐々木有司・柳原正治訳、木鐸社、一九九五年）
シュンペーター、J・A・『経済分析の歴史（上）』東畑精一・福岡正夫訳、岩波書店、二〇〇五年
『西洋人名辞典』増補版、岩波書店、一九八一年
渋谷聡『近世ドイツ帝国国制史研究―等族制集会と帝国クライス』ミネルヴァ書房、二〇〇〇年
スミス、アダム『国富論（四）』水田洋監訳、杉山忠平訳、岩波文庫、二〇〇一年
スティーヴン、L・『十八世紀イギリス思想史（下巻）』中野好之訳、筑摩書房、一九七〇年
タキトゥス『ゲルマーニア（改訳版）』泉井久之助訳、岩波文庫、一九七九年
田中秀夫「啓蒙の遺産―解法としての経済学」（同編著『啓蒙のエピステーメーと経済学の生誕』京都大学学術出版会、二〇〇八年）
トーニー、R・H・『宗教と資本主義の興隆―歴史的研究―（下巻）』出口勇蔵・越智武臣訳、岩波文庫、一九五九年
トグロス、ポンペイウス（ユスティヌス抄録）『地中海世界史』合阪学訳、京都大学学術出版会、一九九八年
戸叶勝也『ドイツ啓蒙主義の巨人―フリードリヒ・ニコライ』朝文社、二〇〇一年
豊永泰子『ドイツ農村におけるナチズムへの道』ミネルヴァ書房、一九九四年
上山安敏『ドイツ官僚制成立論』有斐閣、一九六四年

ヴィローリ、マウリツィオ『パトリオティズムとナショナリズム』佐藤瑠威・佐藤真喜子訳、日本経済評論社、二〇〇七年
若尾祐司「フォルクの核心・社会の支柱としての農民―社会政策・社会統合論としてのW・H・リールの農民文化論―」『ドイツ社会国家の成立・変遷とそれをめぐる論争および学説』平成一五―一八年度科学研究費補助金基盤研究（B）15330038、二〇〇七年
ウィルソン、P・H・『神聖ローマ帝国―一四九五―一八〇六』山本文彦訳、岩波書店、二〇〇五年
山田晟『ドイツ法律用語辞典（改定増補版）』大学書林、一九九三年
山本文彦『近世ドイツ国制史研究―皇帝・帝国クライス・諸侯』北海道大学図書刊行会、一九九五年

訳者あとがき

一八世紀後半のドイツの政治家にして文人また歴史家、思想家であったユストゥス・メーザー（Justus Möser 一七二〇—九四年）が、ドイツの文学、歴史学はもとより、法・国家・政治・社会経済思想に広範な影響を及ぼした巨人であったことは、研究者によってたえず意識されてきたにもかかわらず、彼の文章とその解釈とが困難であるため、日本ではこれまで充分には取り上げられてこなかったと思われる。坂井榮八郎氏の近著『ユストゥス・メーザーの世界』（刀水書房、二〇〇四年）において、文学と歴史学に関する三篇（代表作『オスナブリュック史』［初版、一七六八年、増補二巻本、一七八〇年］序文を含む）が訳出され、小伝も著されたが、もう一つの代表作である小論説集『郷土愛の夢』は手つかずのままに残されている。本訳書はこの『郷土愛の夢』を取り上げ、そこに含まれた、主として法、国家、政治、社会経済、歴史に関する約二〇点の論説を訳出したものである。各訳者による担当区分は以下の通りである。

序＝肥前、作品一～四＝柴田、五＝山崎、六＝肥前、七＝原田、八＝肥前、九＝原田、一〇～一一＝肥前、一二～一三＝原田、一四＝山崎・肥前、一五＝肥前・山崎、一六＝原田、一七＝山崎、一八～一九＝原田

付論の一、二は、メーザーのもう一つの代表作『オスナブリュック史』から採ったものであり（担当は肥前）、また三は経済学者としてのメーザーを論じた傑作として評価の高いヴィルヘルム・ロッシャーの論文である（担当は、第一、三、四節＝肥前、第二、五、六、七節＝原田）。

最後の部分は各訳者による自訳作品の「解説」である。これについてはいささかの説明が必要である。われわれが訳出したのは『郷土愛の夢』全四巻に収められた小論説二八七点ならびに関連論説のうちわずか一九点（作品一は別人のものであるので、厳密に言えば一八点）にすぎない。すなわちはなはだしい抄訳である。管見のかぎりではこれまで『郷土愛の夢』の抄録の試みとして次のようなものがある。

（a）Justus Möser, Gesellschaft und Staat. Eine Auswahl aus seinen Schriften, hrsg. und eingeleitet von Karl Brandi, 1921.
（b）Justus Möser, Gebundene oder freie Wirtschaft aus „Patriotische Phantasien" 1767–1790, hrsg. von August Skalweit, 1948.
（c）Justus Möser, Patriotische Phantasien. Auswahl und Nachwort von Siegfried Sudhof, 1970.
（d）Justus Möser als Alltagsphilosoph der deutschen Aufklärung. Textauswahl und Einleitung von Heinrich Kanz, 1988.

これらの抄録における採択作品数は以下の通りである。（a）＝五五点。（b）＝一五点。（c）＝五三点。（d）＝五〇点。これによって見れば、作品数の点ではわれわれの二〇点（序をふくめて）は確かに少ないとはいえ、許される範囲内にあるのではなかろうか。むしろ問題は作品選択の基準である。タイトルからうかがわれるように、それらの抄録はあるいは国家＝社会論、あるいは経済論、あるいは啓蒙思想に力点を置いているように見受けられるが、そこに厳密な選択基準は示されていないように思われる。われわれはむしろ素朴で基本的な「基準」から出発した。すなわち各人にとって「興味ある」作品を選んだのである。われわれはみなメーザーの専門的研究者ではなく、肥前はハックストハウゼンや北西ドイツ農村定住史、山崎はマルヴィッツやグーツヘルシャフト史、原田はアダム・ミュラーや一八・一九世紀ドイツ経済思想史、柴田はオランダ渡り論という周辺から、メーザーに関心を寄せているのである。そういうわれわれにとって「興味を惹く」メーザー作品が取り上げられている。その上で同時にわれわれは、（1）出口勇蔵、小林昇をはじめとする先人の経済思想史研究のなかで着目されてきた作品、（2）先述のロッシャーのメーザー論で重視されている作品、を併せて基準として重視した。これによっていまだ不十分ながら、『郷土愛の夢』に見られるメーザーの社会経済・国家思想の基本的な特徴を何ほどか明らかにすることができたのではないかと思う。それにしても二〇点は少なすぎ、われわれの関心の偏りは覆いがたいであろう。そこでわれわれは一方では付論三に収録したロッシャー論文のバランスの良いメーザー（なかんずく『郷土愛の夢』）紹介によってその欠陥をいささかなりともカバーすると共に、他方ではわれわれの関心のあり方（なぜ興味を抱いたか）を示すために、それぞれの自由なスタイルによる自訳「解説」を書いた次第である。メーザーに寄せるわれわれの関心が様々であり、また取り上げられた作品あるいは作品群相互の独立性が強いため、われわれの訳業が共訳というよりもむしろ分担訳ともいうべき性格を持つものであることを、読者に理解していただけるものと思う。日本のメーザー研究はいまだスタートラインに立ったばかりなのである。

その他の分担は以下の通りである。引用文献一覧＝肥前、人名索引＝肥前、事項・地名索引＝山崎、重要用語解説＝山崎、地図＝山崎、度量衡表＝柴田。これらの作成に当たっては、全員がそのつど協力した。

われわれは一九九八年から約二〇回にわたって「ユストゥス・メーザー研究会」を開催し、『郷土愛の夢』を輪読してきた。本訳書はその拙い成果である。われわれは自らの力不足を痛感しつつ、本書を将来の本格的研究のためのいわば捨石として学界に提出するものである。坂井榮八郎氏をはじめ、研究会に参加された何人かの諸氏に感謝する。

故出口勇蔵先生はご生前、肥前に当てた長文のお手紙によって、われわれのメーザー研究を励まされた。小林昇先生はそのリスト研究の要の部分に関わる人物としてのメーザーの重要性に光を当てられ、またわれわれの蝸牛の歩みを温かく見守られた。諸田實先生には肥前の拙い解説の草稿をお読みいただき、貴重なご意見をたまわった。これらの先生方のお励ましに対して、訳業の拙さを恥じつつ、衷心よりお礼申し上げたい。

最後に、原田を通じてわれわれに本書の出版をお勧めいただいた京都大学の田中秀夫氏ならびに、編集を担当された京都大学学術出版会國方栄二氏に、心からなる謝意を表したい。

二〇〇九年二月二〇日

訳者を代表して　　肥前榮一

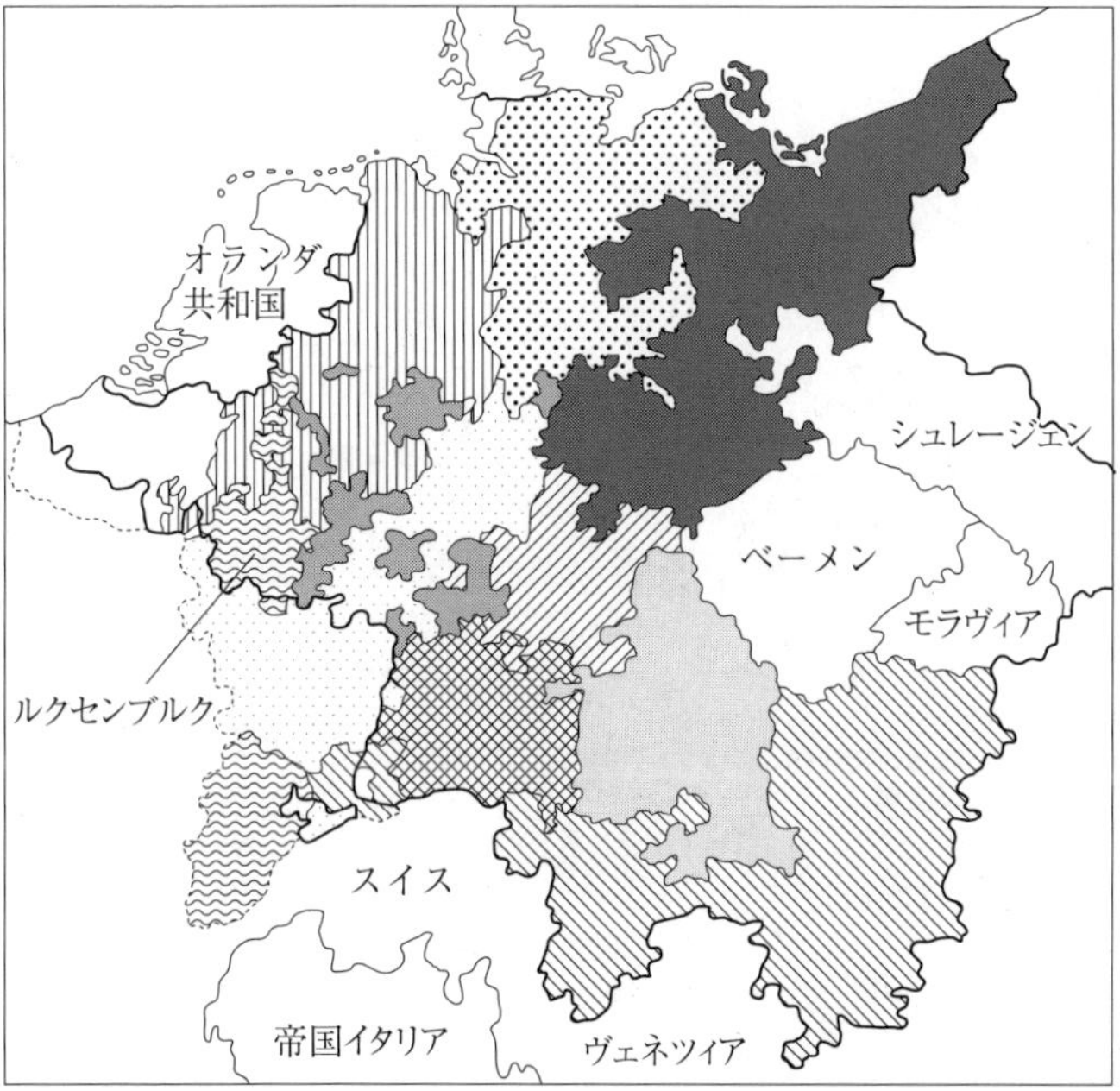

ブルグント・クライス
ヴァストファーレン・クライス
ニーダーザクセン・クライス
オーバーザクセン・クライス
オーバーライン・クライス
クールライン・クライス
シュヴァーベン・クライス
オーストリア・クライス
フランケン・クライス
バイエルン・クライス
1789年帝国国域
1648年帝国国域

出典：Peter H. Wilson, German Armies: War and German Politics 1648-1806, London, 1998, p.xi より作成。

地図１　神聖ローマ帝国と帝国クライス

出典：Stefan Brankensiek, Agrarreform und Ländliche Gesellschaft, Paderborn, 1991, S.186より作成。

地図２　18世紀の北西ドイツ（ヴェストファーレン地方とニーダーザクセン地方）

人名索引

『郷土愛の夢』に登場する人名を収載する。索引項目は、メーザーおよびロッシャーによって挙げられたものにとどめる。

ア行

アッスヴェーデ Burchard von Aßwede　190
アブラハム Abraham　44, 47
アベケン Bernhard Rudolf Abeken　234
アリスティデス Aristides　139
アリストテレス Aristoteles　270
イーゼリーン Isaak Iselin　269〜271
ヴァレンシュタイン Albrecht von Wallenstein　262
ヴェルデマン Rosine von Werdemann　202
ヴォルテール François-Marie Arouet Voltaire　89, 92
エカテリーナ（二世）Katharina II　138
エルンスト・アウグスト（一世）Ernst August I　24, 258
オットー（四世）Otto IV　213

カ行

カール（大帝）Karl der Große　196, 223, 229, 240
カント Immanuel Kant　211, 229, 238
ギルデハウゼン P. Gildehausen　37
グリム Jacob Grimm　230
ゲーテ Johann Wolfgang von Goethe　227, 228, 231, 269
コクツェーイ Samuel Freiherr von Cocceji　91
ゴットシェート Johann Christoph Gottsched　230, 231
コルベール Jean Baptiste Colbert　113, 259

サ行

ジギスムント Philipp Sigismund　21, 22
ジュースミルヒ Johann Peter Süssmilch　241
シュタイネン Steinen　154, 203
シュトゥルツ Helferich Peter Sturz　234
シュトルーベ David Georg Strube　267, 268
シュミット Michael Ignaz Schmidt　221
シュロッサー Johann Georg Schlosser　233, 269〜271
ジョージ（三世）Georg III　262
スミス Adam Smith　229, 240
ゼンケンベルク von Senkenberg　154
ソクラテス Sokrates　269
ゾネンフェルス Joseph von

Sonnenfels 241
ソロン Solon 130, 190, 202

タ行

タッカー Josiah Tucker 241
タキトゥス Cornelius Tacitus 18, 184, 202, 239
ダルィエス Joachim Georg Darjes 241
トゥキュディデス Thukydides 231
テュルゴ Anne Robert Jacques Turgot 271

ナ行

ニコライ Friedrich Nicolai 231, 234, 253
ネッケル Jacques Necker 241

ハ行

ハイネ Christian Gottlob Heyne 206
バークリ George Berkeley 241
バゼドウ Johann Bernhard Basedow 239, 269
ハーマン Johann Georg Hamann 234
ハラー Albrecht von Haller 229
ハリソン John Harrison 127
ビュッシング Anton Friedrich Büsching 6
ヒューム David Hume 26
ピントー Isaac de Pinto 111, 245
フィリッピ Johann Albrecht Philippi 255
フェイディアス Pheidias 15
フォークツ Jenny von Voigts 4
フォルボネ François Véron Duverger de Forbonnais 241
ブッシェ Alberten von dem Busche 190
フーゴー Gustav Hugo 233
プーフェンドルフ Friedrich Esaias Pufendorf 203
フリードリヒ（一世）Friedrich I, Barbarossa 202
フリードリヒ（二世、大王）Friedrich II, der Große 231, 240, 248, 266
プルタルコス Plutarch 202
ブルンチュリ Johann Caspar Bluntschli 234
ヘルダー Johann Gottfried von Herder 230, 234

マ行

マクラウド Henry Dunning Macleod 245
マリア・テレジア Maria Theresia 266
マルサス Thomas Robert Malthus 242, 243
ミュンヒハウゼン Otto von Münchhausen 21, 254
ミラボー Victor Riquetti, Marquis de Mirabeau 113, 259
メヴィウス David Mevius 239
メルク Johann Heinrich Merck 234
メングス Anton Raphael Mengs

259
モーガン Lady Morgan　249
モーセ Moses　44～47, 51, 54, 56, 250, 251
モンテスキュー Charles-Louis de Secondat Montesquieu　95, 239, 251

ヤ行

ヤコービ Friedrich Heinrich Jacobi　234
ヤング Arthur Young　265
ユスティ Johann Heinrich Gottlob von Justi　241
ユスティヌス Marcus Junianus Justinus　202

ラ行

ライマルス Johann Albert Heinrich Reimarus　254
ランゲ Simon Nicolas Henri Linguet　95
リヒテンベルク Georg Christoph Lichtenberg　234
リュクルゴス Lykurg　130, 190
リュニッヒ Johann Christian Lünig　202
ルソー Jean Jacques Rousseau　229, 238, 239, 270
レッシング Gotthold Ephraim Lessing　231, 234

事項・地名索引

『郷土愛の夢』を読む上うえで重要な事項、地名を原語のドイツ語とともに収載する。索引項目は、メーザーおよびロッシャーによって挙げられたものにとどめる。

ア行

アウスホイエルング Ausheuerung 133
イスラエル人 Israelit 44～46, 51
イタリア Italien 25, 100, 115, 220, 241
遺留分 Pflichtteil 187, 188, 190, 193, 200
隠居、隠居取り分 Leibzüchter, -zucht, Altenteil 53, 55, 64, 73, 86, 136
イングランド（イギリス）England 17～19, 100, 115, 236, 248, 263, 264, 270
ヴェストファーレン Westfalen 16, 17, 26, 50, 56, 63, 67, 70, 161, 250, 261
エヒト Echt 186
オーストリア Österreich 266
オスナブリュック Osnabrück 3, 4, 70, 85, 86, 154, 191, 193, 201, 241, 247, 249, 253, 258, 266
オランダ Holland 6, 9, 12, 17～19, 28, 30, 31, 40, 70, 114, 136, 258, 264, 269, 270
オランダ渡り Hollandgehen 11～13, 15, 16, 19, 22, 24～26, 28～30, 241～243
オランダ渡り人 Hollandgänger 19, 24, 26, 29, 30, 37, 39, 40

カ行

会社 Kompagnie 157～160, 162, 163, 165～170, 173～175, 221, 264
嫁資 Absteuer, Brautschatz 164, 183, 186～190, 192, 193, 198, 201, 251
株式 Aktie 145, 157～160, 163～168, 170, 172, 175, 221, 264
貨幣 Geld 11, 75, 85, 101, 104, 120, 141, 160, 162, 183, 186, 187, 189, 190, 194, 195, 230, 245, 251, 253, 263, 268
基幹財産 Freistamm 147～153, 251
技能 Geschicklichkeit 17, 108, 110～112, 118, 128
教区 Kirchspiel, Gemeinde 10～13, 16, 19, 21, 23, 68, 77, 78, 80～83, 85, 137, 139, 142, 152, 153, 163, 178, 193, 254
強制立退 Abmeierung, -äußerung 27, 52, 134, 135, 148, 149, 250
寄留民 Beiwohner, Nebenwohner 21, 73, 74, 85, 86, 146, 189, 242
クライス Kreis 67～70, 260, 261
ケッター Kötter 28, 59, 162, 220,

253
下僕 Knecht　9, 11, 25, 30, 44, 45, 51, 52, 54, 55, 59-61, 63, 79, 80, 158, 160, 162, 206, 207, 214
権利 Recht　44〜46, 76, 78, 92, 93, 105, 121, 126, 161, 173, 183, 185, 219, 223, 235
国民 Nation　16, 17, 43, 64, 74〜76, 112, 114, 115, 126, 134, 160, 161, 180, 181, 223, 224, 228, 236, 238, 241, 242, 247, 256, 260, 270
小作人 Pächter　20, 25, 49, 54, 56, 150, 244
小商人 Krämer　117〜122, 128, 185, 256, 264
国家 Staat　29, 40, 43, 48, 49, 52, 55, 61〜64, 74, 76, 79, 80, 82, 84, 85, 89〜91, 94, 99, 101, 103, 112, 113, 120, 138, 141〜147, 150, 158, 163, 166, 167, 172, 174, 178, 179, 181, 186, 187, 189, 195, 196, 229, 230, 237, 244, 249〜251, 256, 259, 270
国家株式 Staatsaktie　159, 219, 236, 251

サ行

債権者 Gläubiger, Creditor　10, 27, 48〜50, 52, 54, 55, 92, 99, 100, 102, 103, 145, 147, 148, 151, 197, 201, 246, 251, 252
裁判官 Richter　46, 79, 94, 103, 134, 136, 138, 139, 141, 142, 147, 197〜199, 200, 201, 231
裁判所 Gericht　77, 102, 194, 200, 231, 249
債務解放年 Erlaßjahr　46〜48, 50〜52
債務者 Schuldner　48〜52, 54〜55, 99, 100, 103, 141, 142, 147, 246, 251
財産 Vermögen　60, 110〜112, 159, 160, 172, 208, 209, 236
ザクセン人 Sachse　59, 62, 114, 181, 183, 189
司教領 Hochstift　6, 16, 20〜24, 28, 86, 150, 153, 221
自然 Natur　90, 95, 172, 187, 192, 196, 270
自然状態 Natürlicher Zustand　45, 206, 238, 239, 249
実践 Praxis　211, 212, 215, 238
死亡税 Sterbfall　149, 151, 171, 172
資本 Kapital　44, 112, 157, 165, 245
市民 Bürger　19, 23, 43, 45, 52, 59, 63, 64, 99, 120, 121, 128, 157〜161, 165, 181, 192, 194, 195, 220, 222, 224, 236, 256
市民権 Bürgerrecht　44, 51
市民社会 Bürgerliche Gesellschaft　64, 157, 257, 271
社会契約 Sozialkontrakt, -vertrag　162, 172, 224, 238
自由 Freiheit　26, 29, 51, 55, 62, 63, 64, 74, 85, 92〜95, 99, 169, 170, 172, 177, 191, 208, 222, 224, 227, 233, 240, 242, 250, 257, 265, 270
自由と財産（所有権）Freiheit und Eigentum　47, 48, 78, 175, 222, 257
重商主義 Merkantilismus　241, 258, 268, 271
重農主義 Physiokratismus　258,

269
手工業者 Handwerker　81～84, 117～122, 185, 229, 256, 264
正直 Redlichkeit　75, 110～112
商人 Kaufmann　55, 99, 112, 117, 118, 121, 230, 263, 264
所有（権）Eigentum　43～45, 47, 92, 99, 177～181, 249, 257
人口 Bevölkerung　21, 24, 59, 73, 74, 77, 79, 81, 84, 85, 107, 241～243, 248
人法 Personenrecht　159, 160, 165, 174
新農民 Neubauer　20, 21, 59～63, 108, 114, 150
臣民 Untertan　6, 11, 29, 43, 45, 48, 51, 63, 68, 69, 76, 78, 92, 146, 165, 172, 211, 213
信用 Kredit　43, 45, 46, 49, 51, 55, 100, 104, 110～112, 241, 251
スペイン Spanien　16, 100
世襲小作（人）Erbpacht, -pächter　47, 49, 76, 133, 145, 146, 163, 166～169
世襲財産 Fideikommiß　46, 135, 191, 193, 196
村落、村落共同体 Dorf, -gemeinde　15, 23, 75, 92, 183, 185, 186, 250

タ行

体僕 Leibeigene　47, 65, 172, 174, 186
仲裁人 Schiedsfreunde　198～201
中隊、中隊長 Kompagnie, Capitain　142, 173
定期金 Rente　99～101, 103～105, 200, 245, 249, 252
帝国 Reich　195, 199, 223, 261
手切金 Abfindung　154, 183, 186, 188, 189, 191, 193, 194, 196, 197
ドイツ Deutschland　33, 99, 101, 108, 115, 178, 206, 227～229, 250, 256, 260, 261, 266, 268
ドイツ国民 Deutsche Nation　19, 228, 231
ドイツ人 Deutsche　18, 74, 79, 187, 221
投票権 Stimmbarkeit, Stimme　178, 179, 219
都市 Stadt　10, 23, 70, 74, 75, 94, 111, 117, 125～127, 130, 150, 180, 183, 185, 186, 195, 220, 235, 248, 258
土地所有者（保有者）Landeigentümer, -besitzer　20, 21, 55, 63, 83～85, 100, 103, 104, 141, 143～146, 162, 192～196, 219, 236, 251
奴隷 Sklave　48, 55, 81, 99, 113, 127, 149, 172, 185, 235, 251～253

ナ行

ニーダーザクセン Niedersachsen　67, 70, 161, 239, 261
人間一般 Menschen　24, 157, 158, 160, 161, 222
農場相続人 Anerbe, Hofeserbe　19, 136, 151, 154, 183, 193, 194, 242, 243
農場領主 Gutsherr　25, 27, 50, 52, 53, 55, 139, 140, 142, 145, 147～149, 151, 153, 167, 177～180, 193, 249, 251, 253

農奴 Leibeigene, Eigenbehörige 27, 43, 47, 48, 50, 134, 148, 150～153, 161, 191, 193, 194, 203, 205, 212, 214, 215, 229, 242, 252, 253
農民 Bauer 8～11, 23, 26～29, 40, 53, 70, 73, 75, 76, 78～85, 110, 113, 114, 134～137, 145, 148, 150, 152, 153, 167, 195, 229, 230, 236, 239, 250～252, 268, 270

ハ行

ハノーファー Hannover 203, 267
ヒエ Hye 171
物法 Sachenrecht 159, 165, 160
フランク、フランク人 Franken 185, 186
フランス Frankreich 25, 70, 90, 100, 264～266
ブリンクジッツァー Brinksitzer 59, 162
ブレーメン Bremen 68, 70, 137, 150, 199, 263
ホイアーマン、ホイアーロイテ、ホイアーリング Heuermann, Heuerleute, Heuerling 10, 18～24, 26～30, 37, 39, 49, 56, 59, 74～80, 82, 85, 133～135, 137～139, 143～147, 150, 152, 153, 229, 239, 247
奉公人 Gesinde 22, 23, 28, 29, 186, 253
ホーデ Hode 171, 186
ポーランド Polen 114, 208, 213, 214
北欧の nordisch, nördlich 74, 162, 172, 186
ポリツァイ Polizei 73, 75, 77, 91, 94, 127, 259, 264

マ行

マンズス mansus 161～163, 220
民衆 Gemeine, Volk 89, 111, 117, 198, 201, 227, 241
名誉 Ehre 40, 44, 45, 60, 63, 76, 84, 118, 120～122, 127, 139, 140, 142, 158, 179, 181, 185, 189, 197, 198, 201, 211, 220, 230, 236, 242, 248, 256, 257, 264

ラ行

ラント法 Landrecht 54, 173, 192
利子 Zins 99, 100, 103～105, 136, 148
理性 Vernunft 25, 53, 55, 92, 118, 201, 212
領邦議会 Landtag, -stände 21, 22
理論 Theorie 92, 125, 126, 211, 212, 238
輪番衆 Reiheleute, -pflichtige 43, 49, 145, 149, 188
レーエン Lehen 195, 196, 201, 207, 214, 223, 224
労働者 Arbeiter, Arbeitsleute 23, 25, 41
ローマ人 Römer 76, 179, 183, 186, 187
ローマ法 Römisches Recht 53, 54, 90, 190～192, 194, 196

重要用語解説

アウスホイエルング Ausheuerung

過剰債務を負った農民によるホイアーリングへの土地貸し出し。債権者や裁判所の圧力によって、農場を分割して後者に小作に出し、その小作料によって農民は債務を返済した。農地細分化と寄留民増大の一因として、メーザーは深刻視した。

オスナブリュック司教領 Hochstift Osnabrück

780年にカール大帝によって司教座が設置されたことを起点とする。宗教改革の影響を受け、16世紀後半からプロテスタント諸侯の統治下に置かれた。30年戦争中の1631年にカトリック司教が復活し、対抗宗教改革を始めるものの、すぐにプロテスタント陣営に占領され、1648年のヴェストファーレン条約の結果、カトリックとプロテスタントが交互に統治する取り決めがなされた。1802年、プロテスタント領主司教フリードリヒは父親の英王ジョージ3世に統治権を移譲し、オスナブリュックはハノーファー治下の世俗侯領となった。

オランダ渡り人 Hollandgänger

17世紀から19世紀までの数世紀にわたり毎年一定期間をネーデルラント等で泥炭採取人・草刈人等として働いていた北西ドイツ出身の移動労働者のこと。参加者の多くはもはや与えられた土地だけでは生計を立てられないホイアーリングをはじめとする農村下層民で、彼らにとって家内工業や移動労働などの副業は不可欠であった。他方、当時のネーデルラントはヨーロッパの先進国であり、農業の資本集約化・大規模化や都市を中心とした燃料需要の増加によって労働力需要が高まっていた。

株式 Aktie、マンズス mansus、フーフェ Hufe

旧農民が所有した屋敷＝庭畑地所有権、一定モルゲンを基本単位とする耕地所有権、共有地（特に森林）用益権からなる権利をマンズスもしくはフーフェといい、これが農家の再生産を支える基盤となっていた。それは農民の持つ株式（土地株式）として観念され、村落はがんらいフーフェ農民からなる株式会社であった。メーザーの国家株式論の想源。

旧農民 Altbauer、エルベ Erbe、マイアー Meier

フランク王国によって征服される以前の古ザクセン時代（9世紀以前）に入植を開始した最古の農村定住者＝本来のフーフェ農民を旧農民といい、エルベもしくはマイアーとも呼ばれる。村内で最高の法的経済的社会的地位（自由と財産）を享受し、共同体と国家に対して最も重い義務（輪番義務）を負う。メーザーの理想像。

強制立退 Abäußerung, Abmeierung

農民が貢租の支払など領主に対する責務を怠った場合、領主には農場を取りあげる権利を認められていたが、メーザーはむしろ過剰債務などによって輪番衆としての義務（公的責任）を果たせなくなったことを、強制立退の根拠とすべきだと考えた。

寄留民 Nebenwohner、ホイアーリング Heuerling、ホイアーマン Heuermann、ホイアーロイテ Heuerleute

16世紀以降農村に発生した非定住の村落居住者。株式を持たない。疲弊した農民の貸し出す隠居小屋やパン焼き小屋、家畜小屋に入居し、その庇護を受け、零細な土地を小作し、小営業を営み、オランダへ出稼ぎをする。農民の持つ権利を持たず、輪番義務を負わない。メーザーにより農村の危機の表れとして批判的に捉えられた。

小商人 Krämer

メーザーは都市の身分を商人、手工業者、小商人という序列で考えており、取引規模だけではなく、都市において認められた団体結成の権利や名誉においても、商人 Kaufmann と小商人は区別されなければならないと主張した。

新農民 Neubauer

旧農民より遅れて、10世紀以降に定住したケッター、ブリンクジッツァーなどの下層農民。端株の所有者。劣等な非フーフェ地を所有し、屋敷（ホーフ）にではなく小屋（コッテン）に住む。しかし相応の輪番義務は負った。旧農民の目には時として、新農民は寄留民と二重写しになって映じていたと思われる。

世襲小作人 Erbpächter

近世ドイツにおける自由農民の典型的な形態。農地の世襲的な用益を認められていた。領主の領民であるとはいえ、自分の意志で領主の支配から離れて、別の者の支配下に入ることができた。

世襲財産 Fideikommiß

世襲財産法に従って農場がこれに設定されると、それに対しては家族が一体となって所有権を有し、個人には家族の一員として用益権が認められるだけとなり、当主による売却や抵当設定にも厳しい制限が加えられた。

帝国クライス Reichskreis

神聖ローマ帝国内の平和維持のため、皇帝と帝国等族（領邦君主・都市）の間の中間組織として16世紀に結成された（地図１参照）。10ある帝国クライスのうち、オスナブリュック司教領はヴェストファーレン・クライスに属していた。

農場領主 Gutsherr

19世紀以降、直営農場を持った領主たち、特に東部ドイツの領主を農場領主と呼ぶようになったが、本来は農奴を領民としていた領主のことをいう。オスナブリュックの領主制は東部ドイツのごとき直営農場を持たなければ、領地も分散的であり、両者の間に共通性は少ない。

農奴、体僕 Leibeigene, Eigenbehörige

領主によって人格的な支配を受けていた農民や臣民。結婚や相続、農場資産処分などにおいて、領主の承諾を受けなければならなかった。ただしオスナブリュックなど北西ドイツでは、農奴と自由農民の間の実態上の違いは大きくなかったとされている。

ホーデ Hode、エヒト Echt、ヒエ Hye

メーザーの説明によるならば、原初の自衛農民集団から漏れ落ちた者が保護を求めた団体のことであり、教会や修道院、あるいは都市の同業組合を想定していた。一定の負担を支払ってその保護下におかれると、権利や名誉を認められ、無権利状態の漂泊民の地位を免れた。

ポリツァイ Polizei

近代の警察と区別するために、近世のポリツァイは「行政」と訳される場合が多い。もともとは平和や正義など権力の秩序維持機能をいったが、17、18世紀に行政権力が整備されるにつれて、経済政策、福祉、公衆衛生など公的秩序を維持するための広範な行政活動とその機関を指すようになった。

輪番衆 Reiheleute

株式所有者である新旧の農民は、国家に対する賦役、納税（特に軍税納入）並びに共同体に対するもろもろの負担を義務付けられていた。後者に属するものとして輪番による役職就任があり、そこから農民の義務を輪番

義務、その負担者を輪番衆と呼ぶ。輪番衆の維持再生がメーザーの農政の最重要の課題であった。

度量衡表

翻訳・解題に現われる度量衡単位について、17世紀後半のオスナブリュックを中心とした地域を基準として簡単に解説する、なおメートルは今日のメートル法におけるメートルである。

通貨の単位

1（ライヒス）ターラー＝21シリング

　1シリング＝12プフェニヒ

　1ヘラー＝2プフェニヒ

1（ライヒス）ターラー＝24グーテグロッシェン

　1グーテグロッシェン＝10.5プフェニヒ

　1マリーエングロッシェン＝7プフェニヒ

1（ライヒス）ターラー＝50シュトゥーバー

　1グルデン＝20シュトゥーバー

　1シュトゥーバー＝5プフェニヒ

長さの単位

1ルーテ＝16フース＝8エレ＝4.67メートル

1マイル＝1587ルーテ＝7400メートル

糸の長さの単位

1シュトュック＝30ゲビンデ＝2774.9メートル……経糸用亜麻糸［シェールガルン］の場合

1シュトュック＝20ゲビンデ＝1379.48メートル……上級亜麻糸［フォルガルン］の場合

面積の単位

1 シェッフェル（ザート）＝54平方ルーテ＝1182平方メートル

1 モルゲン＝120平方ルーテ＝2600平方メートル＝0.26ヘクタール

（参考資料）

Verdenhalven, Fritz (1968), Alte Maße, Münzen und Gewichte aus dem deutschen Sprachgebiet, Neustadt an der Aisch.

Kahnt, Helmut & Bernd Knorr (1986), Alte Maße, Münzen und Gewichte, Leipzig.

1964年　福井県生まれ／1994年　東京大学経済学研究科博士課程単位取得退学／1997年　東京大学博士（経済学）／中央大学経済学部助手、同助教授を経て、2003年より現職

主な著訳書

『移民』（共著、ミネルヴァ書房）／『世界史にみる工業化の展開　二重性』（共著、学文社）／『西洋経済史講義――古代から情報革命まで』（学文社）／ヘニング『ドイツ社会経済史　工業化前のドイツ』（学文社）／ヘニング『現代ドイツ社会経済史　工業化後のドイツ』（学文社）

訳者略歴

肥前　榮一（ひぜん　えいいち）

東京大学名誉教授

1935年　兵庫県生まれ／1962年　京都大学経済学研究科博士課程修了／1975年　京都大学博士（経済学）／立教大学、横浜国立大学、東京大学、新潟大学、帝京大学を経て退職

主な著訳書

『ドイツ経済政策史序説』（未来社）／『ドイツとロシア』（未来社）／『比較史のなかのドイツ農村社会』（未来社）／マックス・ヴェーバー『東エルベ・ドイツにおける農業労働者の状態』（未来社）／マックス・ヴェーバー『ロシア革命論 II』（共訳、名古屋大学出版会）

山崎　彰（やまざき　あきら）

山形大学人文学部教授

1957年　長野県生まれ／1986年　東北大学文学研究科博士課程退学／2006年　東北大学博士（文学）／東北大学文学部助手、山形大学人文学部講師、同助教授を経て、2004年より現職

主な著訳書

『ドイツ近世的権力と土地貴族』（未来社）

原田　哲史（はらだ　てつし）

四日市大学経済学部教授

1958年　三重県生まれ／名古屋大学経済学研究科博士課程単位取得退学／1987年　ドイツ・フライブルク大学博士（経済学）／四日市大学講師、同助教授を経て、1997年より現職

主な著訳書

Politische Ökonomie des Idealismus und der Romatntik: Korporatismus von Fichte, Müller und Hegel, Duncker & Humblot／『アダム・ミュラー研究』ミネルヴァ書房／Adam Müllers Staats- und Wirtschaftslehre, Metropolis Verlag／『ドイツ・ロマン主義研究』（共編著、御茶の水書房）／『ドイツ経済思想史』（共編著、八千代出版）

柴田　英樹（しばた　ひでき）

中央大学経済学部教授

郷土愛《きょうど あい》の夢《ゆめ》　近代社会思想コレクション02

平成21（2009）年4月15日　初版第一刷発行

著者　ユストゥス・メーザー
訳者　肥《ひ》前《ぜん》榮《えい》一《いち》
山《やま》崎《ざき》彰《あきら》
原《はら》田《だ》哲《てつ》史《し》
柴《しば》田《た》英《ひで》樹《き》
発行者　加藤重樹
発行所　京都大学学術出版会
京都市左京区吉田河原町15-9
京大会館内（606-8305）
電話　075(761)6182
FAX　075(761)6190
http://www.kyoto-up.or.jp/
印刷・製本　亜細亜印刷株式会社

ISBN978-4-87698-780-1

近代社会思想コレクション刊行書目

（既刊書）

01　トマス・ホッブズ　『市民論』

02　ユストゥス・メーザー　『郷土愛の夢』

（近刊予定）

03　フランシス・ハチスン　『道徳哲学序説』

04　ジョン・S・ミル　『功利主義論集』